KB059189

불편한회고

불편한 회고

외교사료로 보는 한일관계 70년

2016년 8월 15일 초판 1쇄 펴냄

펴낸곳 도서출판 삼인

지은이 이동준
펴낸이 신길순

등록 1996.9.16 제10-1338호
주소 03716 서울시 서대문구 연희로 5길 82(연희동 2층)

전화 (02) 322-1845
팩스 (02) 322-1846
전자우편 saminbooks@naver.com

디자인 디자인 지폴리
인쇄 수이북스
제책 은정제책

ISBN 978-89-6436-118-4 03910

값 14,000원

불편한 회고

외교사료로 보는
한일관계 70년

이동준 지음

삼인

세상에 '영원한 것', '완전한 것'이 있을까. 2015년 말 한국과 일본 정부가 '위안부' 문제를 둘러싸고 '최종적이고 불가역적'이라며 뭔가 '영원한 것'을 억지로 만들어내는 모습을 바라보면서 불현듯 이런 생각을 했다. 양국 정부가 '최종적이고 불가역적'인 '최종 완성품'을 내놓았으니 '위안부' 문제에 대해선 더 이상 왈가불가해서는 안 된다는 말이다.

한국과 일본의 권력자들은 이렇게 역사에 쐐기를 박는 행위가 얼마나 헛된 욕망이고 부질없는 짓인지, 특히 피해자들에겐 얼마나 큰 상처를 주는 짓인지를 전혀 이해하지 못하는 것 같다. 힘 있는 권력자들 간에 '영원히' 없었던 일로 하면 역사에서도 '영원히' 없었던 일이 될 것이라고 믿다니 얼마나 어리석은가.

역사에서 영원한 것은 영원히 없다. 더욱이 절대적인 것은 절대로 존재하지도, 존재할 수도 없다. "한국 황제 폐하는 한국 전부에 관한 모든 통치권을 '완전히 그리고 영구히' 일본국 황제 폐하에게 양여(讓

與)한다." 1910년 8월 22일 강제로 체결된 이른바 '한국병합에 관한 조약' 제1조다. 대한제국의 고종 황제가 '완전히 그리고 영구히' 일본 황제에게 바쳤다는 한반도는 이후 어떻게 됐나. 강압적인 일제 식민지배에 엄청난 고통을 받았지만 결국 해방이 이뤄지지 않았나. '완전히 그리고 영구히' 한반도를 지배한다는 일본의 꿈은 애초부터 망상이었고, 결코 그렇게 되지도 않았다.

인간 세상에 '영원한 것'은 원래 없다. 더욱이 도도한 역사의 흐름에 반해 무리하게 덮어씌운 '불가역'이라는 레테르는 그 본래 뜻과는 반대로 언젠가는 교정 과정을 거치기 마련이다. 역사를 만들어내는 수많은 사람들이 일부 권력자가 제 입맛대로 조작해낸 '영원한 것'을 곧이곧대로 받아들일 리가 없고, 기필코 이를 바로잡을 것이기 때문이다.

그럼에도 한국과 일본의 권력자들은 무슨 사이비 종교 집단도 아니면서 양국 관계에 끊임없이 대못을 박으며 과거사를 지우려 시도해왔다. 요즘 이렇게 한일관계가 꼬인 근원 중 하나인 1965년의 이른바 '청구권 협정'이 좋은 예다. 당시 한일 정부는 양국 및 양국 국민 간의 모든 청구권 문제를 '완전히 그리고 최종적으로' 해결했다고 확인한 데 이어 향후 "어떠한 주장도 할 수 없는 것으로 한다"고 이중, 삼중 대못을 쳤다.

이러한 수많은 대못이 이후 한일관계에 미친 영향은 막대하다. 과연 국가 권력이 함부로 국민 개인의 권리를 '완전히 그리고 최종적으로' 처분할 수 있는지, 일제 식민지배라는 근본 문제를 언급조차 하지 않은 이런 황당한 조약을 받아들여야 하는지, 이러한 중대한 논쟁거리는 차치하더라도 '위안부', 강제동원 피해자 문제 같은 한일관계에 엄존하는 수많은 현안이 이 대못에 걸려 오도 가도 못하는 실정이다. 50년 전 권력자들이 박아놓은 '완전히 그리고 최종적으로'라는 대못은 이미 녹이 슬어 너덜너덜해졌지만, 한국과 일본 정부는 어떻게든 이것을 붙들고 불안정한 관계를 이어가려 한다.

하지만 애초부터 잘못 꿰어진 한일관계는 '비정상의 늪'에 빠진 지 오래다. 한일 양국 정부는 한목소리로 '미래 지향'을 합창하지만, 한국 측은 이를 위한 전제조건으로 '과거 직시'(과거사를 잊지 않고 이를 미화하지 않는다는 취지)를 강조하는 반면, 일본 측은 한일회담에서 완결된 문제인 만큼 더 이상 과거사를 거론하지 말자며 딴소리를 한다.

그 결과는 매우 역설적이다. 한국은 과거를 잊고 앞만 바라보자는 일본에 자극되어 더욱더 과거를 잊지 못하게 됐다. 이 과정에서 과거 한일 양국의 권력자들이 봉인해놓았던 과거사의 판도라 상자가 열렸다. 과거가 현재진행형으로 되살아난 것이다. 이제 한일관계는 해방과 패전이라는 엇갈린 길목에 섰던 70년 전의 원점原點으로 다시 돌아왔다.

이 책은 필자가 해방 70년을 맞은 2015년 1월부터 8월까지 『한국일보』에 「광복 70년·한일수교 50년의 재인식」이라는 제목으로 27회에 걸쳐 연재한 기사를 다시 엮은 것이다. 신문 기사에서는 거의 밝히지 못한 출처를 각주를 통해 분명히 제시하고 추가적으로 드러난 일부 사실을 첨언했을 뿐, 전체적인 맥락이나 구성 등은 신문 연재물과 동일하다.

이 책의 특징은 이른바 '과거를 반성할 줄 모르는' 일본만큼이나 한국 측의 안이한 역사 인식을 질타하는 데 있다. 한일관계가 이렇게 '비정상의 늪'에서 헤어나지 못하는 데는 애초부터 식민지배에 가해의식을 갖지 않았고 이후에도 이를 철저하게 외면해온 일본에 일차적인 책임이 있지만, 동시에 이런 일본을 묵인하고 오히려 적극적으로 받아들인 한국도 그 책임에서 결코 자유로울 수 없다고 생각하기 때문이다.

본문에서 구체적으로 적시하겠지만, 전후 한일 양국은 미국과 더불어 일제 식민지배라는 과거사를 봉인하고 한일관계 자체를 왜곡하는 데 사실상 협력했다는 점에서 일종의 '공범' 관계였다. 어느 학자는 패전 이후에도 아시아에 대한 침략의 역사를 끊임없이 부정해온 일본을 '부인否認 선진국'이라 불렀는데, 한국 또한 오랫동안 이런 일본에 동조해온 '부인 공화국'이었다. '반성하지 않은' 일본에 대한 묵인은 '반성하지 않은' 한국과 같은 말인 셈이다. 당연히 일본에 '반성하라'고 목소리를 높여야겠지만, 이와 동시에 여전히 '우리 안의 식민성'에 갇혀 있는 한국이 보다 치열하게 반성해야 하는 이유다.

해방 후 한일관계에 대해서는 한일 정부 사이에서만이 아니라 한국 내에서도 현격한 견해차가 존재한다. 그 배경에는 기본적인 역사관의 차이와 더불어, 당대의 외교정책이나 국내정치 등이 복잡하게 가미된 이해관계가 얽혀 있다. 이 같은 역사관과 이해관계의 엇갈림은 사실관계를 분명히 밝히더라도 완전히 해소되지는 못할 것이다. 그럼에도 한일관계를 둘러싼 논란은 그 구체적인 경위를 따질 1차 자료의 부재로 인해 더욱 감정적으로 격화하는 측면이 없지 않다.

이런 맥락에서 이 책은 주로 한일 양국의 외교사료 등 공문서 자료에 입각해 해방 후 한일관계 70년을 조망했다. 물론 외교문서는 그 속성상 국익이라는 특수하게 설정된 이익을 추구하고 있는 데다 외교관 사회라는 독특한 관료적 이해관계까지 반영하고 있기 때문에 이를 비판적으로, 또 상대적으로 이해할 필요가 있다.

특히 이 책은 필자가 2015년 말 편역, 발간한 『일한 국교정상화 교섭의 기록』(도서출판 삼인)에 실린 일본 외교문서를 적극적으로 활용했다. 『일한 국교정상화 교섭의 기록』은 일본 외무성이 1965년 한국과 수교한 후 한일회담(1951~1965년)의 전개 양상을 회고하며 작성한 종합조사보고서로 일본판 '한일회담 백서'라고 할 수 있다. 여기에는 그동안 알려지지 않았거나 잘못 알려진 '전후' 한일관계의 이면이 매우 객관적으로 기술되어 있다. 한일관계를 둘러싼 생각의 엇갈림은 무엇보다 1차 사료의 경험적 축적 및 치밀한 분석과 더불어, 논점을 공중전에서 현실의 상호작용의 차원으로 끌어내려 실증적으로 논의하는 가운데 비로소 이해될 수 있을 것이다.

사실 이 책에서 필자는 한일관계의 긍정적인 측면에 대해서는 거의 말하지 못했다. 해방 후 한일관계는 이 책에 나왔듯이 어두운 모습만으로 점철된 것은 아니다. 역사를 통해 무엇인가 배워 교훈으로 삼고자 한다면 당연히 긍정적인 측면도 골고루 살펴야 한다. 하지만 해방 후 한일관계 70년을 아름답게 그리기에는 그 이면에 자리한 '부負 역사'가 너무나 크게 다가왔다. 해방 후 한일관계를 앞으로 그야말로 정상화하기 위해서라도 이를 보다 치열하게 비판해야 한다는 것이 필자의 기본 생각이다. 이에 대한 평가는 전적으로 독자들의 판단에 맡긴다.

마지막으로 많은 분들의 도움으로 이 책이 세상에 나오게 됐음을 밝혀둔다. 우선 2015년 해방 70년, 한일 수교 50년이라는 역사적인 해를 맞아 『한국일보』가 특별기획을 마련해주지 않았다면 이 책은 발간 자체가 불가능했다. 8개월 동안 매주 신문 한 개 지면을 채워 나가는 강행군이었지만 독자들의 엄청난 피드백을 마주하면서 어느 때보다도 신나게 집필을 이어갈 수 있었다. 『한국일보』 고재학 논설위원(당시 편집국장), 김범수 문화부장은 10여 년 만에 학자가 되어 다시 나타난 필자에게 전적으로 지면을 맡겨주었다.

　이 책은 필자가 이미 발표한 여러 연구논문에서 제시한 논거를 근간으로 하면서도, 동시에 한일 양국에서 공간公刊된 관련 연구 성과를 적극적으로 인용했다. 또 일본에서 한일회담과 관련된 정보공개운동을 선개해온 시민난체 '일한회남문서 전년 공개를 요구하는 모임'이 홈페이지에 남긴 엄청난 분량의 외교문서는 이 책의 주된 자양분이 되었다. 도서출판 삼인에는 『일한 국교정상화 교섭의 기록』(2015년)에 이어 두 번째로 엄청난 신세를 졌다. 모두에게 감사드린다.

2016년 여름
이동준

차례

01

미완의 해방

1945년 8월 15일 정오 일본 천황의 숨넘어가는 듯한 항복 '옥음방송' 玉音放送과 함께 찾아온 해방을 두고 함석헌은 "순전히 하늘에서 떨어 져 온 것"이라면서 해방이 "도적같이" 찾아왔다고 말했다.[1] 우리 민족 은 해방을 준비하지 못했고 그 주인도 되지 못했다는 질타다. 사실 대 다수 한국민은 당시 너무 급작스럽게 도래한 해방에 감격하기보다는 '아, 마침내 전쟁이 끝났다'는 안도감을 더 크게 느꼈다고 한다. 한국민 은 일본이 말하는 '종전'終戰만을 경험한 것일까.

아니다. 우리에게 해방은 징병, 징용 등 각종 전시 동원의 종언 이 상이었다. 해방은 일제의 폭압적인 식민지배로부터의 전면적인 자유, 그야말로 광복光復을 의미했기 때문이다. 당연히 '해방국' 한국은 강제 적인 전쟁 동원에 따른 피해만이 아니라 식민통치 35년간 일제가 저

---

[1] 함석헌, 『聖書的 立場에서 본 朝鮮歷史』, 서울: 성광문화사, 1950년, 280쪽.

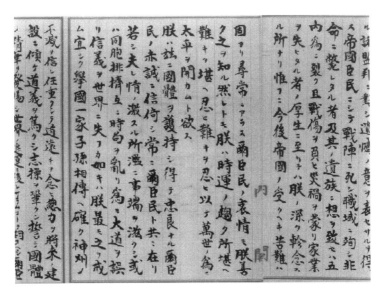

히로히토(裕仁) 일본 천황이 1945년 8월 14일 녹음해놓고도 이튿날인 15일 정오에 공표한 이른바 '종전 조서'(終戰詔書). 히로히토는 여기서 전쟁을 끝내는 것을 승낙한다는 제3자적 태도를 취하면서, 다른 한 편으로 일제의 침략에 기인한 전쟁의 기원에 대해선 함구했다. 따라서 일제의 항복 선언문에 해당하는 이 글에는 '패전'이나 '항복'이라는 단어가 한 번도 나오지 않는다. 가해 책임을 사실상 부정한 '종전'만이 있을 뿐이다. 그 결과 '전후' 일본에서는 "천황의 성스러운 결단에 의해 전쟁을 끝낼 수 있었다"는 이른바 '성단 (聖斷) 신화'가 만들어졌다. 히로히토는 수많은 아시아인과 일본인을 죽음으로 몰아넣은 전쟁 책임자였음에도 전쟁에서 국민을 구한 위대한 '평화주의자'로 둔갑했다. 출처: 일본 국립공문서관 디지털아카이브.

지른 온갖 수탈과 불법행위에 대해 준엄한 배상²⁾과 사죄를 추궁할 터였다.

---

2) 일반적으로 '배상'(reparation)은 '보상'(compensation)과 같이 손실 보전을 의미하지만, 배상이 위법행위에 의해 발생한 손실에 대한 것인 반면, 보상은 적법한 행위에 의한 손실인 경우에 사용된다. 또 국제 관계에서는 제1차 세계대전 후에 체결된 베르사유조약의 규정에 따라 패전국이 전쟁에서 발생한 전승국의 피해나 손실에 대해 지불하는 '배상'과, 전쟁 행위에 의해 민간인이 입은 피해를 회복하기 위한 '보상' 개념이 생겼다. 일본의 전후 처리를 다룬 샌프란시스코 강화조약의 경우 제14조에서 패전국 일본의 배상 의무를 규정했지만, 일제의 식민지배 행위에 관해서는 전혀 언급하지 않았다.

한국, 대일 협상에서 식민지배에 대한 피해 보상은 요구하지 않아

그러나 한국민이 갈구한 해방은 온전하지 않았다. 지금껏 일본은 1910년 한일 병합조약의 불법성을 인정한 적이 없고 식민지배에 대한 배상을 거부해왔다. 역대 일본 정부의 언급 가운데 가장 진전된 내용으로 평가받는 1995년 8월 15일 무라야마 도미이치村山富市 담화에서조차 식민지배로 많은 고통을 주었다며 '통절한 반성의 뜻'을 표명하면서도 식민지 병합 과정의 강제성과 불법성은 인정하지 않았다. 이 같은 의미에서 종주국-식민지 관계를 청산하고 정상적인 국제 관계를 열고자 하는 탈식민화의 과제는 '미완'이며 현재진행형이다. 우리는 아직도 '해방 후'를 살아가고 있다.

이상한 일은 1951년 이후의 대일 협상에서 한국 정부마저 식민지배에 대한 피해 보상을 일본에 공식적으로 요구한 적이 단 한 차례도 없다는 사실이다. 왜 한국 정부는 일제 식민지배가 '처음부터' 무효라고 주장하면서도 무효에 따른 피해 보상은 요구하지 않은 것일까. 도대체 한국 정부는 일제 식민지배를 어떻게 이해했는가.

주지하듯이 한국은 1948년 8월 15일 정부 수립 이전부터 일본과의 전쟁을 종결하는 강화조약에 서명국으로 참가하기 위해 동분서주했다. 근년 우리 외교부가 공개한 외교문서 가운데 1950년 10월 주일대표부 대일강화조사위원회가 작성한 「대일 강화조약에 관한 기본 태도와 그 법적 근거」라는 제하의 외교문서는 1910년 병합조약과 일제의 식민지배에 대한 한국 측의 법리적 태도를 적나라하게 보여준다는 점에서 주목된다.[3]

---

3) 「대일 강화조약에 관한 기본 태도와 그 법적 근거」(1950년 10월, 주일대표부), 한국 정부 공개

여기서 한국 정부는 우선 병합조약과 관련해 "전쟁을 전제로 하지 않고 점진적으로 국가의 기능을, 특히 외교권과 사법권, 경찰권을 무력으로 박탈한 후에 국가 전체를 무력으로 점령하고, 국가기관을 협박"함으로써 체결된 만큼 '무효'라고 단정했다. 즉 한일 병합조약은 강제와 폭력에 의해 성립됐으므로 소급하여 원천적으로 소멸된다는 뜻이다. 이는 "국가에 대한 강제는 무력과 협박을 행

「대일 강화조약에 관한 기본 태도와 그 법적 근거」(1950년 10월, 주일대표부) 출처: 한국 외교문서, 등록번호 76, 17쪽.

사한 당사국에 '불법행위에 대한 구제' 혹은 '권리 보장'의 증명이 중요하다"는 당시의 국제법적 이해를 적극적으로 반영한 것이다.[4] 그러나 한국 측이 이후 전개한 병합조약 무효의 효력에 대한 판단은 한국민 일반의 예상을 크게 비켜간다.

한일회담 관련 외교문서(이하, '한국 외교문서'로 약기), 등록번호 76. 이 외교문서에 대한 구체적 분석은 이동준, 「초기 대한민국 정부의 한일관계 인식에 대한 비판적 고찰: 병합조약 무효의 이론과 적용」, 『아세아연구』 54권 4호, 2011년 12월, 150~185쪽을 참조할 것.

4) 이 점에 대해서는 김창록, 「1910년 한일조약에 대한 법사학적 재검토」, 『동북아역사논총』 제29호, 2010년, 201~202쪽; 백충현, 「國際法으로 본 1900년대 韓日條約들의 문제점」, 『한국사 시민강좌』 19, 서울: 일조각, 1996년, 76~77쪽; 坂本茂樹, 『条約法の理論と実際』, 東京: 東信堂, 2004年, 253쪽에 자세하게 나와 있다.

"식민통치 전체가 무효는 아니다"

결론부터 말하면 한국 정부는 이 외교문서에서 일제의 식민통치 행위 전체가 무효는 아니라는 견해를 표명했다. 가령 '선의善意의 제3자의 이익', 즉 일제강점기에 '선의'의 제3국이 합법적으로 조선에서 얻은 이익은 국제관례에 따라 "무효를 주장하지 않는다"고 했다. 또 조선총독의 일반행정 가운데 조선은행권의 발행, '집단생활자의 최저 의무 범위 내'의 징세, 한국민의 복리를 위한 공채의 발행, 일본과의 무역은 '유효'라고 판단했다. 여기에 도의적 책임 위반 등 반사회적 범죄자에 대한 사법적 판결, 사회질서 유지에 필요한 입법 행위 등도 무효의 대상에서 제외됐다.

다시 말하면 한국 정부는 일제 식민지배라는 '기정사실' 가운데 "계승적 질서 유지를 지속한 선의의 관리자의 행동까지는 무효라고 주장하지 않는다"는 입장을 취했다. 다시 말하면 대한제국의 황제가 계속해서 조선을 통치했더라도 징세나 치안 등 국가 유지를 위한 최소한의 조치를 취했을 것이므로 조선총독이 대신 행한 이런 종류의 식민지배 행위는 유효하다는 것이다. 「대일 강화조약에 관한 기본 태도와 그 법적 근거」라는 문건이 병합조약 무효가 소급 적용되는 '예외'例外를 인정한 가운데 일제 식민지 지배에 대한 무효의 효력에 관해 요약한 바를 그대로 옮기면 다음과 같다.[5]

---

5) 「대일 강화조약에 관한 기본 태도와 그 법적 근거」(1950년 10월, 주일대표부), 한국 외교문서, 등록번호 76, 17~18쪽.

「대일 강화조약에 관한 기본 태도와 그 법적 근거」가 제시한
한일 병합조약 무효의 효력

3. 중요 사항의 열거

  a. 대인상권對人商權[6] : 1910년 8월 29일부터 1945년 8월 15일까지

    그 기능만 정지.

  b. 선의의 제3자의 이익: 묵인. 무효를 주장치 않음.

  c. 조선총독의 일반행정: 무권대리 행위이므로 원칙적으로 무효다.

    다만 ○○할 수 있다.

    가. 순전한 행정 면.

      1. 조선은행권: 구한국 사무 해결과 준비금 보지(保持) 및

        ○생활의 경제행위 계속으로 유효.

      2. 세금: 집단생활자의 최저 의무 범위 내는 유효.

        일본의 침략 전쟁을 위한 특별세는 무효.

      3. 공채 및 기타: 한국 국민의 복리를 위한 공채는 유효.

        그 외는 무효다.

      4. 대일 무역: 유효다.

    나. 사법 면: 일체 무효다. 다만 도의적 책임 위반의 반사회적 범죄자에 대한 판결은 추인함.

    다. 입법 면: 제령(制令)은 일체 무효다. 다만 사회질서 유지에 필요한 점만 추인한다.

---

6) 같은 자료에 따르면 대인상권이란 "국민으로서의 기본적 권리·의무의 표현"을 의미하는, 국적을 가짐으로써 향유할 수 있는 각종 권리를 의미한다.

이렇게 한국 정부는 병합조약의 무효를 소급하여 적용한다는 대원칙을 내세웠으면서도 35년간에 걸친 조선총독의 식민지 통치에 대해 '선택적 추인 혹은 묵인'할 수 있는 부분이 존재한다고 인정했다.

식민지 조선은 '금치산자'였다?

한국 정부가 일제의 식민지배 행위 전체를 무효라고 주장하지 않는 법적 근거로서 내세운 것은 '시효'時效, legal prescription와 '무권대리'無權代理, rightless agency라는 두 가지 법률 개념이다.

첫째, 시효란 일정한 사실 상태가 일정 기간 계속되어온 경우에 그 사실 상태가 진정한 권리관계와 합치하는지 여부를 불문하고 법률상 그 사실 상태에 대응하는 법률 효과를 인정해주는 제도를 말한다. 다시 말하면 병합조약이 원천 무효이므로 일본의 식민지 지배 또한 불법 행위라고 규정할 수 있지만, 이 같은 불법적 행위가 '기성사실'로서 장기간 지속되고 이것이 국제적으로 용인되어온 측면이 있으므로 그 법률적 효과를 인정할 수 있다는 것이다.

둘째, 근대 사법의 소산으로 민법에서 통용되어온 '무권대리'는 대리권 없이 행한 대리행위를 말하는데, 일반적으로 대리권이 없는 자가 행한 대리행위는 무효지만 대리권의 외관이 존재한 경우 그 무권대리 행위에 대해 무효를 주장할 수 없다. 다시 말하면, 「대일 강화조약에 관한 기본 태도와 그 법적 근거」는 조선총독의 식민지 통치를 이 같은 '무권대리' 행위로 간주해 원칙적으로 무효를 주장하면서도 "조약 자체의 무효와 그 후 계속된 군사 점령 및 무권대리의 권리 행사, 즉 최초에 가해진 강제가 지속되는 가운데 국가 질서에 가해진 사실상의 제

2차적·제3차적 효과 전부에 대해 무효를 주장하는 것이 아니"라는 입장을 취했다.[7] 그리고 그 연장선상에서 "총독부의 행정에 한해서는 적인適認한다"고 밝혔다. 17쪽 표에 언급된 '중요 사항의 열거'에서 'c. 조선총독의 일반행정' 가운데 '유효' 또는 '추인', '묵인'이라고 밝힌 부분이 바로 '적인'하는 내용이다. 약간 과장해서 말하면 대한제국(조선)이라는 '금치산자'를 일제가 권한 없이 관리했는데, 이는 불법이지만 무효는 아니라는 뜻이다.

따라서 여기서 오히려 주목할 점은 한국 정부가 조선총독의 식민지 통치행위 가운데 '적인'하지 않은 부분, 즉 '무효'라고 단정한 내용이다. 17쪽 표에서 'c. 조선총독의 일반행정' 가운데 '적인'되지 않은 부분은 "일본의 침략 전쟁을 위한 특별세"의 징수와 "전쟁을 목적으로 한" 공채 발행 등으로 제한되었다. 환언하면 한국 정부는 병합조약 무효에 따른 법적 효과와 관련, 조선총독의 통치행위를 대체로 '유효'한 것으로 추인한 가운데 다만 일본의 침략 전쟁, 즉 중일전쟁과 태평양전쟁 과정에서 조선이 동원되어 당한 피해에 대해서만 '무효'라는 각론을 전개한 셈이다. 이는 자칫 일본의 식민지 지배에 대한 '실질적 추인' 혹은 병합조약 '유효론'으로 잘못 해석될 수도 있었다.[8]

---

7) 같은 자료, 18쪽.
8) 이 같은 우려는 주일대표부도 갖고 있었다. 주일대표부는 같은 자료 서문에 해당하는 "설명서"(1951년 1월 25일)에서 병합조약을 둘러싸고 위원 간에 '무효론'과 '유효론'의 견해차가 존재했다는 점을 상기한 후, "무효론에서 조선총독의 '무권대리'라는 이론 아래 이를 원칙적으로 부인하면서도 사회질서 유지상 필요한 총독부 행정에 대해서는 적인한다는 입론은 과거 일본의 제국주의적 질서론을 인정하게 되는 이론적 모순에 직면했다고 할 수 있"다고 지적했다. 같은 자료, 12쪽.

애초부터 대일 배상 요구를 포기한 한국 정부

이처럼 일제 식민지배에 대한 초기 대한민국 정부의 인식은 매우 모호하고 어설펐다. 한국이 일본에 배상을 요구하려면 식민지 지배의 불법성과 강압성을 국제법적으로 입증해야 했지만, 한국 정부는 충분히 그렇게 하지 못했다. 이것이 이후 한일관계에 미친 파장은 매우 컸다.

이승만 정부는 겉으로는 일제 식민지배에 대한 '전쟁 배상'을 주창했으나 실제로는 일찌감치 이를 포기하고 민사상의 '청구권' 요구로 물러섰다. 한국이 정부 수립 직후 심혈을 기울여 준비한 『대일배상요구조서』는 서문에서부터 '배상'이라는 제목이 무색하게 "이에 전연 불문에 부치는바"라며 선을 그었다.[9]

실제 이 조서와 이를 토대로 작성되어 일본 측에 제시된 '한국의 대일 청구 요강안'(일명 '대일 8항목 요구')은 1910년부터 1945년까지의 일제 식민지배 자체에 대한 피해 보상을 전혀 요구하지 않

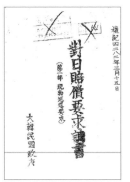

한국 정부가 1949년 3월과 9월에 각각 작성한 『대일배상요구조서』.
출처: 국회도서관.

---

9) 『對日賠償要求調書』, 서울: 대한민국 정부, 1954년, 3쪽. 이 책은 서문에 "본 조서는 1949년 9월 1일 현재 조사된 것"이라고 밝히고 있다. 한편, 여기에 첨부된 방대한 분량의 증빙자료는 한국전쟁 중 소실되었다고 한다. 유진오, 『韓日會談: 第1次 會談을 回顧하면서』, 서울: 외교안보연구원, 1993년, 6쪽.

았다.[10] 1952년 2월 열린 제1차 재산 및 청구권 문제 분과위원회에서 한국 측 임송본 대표는 "대한민국은 36년간 일본의 점령으로 발생한 불쾌한 과거의 기억에 의해 촉구되는 모든 청구권의 충족을 요구할 의도는 없으며, 단지 한국에 합법적으로 속하고 장래의 한국의 생존을 위해 충족되어야 할 재산에 대해서만 그 청구권을 요구한다"고 말했다.[11]

한국 정부 스스로 일제의 불법적인 식민지배에 대한 피해 보상 요구를 접은 이유는 무엇일까. 그 이유에 대해 선문가들은 일본 패선 후 노래한 냉전의 영향으로 미국이 일본에 대해 배상보다는 전후 복구를 우선시한 점을 제일 먼저 지적한다. 실제로 대일 승전국이면서도 각각 식민지 보유국이기도 했던 미국 등 연합국은 일제의 과거 청산에 대해선 거의 관심을 보이지 않았다. 당시 한국을 대표하는 법학자로 대일 협상의 전면에서 활약한 유진오兪鎭午는 "해방국은 노예적 지위를 뚫고 일어선 만큼 승전국에 우선한다"면서 '해방의 논리'를 전개했지만,[12] 미국은 한국에 전승국은커녕 '해방국' 지위도 부여하지 않았다. 스스로 제국주의적 속성을 짙게 간직한 식민지 종주국들에 일제의 유산 청산을 기대한 것 자체가 모순이었다.

---

10) "대일 8항목 요구", 「제2차 한일회담청구권위원회 회의록」(1~3차, 1953. 4. 15.~7. 23.), 한국 외교문서, 등록번호 92, 1119~1120쪽.
11) 「제1차 한일회담 청구권분과위원회 회의록」(1~8차, 1952. 2. 20.~4. 21.), 한국 외교문서, 등록번호 86, 288쪽.
12) Yu Chin O, "A Korean Looks on the Japanese Peace Treaty"(Sep. 1951), 일본 정부 공개 한일회담 관련 외교문서(이하, '일본 외교문서'로 약기), 문서번호 1836.

한국은 '해방'된 것이 아니라 '분리'된 것

탈식민화 문제에 대한 미국의 방침은 '분리'separation라는 단어로 정리된다. 대일 강화조약 제2조 (a)항은 "일본은 한국의 독립을 승인하고, recognizing the independence of Korea 제주도, 거문도 및 울릉도를 포함한 조선에 대한 모든 권리, 권원 및 청구권을 포기한다"고 규정했다. 독도가 일본이 '포기한' 지역에 포함되지 않아 오늘날 영유권 논쟁의 빌미가 제공된 점이 우선 눈에 띈다.

그러나 이 조항에서 더 주목할 대목은 한국의 독립이 일본의 승인 후에야 이뤄졌다고 명시함으로써, 한국의 독립이 억압으로부터의 해방이 아니라 '종주국' 일본으로부터 '분리'된 것이라고 시사한 점이다. 당연히 여기에는 한일 병합조약은 합법적이었고 일제 식민지배는 정당했다는 전제가 깔려 있다. '분리'된 한국에 대해 '전후' 일본이 배상하거나 사과해야 할 이유는 없었다.

'분리'의 논리에 서게 되면 대한민국이라는 국가의 국제법적 성립 시기도 1948년 8월 15일이 아니라 대일 강화조약이 발효된 1952년 4월 28일로 미뤄야 하는, 황당한 일이 벌어진다.[13] 실제 1945년 8월과 11월에 미 국무부가 생산한 「한국에 대한 권원權原의 이양」이라는 외교문서는 "일본의 항복문서 조인만으로는 한국의 주권이 한국에 이양되지 않으며 일본 왕의 포기 선언이 필요하다"는 입장을 취했

---

[13] 한반도의 분리와 독립에 대한 일본 및 국제사회의 법적 이해에 관한 연구로는 나가사와 유코, 「일본 패전 후의 한반도 잔여주권(殘餘主權)과 한일 '분리': 신탁통치안 및 대일 강화조약의 '한국 포기' 조항을 중심으로(1945~1952)」, 『아세아연구』 55권 4호, 2012년 12월, 55~85쪽을 참조할 것.

서울 시민들이 1945년 9월 일본군의 안내를 받으며 시내로 진입하는 미군을 바라보고 있다. 출처: 미국립문서기록청.

다.[14] 여기에 일본 정부는 전쟁 배상을 회피할 목적으로 과거 식민지 통치를 목적으로 제정한 외지관계법 등을 강화조약 발효 전까지 유지하면서 한국에 대한 영토 주권을 포기하지 않았다. 한국민이 기대한 '해방'은 시작부터 제국주의의 잔재인 '분리'의 논리에 의해 크게 어긋나고 있었던 것이다.

---

14) "Transfer of Title to Korea", Discussion 2, August 31, 1945, Records of the office of Assistant Secretary and Under Secretary of State, Dean Acheson, 1941~1948, 50, Record Group(RG) 59, Box 12, National Archives and Records Administration(NARA) Ⅱ in College Park, Maryland, U.S.A.

02

지울 수 없는 일본의 전쟁
국가 부채로 기록된 414억 엔의 정체

일본 정부의 예산·결산 자료를 살펴보면 일반회계의 부채 항목에 '구舊 임시군사비 차입금'이라는 다소 생소한 명목으로 414억 2,196만 1,575엔이 잡혀 있는 것을 확인할 수 있다. 2014년 무려 1,000조 엔을 돌파한 일본의 전체 국가 부채 규모를 떠올리면 414억 엔(약 4,140억 원)은 그다지 큰돈은 아니다. 하지만 이 금액이 일제가 패전한 1945년 이후 70여 년간이나 물가상승률 등을 일절 반영하지 않은 채 그대로 일본의 빚으로 기록되어온 것이라면 사정이 다르다.

본토 사수, 결사 항전을 부르짖으며 일본 본토와 식민지의 자원을 총동원해 연합국에 맞섰던 1945년 당시 일제의 국가 예산이 214억 엔이었던 점을 상기하면, 414억 엔이 갖는 현재의 화폐가치는 가히 천문학적이라 할 수 있다. 414억 엔은 태평양전쟁 때 일제가 만든 사상 최대의 전함 야마토大和를 5,400척이나 건조할 수 있는 금액이라는 분석도 있다. 왜 세계 3위의 경제력을 자랑하는 일본이 이처럼 엄청난 빚

마쓰이 이와네(松井石根) 일제 육군대장이 1937년 12월 중국 난징(南京) 시내에서 일본군을 사열하고 있다. 일본 패전 후 마쓰이는 중국인 30만 명이 숨진 것으로 알려진 이른바 '난징 대학살'에 관여한 혐의로 처형됐다.

을 무려 70여 년간이나 갚지 않은 채 지금까지 안고 왔는가. 여기에는 일본이 저지른 침략 전쟁과 이에 따라 동아시아 민중이 감수해야만 했던 희생의 실체가 고스란히 담겨 있다.

"전쟁을 일으켜 전쟁을 유지한다"

전쟁은 '돈의 싸움'이기도 하다. 많은 연구자들은 일본처럼 부존자원이 부족한 섬나라가 어떻게 1937년 중일전쟁 이후 1945년까지 무려 8년간이나 중국 대륙과 아시아, 태평양 등에서 미국 같은 열강들과 전쟁을 치를 수 있었는지 탐구해왔다. 특히 제2차 세계대전 당시 종합경제력에서 미국의 8분의 1에 불과했던 일본이 어떻게 전쟁 수행에 필수적인 막대한 전비를 감당할 수 있었는지가 의문거리였다.

이 의혹에 대해 다다이 요시오多田井喜生의 저서 『대륙으로 건너간 엔円의 흥망』과, 이를 토대로 2011년 8월 방영된 NHK 스페셜 다큐멘터리 〈엔의 전쟁〉은 중요한 시사를 준다.[1] 식민지 조선의 중앙은행이었던 조선은행의 전후 일본 내 자산으로 만들어진 일본채권신용은행에서 상무로 근무하면서 『조선은행사』를 편찬하기도 한 다다이는 "극단적으로 말하면 일본은 중국 대륙에서의 전쟁에서 일본 엔화를 일절 사용하지 않았다"고 말한다. 그렇다면 일본은 도대체 무슨 돈으로 전쟁을 치렀다는 말인가.

1931년 9월 일본 관동군은 남만주철도를 폭파한 뒤 이것이 중국 군벌 소행이라며 중국을 침략한 만주사변을 일으키고, 이듬해 중국 동북부지역에 '만주국'이라는 괴뢰정권을 세운다. 이를 획책하고 주도한 것은 관동군 참모였던 이타가키 세시로板垣征四郎 대좌와 이시하라 간지石原莞爾 중좌였다. 이들은 그러나 당시 일제의 비확산 방침을 무시하고 독단적으로 전쟁을 일으켰던 만큼, 전쟁 수행에 필요한 군자금을 확보하는 데 어려움을 겪었다. 이때 이들을 지배한 생각은 '전쟁을 통해 전쟁을 치른다', 즉 끊임없이 전쟁을 일으켜 정복한 지역에서 필요한 물자와 자금을 조달한다는 황당한 '전쟁경영학'이었다. 그러나 전쟁에서 이겨 정복하더라도 약탈하지 않는 한 전비 확보가 불가능하고, 무력으로 약탈하면 장기전을 치르는 데 필요한 자금과 물자를 지속적으로 얻기 어려운 게 현실이었다.

이러한 관동군에 구세주 역할을 한 것이 다름 아닌 조선은행의 엔화

1) 多田井喜生, 『大陸に渡った円の興亡』, 東京: 東洋経済新報社, 1997年.

였다. 조선은행은 조선은행권의 발권을 통해 관동군의 대륙 침략에 필요한 군자금을 댔다. 당시 일본은 본토의 일본은행권과 식민지의 조선은행권, 대만은행권 이렇게 세 가지 서로 다른 엔화를 발행했다. 이들 엔화는 같은 가치를 갖고 상호 교환이 가능했다. 식민지 경제가 무너지더라도 일본 본토에 미치는 악영향을 최소화하기 위해 굳이 서로 다른 엔을 찍어낸 것이다. 여기에 조선은행은 중국으로의 영업망 확대라는 상업적 욕망을 드러내면서 관동군의 세력 확장에 적극 편승했다.

점령지에서 군비 조달을 위해 엔화를 마구 찍어

하지만 1937년 중일전쟁이 발발하는 등 일본의 침략 노선이 확대일로를 걸으면서 조선은행권만으로는 늘어나는 전비를 감당할 수 없었다. 더욱이 조선은행이 발행한 엔화는 좀체 중국의 인민 경제에 침투하지 못했다. 이때 일본군이 구상한 군사비 확보책이 바로 '아즈케아이'預け合い라는 금융조작이었다. 요즘의 금융용어로 하자면 일종의 위장 콜거래, 즉 실제 콜거래는 자금의 이동이 있어야 하는데 장부상으로만 허위로 자금을 이동시키는 일종의 분식회계라고 할 수 있다. 그 수법은 다음과 같았다.

중국 화북지역을 완전히 장악하기 위해 제2의 만주국 건설을 추진해온 관동군은 1937년 12월 베이징을 중심으로 중화민국 임시정부라는 괴뢰정부를 수립, 중국연합준비은행권(연은권)을 발행하도록 했다. 1938년 6월 16일 조선은행 베이징 지점은 중국연합준비은행(연은)과 '아즈케아이' 계약을 체결, 각각 상대측 은행에 예금계좌를 개설했다. 일제 관동군이 군사비를 요구해오면, 조선은행 베이징 지점은 보유 중인 연은 명의의 일본 엔화 예금계좌에 해당 금액을 지출한 것으로 기재한다. 이 예금계좌에는 일제가 임시군사비 특별회계에서 지출한 엔화 자금이 입금된 것으로 기록됐다. 이를 담보로 연은은 조선은행 베이징 지점 명의의 연은권 예금계좌에 같은 금액을 지출한 것으로 적은 후 이에 상당하는 연은권을 찍어 군사비로 내줬다.

그러나 당초 일제가 임시군사비 특별회계에서 지출한 엔화 자금은 실제로는 중국으로 송금되지 않은 채 조선은행과 연은의 예금계좌에 금액만 기재될 뿐인 '가짜 예금'이었다. 때문에 연은권의 발권 담보가 된 엔화 자금은 모두 조선은행 도쿄 지점에 고스란히 남았다가 일본 국채를 구입하는 데 사용됨으로써 다시 일본은행의 국고로 되돌아갔다. 요컨대, 일제는 일본군의 군사비 지출인데도 일본 엔화를 전혀 사용하지 않은 채 조선은행이라는 방파제를 앞세워 무제한으로 현지 통화를 발행해 군자금을 충당한 것이다.

이렇게 관동군은 1945년 8월 패전 때까지 무려 850억 엔을 군사비로 당겨썼다. 이 돈으로 최대 100만 명에 이르렀던 일본군 병사가 사용한 각종 전쟁물자는 물론이고 무기 제조를 위해 중국 현지에서 일본

	負 担 会 計	番号	借入年月日	平成25年度首現 在 額	借 入 額	償 還 額
			(昭和)年 月 日平成			
一	般 会 計	1		14,779,357,608,008	—	695,508,670,634
	旧 臨 時 軍 事 費	2	(自 09. 4. 1至 20. 8. 15)	41,421,961,575	—	—
	交付税及び譲与税配付金	3	19. 4. 1	14,013,155,568,000	—	583,881,482,000
	旧国営土地改良事業	4	20. 4. 1	183,251,470,976	—	56,687,309,260

借 入 金

일본 정부의 2013년도 예산의 일반회계에 국가 부채로 기록된 '구 임시군사비 차입금' 414억 2,196만 1,575엔. 출처: 일본 재무성 홈페이지.

국내로 보낼 원자재나 곡물까지 사들였다. 중국인과 한국인에 대한 인체실험으로 악명 높았던 731부대도 이 돈으로 유지됐을지 모른다. 일본 기업들은 빈손으로 중국에 진출한 다음 이 돈을 대출받아 시장을 장악해 나갔다. 다다이의 표현을 빌리면 일제는 돈 한 푼 안들이고 '종이'로 전쟁 장사를 한 것이었다.

414억 엔, '지울 수 없는 전쟁의 각인'

이 같은 전대미문의 금융조작은 일본이 전선을 태평양으로 확대하면서 모든 전쟁터에 적용됐다. 전후 A급 전범으로 사형이 집행된 도조 히데키東條英機 2)는 1943년 3월 "모든 전비를 '아즈케아이'로 조달하라"고 지시한다. 만주사변 당시 관동군 장교들이 주장한 '전쟁을 통해 전쟁을 치른다'는 무모한 발상이 국책國策이 된 것이다. 이에 따라 일본군에 군자금으로 현지 통화를 공급하기 위해 조선은행만이 아니라 요코하마정금은행, 남방개발금고 등이 추가로 동원됐다. 특히 요코하마정금은행은 '아즈케아이' 수법으로 2,800억 엔 이상의 군자금을 댔다. 일제가 중일전쟁을 개시한 1937년 국가 예산의 60배가 넘는 어마어마한 금액이다.

전혀 신용이 보장이 되지 않는 통화권의 남발은 당연히 심각한 부작용을 낳았다. 중국에서는 3만 배 이상의 인플레이션이 발생했고, 일제가 점령한 지역의 경제는 일제의 전쟁 비용까지 감당하면서 뿌리째 붕

---

2) 1884~1948. 일제 육군 군인 신분으로 1941년 10월 총리가 되어 같은 해 12월 이후 태평양전쟁을 주도했다. 패전 후 A급 전범으로서 1948년 12월 23일 처형됐다.

괴됐다. 관동군은 군자금으로 이용하던 연은권을 강제로 유통시키기 위해 이 돈을 쓰지 않는 중국인들에게 무기징역형 등 가혹한 형벌을 가했다.

그러나 숫자는 쉬 지워지지 않는다. 금융조작을 통해 전비를 충당했지만 그것은 어떻게든 일본의 임시군사비 특별회계에 빚으로 기록되었다. 일본은 패전으로 치닫던 1943년 8월 초 이것이 나중에 심각한 문제가 될 것으로 보고 그동안 송금하지 않았던 엔화 자금을 풀어 급하게 빚 청산에 나섰다. 일본군이 보유하고 있던 금괴 16.7톤을 서둘러 팔아 조선은행 예금 435억 엔을 변제한 것이다. 하지만 이는 패전을 눈앞에 두고 점령지에 뿌려진 괴뢰은행의 통화가 한낱 '종잇조각'이 된 시점에서 이뤄진, 그야말로 급조된 '장부 지우기'에 불과했다. 더구나 일제는 모든 기록을 지우지도 못했다.

일본의 '전쟁 장사'가 끝난 지 70여 년이 지났지만 전후 일본의 일반회계에는 전쟁 부채의 일부인 414억 엔이 여전히 기록되어 있다. 이를 두고 NHK는 "결코 지울 수 없는 일본의 전쟁에 대한 각인刻印"이라고 말했다. 일본 정부가 지금도 이 돈을 일반회계의 차입금 명목으로 잡고 있는 것은 이를 국가 부채로서 인식하고 있다는 것을 말해준다. 그렇다면 채권자는 누구일까. 일제의 전비 조달에 동원된 조선은행과 중국의 괴뢰은행, 요코하마정금은행 등은 오래전에 모두 해체됐다. 일본이 부담해야 마땅했던 전쟁 비용을 사실상 대신 감당하고 전후에는 일본이 남긴 '휴짓조각'을 부여잡고 울분을 삼켰던 중국과 한반도의 민중은 침묵해왔다.

03

돌아오지 못한 영혼들
우키시마호 침몰 사건

"쾅, 쾅." 천지를 찢는 듯한 잇따른 굉음이 일본이 항복을 발표하고 9일 후인 1945년 8월 24일 오후 5시 20분 일본 교토의 군항 마이즈루舞鶴를 뒤흔들었다. 막 항구에 들어서던 일본 해군의 군수물자 수송선 우키시마호浮島丸(총 4,730톤, 폭 15.7미터, 깊이 9.7미터, 디젤엔진, 최고 속력 17.4노트)가 슬로모션처럼 솟구치는가 싶더니 두 동강 난 채 서서히 바닷속으로 사라졌다.

고국으로 돌아가기 위해 이틀 전 들뜬 마음으로 이 배에 올랐던 조선인 수천 명과 가족들은 아비규환 속에서 절규했다. 운 좋게 흩어진 갑판 조각이나 기울어진 돛대에 매달렸거나 500미터 가량 떨어진 육지까지 헤엄칠 수 있었던 사람들은 간신히 목숨을 건졌지만, 상당수는 배와 함께 수장됐다. 일주일 후 일본 해군은 사고 경위에 대해 "조선인을 태운 우키시마호가 미군이 투하한 기뢰를 건드려 침몰했다"고 짧게

발표했다.[1]

의문의 출항 명령 "조선인을 모두 태워라"

전후 동아시아 최악의 해난 사고 중 하나로 기록될 우키시마호의 침몰
은 당시는 물론이고 그 후 오랫동안 보도조차 되지 않았다. 한국 정부
가 공식 채널을 통해 이 사건을 일본에 문제 제기한 적도 없었다. 유가
족들은 침몰 27년 후인 1972년에야 일본 시민단체의 도움으로 일본
당국이 작성했다는 549명(13세 이하 어린이 56명 포함 한국인 524명, 일본인
승무원 25명)의 이른바 '사몰자死沒者 명부'를 겨우 얻을 수 있었다.

어렵게 구한 일본 측 자료를 참조하더라도 희생자 264명의 시신은
끝내 수습되지 못한 채 아직도 선체 반쪽과 함께 바닷속에 있다. 수많
은 한국인이 징용으로 끌려가 생고생을 하다가 결국 불귀의 객이 된
지 70년이 지났지만, 몇 명이, 왜 목숨을 잃었는지 등 기본적인 사실조
차 베일에 싸여 있다.

일본 공영방송 NHK가 1977년 8월 13일 방영한 다큐멘터리 〈폭침
爆沈〉에 따르면 일본 해군성은 패전 사흘 후인 1945년 8월 18일 느닷없
이 일본 북단 아오모리青森 현 군항 오미나토大湊에 회항한 우키시마호에
"즉각 현지 조선인들을 부산으로 송환하라"고 명령했다. 이와 관련된
일본 측 자료는 "해군 군속 조선인 공원工員 다수는 연합군의 진주를 극

---

1) 우키시마호 침몰 사건의 경과와 생존자 및 목격자 회고로는 사이토 사쿠지, 전재진 옮김, 『우키
시마호 폭침사건 진상』, 서울: 가람기획, 1996년; 동양일보편집부 편, 『우키시마호의 수수께끼』,
청주: 동양일보사, 1995년; 전재진, 『마그마: 일본이 저지른 인간대학살』, 서울: 백산자료원, 2008
년 등을 참조.

강제징용 한국인 수천 명을 태운 우키시마호가 1945년 8월 24일 일본 교토의 마이즈루 만에서 침몰하고 있다. 출처: 우키시마호 순난자 추도 실행위원회.

도로 두려워했기 때문인지 조선으로 돌아가길 열망하며 이를 호소하는 등 불온한 조짐을 보였다"고 설명하고 있다.[2] 그러나 일본의 지배로부터 '해방'된 "조선인이 연합국 진주를 두려워했다"는 식의 언설은 역사를 조금이라도 알고 있는 사람이라면 납득할 수 없는 주장이다. 더욱이 패전 직후 제 앞가림도 버거웠던 일본군이 한국인들을 고향에 보내

---

2) 「輸送艦浮島丸に関する資料」(1953年 12月), 우키시마호 소송 관련 자료 갑A제60호. 또한 厚生省引揚援護庁, 『引揚援護の記録』, 東京: 厚生省, 1950年, 55쪽은 다음과 같이 밝히고 있다. "종전에 따른 사정의 급변과 미래에 대한 불안은 절정에 이르러 귀국을 서두르게 했다. 그러나 단지 귀국을 서둘렀던 것이 아니라 입장이 변화해 (일본) 전국 각지에서는 불온한 기운이 넘쳐났고, 특히 기타큐슈(北九州)와 홋카이도에서는 폭동이 일어날 상황이었다."

주기 위해 위험을 무릅쓰고 군함을 움직였을 가능성은 낮아 보인다.

돌발적인 출항 명령에 우키시마호의 일본 해군 병사들도 "부산에 가면 연합군 포로가 된다"면서 항명 소동을 벌였다. 일부

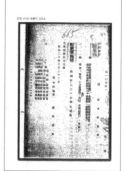

1945년 8월 21일의 '대해령(大海令) 52호'(왼쪽)와 8월 22일의 '대해지 533호'(오른쪽)에 따라 "8월 24일 18시 이후에는 100톤 이상 선박의 항행 금지"라는 명령이 내려졌다. 출처: 우키시마호 순난자 추도 실행위원회.

기관부 소속 일본인 승조원들은 배를 파괴하는 계획을 세우기도 했고, 탈주자도 속출했다. 당시 이 배는 부산까지 이르는 해도海圖조차 완비하지 못한 상태였다. 함장을 포함한 250명의 일본 승무원 가운데 아무도 부산까지 항해한 경험이 없었다. 패전 후 오미나토경비부의 디젤엔진용 석유가 바닥나면서 우키시마호는 연료도 보급받지 못했다.[3] 때문에 도리우미 긴고鳥海金吾 함장(해군 중좌)조차 출항은 무리라는 입장을 오미나토경비부에 통고했다.[4]

더욱 황당한 것은 우키시마호가 부산에 도착하는 것이 애초부터 불가능하다는 사실을 오미나토경비부 사령부도 인식하고 있었다는 점이다. 연합군이 1945년 8월 24일 오후 여섯 시 이후 100톤 이상 대형 선박

---

3) 일제강점하강제동원피해진상규명위원회, 『우키시마호사건 소송자료집 1』, 서울, 2007년, 166~168쪽.

4) 일제강점하강제동원피해진상규명위원회, 『우키시마호사건 소송자료집 2』, 서울, 2007년, 38~39쪽.

에 대한 운항을 전면 금지했기 때문이다. 이 명령은 조선인이 속속 승선하고 있던 22일 오후 도리우미 함장에게도 전달됐다. 통상 속력인 12노트를 유지하더라도 부산 도착은 8월 25일 오후 일곱 시였다. 그러나 오미나토경비부 사령부는 군도를 찬 헌병까지 동원하며 출항을 몰아붙였다.

승선자가 정원의 열 배라는 증언도
일본 정부의 사고처리문서인 「수송함 우키시마호에 관한 자료」(1953년 12월)에 따르면 당시 우키시마호에는 노무자 2,838명과 그 가족 897명을 합친 총 3,735명의 한국인이 타고 있었다. 그러나 일본 측이 애초부터 탑승자 명부조차 작성하지 않았다는 증언이 이후 속출했다. 승선자가 최대 8,000명에 이르렀을 것이라는 주장도 있다. 노자와 다다

우키시마호 침몰 사건을 소재로 한 북한 영화 〈살아있는 영혼들〉(2001년)의 한 장면.

오野澤忠雄 당시 기관장(해군 소좌)은 "지금까지 강요된 가혹한 노동에 대한 불만으로 조선인이 폭동을 일으킨다. 그러므로 이들을 조선으로 돌려보내야 한다", "무조건 태우라는 명령에 따라 마구 채워 넣었다"고 NHK에 털어놨다. 당시 일본 해군 당국은 "이 배에 승선하지 않으면 다시 조국에 돌아가지 못한다", "조선인에겐 배급이 없어진다"고 선동한 것으로 전해진다.

이 때문에 선객 정원이 845명인 우키시마호에는 갑판과 선실, 선창 할 것 없이 앉을 자리가 없는 것은 물론이고, NHK의 표현을 빌리면 배가 기울 정도로 많은 한국인이 탑승했다. 이들은 일제 말기 동원되어 '오미나토 해군시설부' 소속으로 비행장 건설, 군항 및 방공호 보수 등 강제노동에 시달렸거나, 토목공사에 내몰렸던 한국인 노동자와 그 가족 들이었다. 고국으로 돌려보내 준다는 소문을 듣고 바다 건너 홋카이도北海道의 탄광에서 중노동에 시달리던 한국인까지 우키시마호로

고국에 돌아가겠다는 일념으로 우키시마호에 오른 강제징용 한국인들. 출처: 우키시마호 순난자 추도 실행위원회.

몰려들었다. 이들은 당연히 고국으로 돌아간다고 굳게 믿고 승선했다.

그렇다면 우키시마호는 진정 부산을 향해 출항한 것일까. 징용 한국인만을 가득 태우고 8월 22일 밤 열 시에 오미나토를 출항한 우키시마호는 위태로운 연료 상태를 염려하면서 일본의 서

우키시마호가 촉뢰에 의해 침몰했을 가능성을 제시한 미국의 통신 감청 기록문서. 출처: Maizuru Communication Unit to Chief, transportation Department, CinC Ominato & Guard District, CinC Yokosuka Naval District, 1945.08.24.(data2_0034), Intercepted Enemy Radio Traffic & Related Documentation, 1940~1946, RG 38(Records of the Office of the Chief of Naval Operations), Box 17, NARA.

해안 연안을 따라 남쪽으로 나아갔다. 항해 중 일부 일본인 승조원들은 웬일인지 서류와 이불을 바다에 던지고 대낮부터 술을 마셨다. 이들은 이 배가 부산으로 가지 않는다는 사실을 알고 있었다. 항해 금지 명령이 내려진 이상 8월 24일 오후 여섯 시 이전에 일본의 인근 항구로 회항할 것이 확실했기 때문이다. 출항 후 이틀째를 맞이한 우키시마호는 부산이 있는 서쪽이 아니라 남쪽으로 방향을 틀었다. 기수를 마이즈루로 돌린 것이다.

마이즈루는 사세보佐世保, 요코스카橫須賀, 구레吳에 버금가는 진수부鎭守府5)였다. 대규모의 조선인을 수용할 여력이 있었던 것이다. 일본인 승조원은 조선인 승객들에게는 "식수 공급을 받기 위한 일시 기항"이라고 얼버무려 놓고 실제로는 하선을 준비하고 있었다고 한다. 이는 우

---

5) 일본제국 해군의 근거지로 함대의 후방을 통괄하는 기관.

키시마호가 당초부터 부산이 아니라 마이즈루를 향해 출항했을 가능성을 강하게 시사하는 대목이다.[6] 패전 직후 소련군의 남하가 예상되었기 때문에 서둘러 '불온한' 조선인들을 남쪽 지역으로 방출하려 했던 것이다.

촉뢰觸雷설 vs. 내부폭발설

일본 정부는 일관되게 이 배가 미군이 부설한 기뢰에 부딪혀 침몰했다고 주장해왔다. 우키시마호가 'ㅅ'자 형태로 양단됐고 갑판이 두세 조각으로 쪼개진 것은 수중에서 발생한 강력한 폭발이 배 밑바닥을 강타했음을 방증한다는 것이다. 이 과정에서 선체가 폭발력을 흡수했기 때문에 갑판도 산산이 부서지지 않고 크게 쪼개졌다고 설명한다. 실제로 당시 마이즈루 근해에는 미군이 설치한 다수의 기뢰가 미처리 상태로 남아 있었다고 한다.

이에 대해 다수의 생존자와 진상규명운동을 전개해온 일본 시민단체는 일제의 '의도적 폭침'으로 침몰했다는 다양한 정황 증거를 쏟아냈다. 우선 일본 해군이 패전 직후 운항 요건도 제대로 갖추지 않은 채 한국인 송환을 무리하게 강행한 데에는 '불순한' 의도가 숨겨져 있다고 말한다. 더욱이 이 배에는 출항 전부터 다량의 무기와 화약류가 실려 있었다. 그들은 나중에 일부 인양된 선체에서 내부 철골이 밖으로 향하고 있었고 기관실마저 파괴됐다는 점을 들어 강력한 폭발이 내부에서 발생했다고 주장한다. 사건 당시 마이즈루 항에는 함선이 내일쳐

---

6) 일제강점하강제동원피해진상규명위원회, 『우키시마호사건 소송자료집 1』, 서울, 2007년, 169쪽.

럼 우키시마호와 똑같은 항로를 통해 입항했지만 대부분 무사했다. 게다가 우키시마호는 입항 전 마이즈루 군항 측으로부터 소해掃海 작업이 완료됐다는 통보와 함께 입항 허가를 받았다.

침몰 사고 후 마이즈루 해변에는 하루가 멀다 하고 사체들이 흘러들어 왔다. 희생자들의 시신은 일단 마이즈루 해군 부대가 한데 모아 기름을 붓고 화장한 뒤 인근 공터에 묻었는데, 나중에는 가매장 부지를 추가로 물색할 정도로 시신이 몰렸다. 『오사카신문』의 보도에 따르면 이렇게 수습한 시신 153구 가운데 신원이 확인된 경우는 단 한 구에 불과했다고 한다.[7]

우키시마호의 선체는 1950년 3월과 1954년 1월 두 차례 인양됐다. 일본 측이 방치해왔던 선체를 뒤늦게 인양하려 한 것은 공교롭게도 한국전쟁 때문이었다. 미국이 전쟁 수행에 필요한 군수물자를 대량 발주함으로써 일본 경제가 급속히 호전됐고 우키시마호 선체는 고철로 팔더라도 돈이 됐기 때문이다. 그러나 당초 선체 '재활용'을 위해 인양에 나섰

일부 인양된 선체의 내부 사진. 철골이 밖으로 구부러진 것을 확인할 수 있다. 출처: 『국제신문』, 1954년 10월 9일 자.

---

7) 『大阪新聞』, 1953年 12月 7日.

던 업체가 뒷부분만을 끌어올린 후 손을 들면서 인양 작업은 중단됐다.

한일 모두 외면한 우키시마호 침몰 사건

'반쪽 인양'에 그쳤지만 이때 유골들이 쏟아졌다. 침몰된 지 5년이나 지난 탓인지 온전한 유골은 하나도 없었다. 두개골 한 개에 대퇴골 세 개가 나오면 두 명으로 계산하는 방법으로 모두 103구가 인양됐다고 발표됐다. 이에 따라 일본 측은 아직도 해저의 선체 전반부에 264구의 시신이 남아 있을 것으로 추정한다.[8] 수습된 유골은 1954년 8월까지는 분골分骨되지 않았다가 이후 이른바 '사몰자 명부'에 맞추어 적당히 나뉘어 유골함에 들어갔다.

유골은 이후에도 일본의 관련 관청을 전전했고, 1971년에야 도쿄의 사찰 유텐지祐天寺에 안치됐다. 이들 유골 중 일부는 1971년과 1974년 두 차례에 걸쳐 한국에 봉환됐으나 아직도 280위가 '합골' 상태로 이 절에 잠들어 있다. 일본 정부는 유골이 서로 뒤섞인 사실에 대해서도, 반환이 수십 년이나 지체된 것에 대해서도 전혀 사죄하지 않았다. 일본 측은 유골 반환을 위해 일본에서 개최한 위령제에 유족들이 참석하는 데 필요한 10만 엔의 비용조차 부담하지 않았다. 유족이 없는 위령제가 열리고 말았다. 이는 망자亡者에 대한 모독이다.

피해 한국인들은 1992년부터 2003년까지 일본 정부를 상대로 소송을 냈다. 2001년 8월 교토지방재판소는 대부분의 청구를 배척했으나

---

8) 이 수치는 이른바 '사몰자(死没者) 명부'가 먼저 만들어졌기 때문에 여기서 수용된 사체 수를 뺀 추정치다. 탑승자 및 사망자 수조차 불명확한 상황에서 선내에 잔존한 사체 수를 따지는 것은 무의미해 보인다.

우키시마호의 여러 정황을 고려할 때 일본 정부에 안전 배려 의무가 있다며 승선 후 피해를 입은 열다섯 명에게 각각 300만 엔을 지급하라고 선고했다. 그러나 이 원고 '일부 승소' 판결은 항소심에서 완전히 뒤집히고 만다.

2001년 5월 오사카고등재판소는 우키시마호의 출항 및 운항을 국가의 '권력적 작용'으로 간주한다면서 1심 법원의 배상금 지급 결정마저 취소했다. 진상 규명을 철저히 회피하면서 샌프란시스코 강화조약으로 피해자들이 일본 국적을 상실했다며 피해 구제조차 거부해온 일본 정부의 손을 들어준 것이다. 일본 정부는 지금까지 우키시마호 사건의 피해자 및 유족에게 이 사건에 대해 설명한 적이 없고, 이미 인정한 조선인 사망자 524명에 대한 근거 자료조차 꼭꼭 숨겨왔다.

귀를 막은 것은 한국 정부도 마찬가지였다. 한일 청구권 협정의 이행을 위해 1974년 12월 제정된 '대일 민간 청구권 보상에 관한 법률'은 그 대상을 "1945년 8월 15일까지 사망한 자의 유족"으로 제한함으로써 그 달 24일 발생한 우키시마호 사건 피해자들의 구제를 외면했다. 그 결과 '개인청구권' 행사를 위해 피해자들이 일본 법정으로 달려가는 기현상이 벌어졌다. 한일 양국이 외면하는 가운데 '해방 귀국선' 우키시마호의 원혼들은 70여 년간 이국 땅 마이즈루를 맴돌고 있다.

04

한일 과거사 인식의 분기점
병합조약 '이미' 무효

"1910년 8월 22일 및 그 이전에 대한제국과 대일본제국 간에 체결된 모든 조약 및 협정은 이미 무효^{null and void}임을 확인한다."

1965년 6월 22일 체결된 '대한민국과 일본국 간의 기본관계에 관한 조약'(기본관계조약)의 제2조, 이른바 '구舊 조약[1] 무효' 조항은 한일 과거사 인식의 접점이자 분기점이다. 이 조항의 말미에 언급된 '이미'^{al-ready}의 의미에 대해 한국은 "처음부터 무효", 일본은 "1948년 8월 한국 정부 성립 시에 효력을 상실했다"고 각기 다르게 해석하며 완전히 다른 역사를 그려왔기 때문이다.

　한국 측 주장대로 1910년 한일 병합조약 등이 처음부터 무효였다면

---

[1] 1904년 2월 23일의 의정서, 같은 해 8월 22일의 협정서, 1905년 11월 17일의 이른바 을사늑약, 1907년 7월 24일의 한일신협약, 1910년 8월 22일(반포일은 8월 29일)의 병합조약 등 식민지배에 이르기까지 조선(혹은 대한제국)과 일본이 체결한 60여 건의 각종 협정, 조약을 통칭한다.

대한민국 건국 1주년을 맞은 1949년 9월 한국 육군과 해안경비대가 일제 식민지배의 상징인 옛 조선 총독부 건물로 통하는 광화문 대로에서 행진하고 있다. 출처:미 국립문서기록청.

일제의 식민지 지배 자체가 위법행위가 되어 한국은 이에 따른 사과와 피해 보상을 일본에 요구할 근거가 생긴다. 반면, 일본 측 설명대로 구 조약이 원래 '합법 정당'했다가 나중에 효력을 잃은 것이라면 일제 식민지 지배는 기정사실로서 반박할 수조차 없게 된다. 일본 정부가 근년 공개한 외교문서는 '이미'라는 모호한 단어로 과거사를 봉합한 채 오늘에 이른 한일관계의 기원과 그로부터 파생되는 대한민국 정체성 문제의 실상을 잘 보여준다.[2)]

---

2) 흥미로운 점은 일본 정부가 기밀 해제한 외교문서에는 일본 측이 작성한 기본관계위원회 회의록이 포함되어 있으나 한국 정부가 공개한 외교문서에는 한국 측이 작성한 회의록이 빠져 있다는 것이다. 이 회의와 관련된 한국 측 문서로는 한일 양국이 공동으로 작성한 영문 회의 요록뿐이다.

근거 없이 '어쨌든 무효'를 주장

한국과 일본이 공식적으로 처음 대면한 것은 1952년 2월 제1차 한일회담 때였다. 과거 식민지와 종주국 관계였던 양측이 각각 대한민국과 일본이라는 대등한 주권국가로서 새롭게 관계를 구축하기 위해 만난 만큼, 당연히 비정상적이었던 과거의 관계를 어떻게든 정리하지 않을 수 없었다.

일본 측은 과거사 문제를 모두 불문에 부친 채 오로지 미래의 관계에 대해서만 논의하자면서 '우호조약'Treaty of Amity 안을 내놨다. 여기에는 과거 식민지 문제에 대한 언급이 전혀 없었다. 오히려 그 초안은 전문前文에서 한일 간에 해결해야 할 문제의 범위에 대해 "양국 간의 신新관계 발생에 유래하는 각종 현안"이라고 기술, 한일관계의 속성을 과거의 특수한 관계에서 비롯된 것이 아니라 일본제국의 해체와 한국의

법학자로서 대일 협상의
전면에 섰던 유진오.
출처: 한국일보.

'분리'에 따른 새로운 관계의 설정 문제로 제한했다.[3] 이에 대해 한국 측은 즉각 반론을 제기했다.

이 문제를 구체적으로 논의하기 위해 개설된 기본관계위원회 제2차 회의(2월 27일)에서 한국 측 유진오 대표(당시 고려대 총장)는 "이 문제에 대해 근본적으로 토의하고자 한다면 한국 정부로서는 과거 양국 간에 노정된 각종 현안, 특히 1910년부터 36

한국 외교부는 관련 외교문서를 예외 없이 공개했다고 밝혀왔으나 아무래도 석연치 않다. 일본 측 자료에 따르면 이 회의록은 초기 한국 정부의 구 조약 무효 및 식민지 청산에 대한 입장과 태도를 너무나도 적나라하게 드러내고 있다고 한다.

3) 「제1차 한일회담(1952. 2. 15.~4. 21.) 본회의 회의록」(제1~5차), 한국 외교문서, 등록번호 82, 35~39쪽.

년간에 걸친 다양한 문제를 일소하고 실질적으로는 양국의 평화조약이라 할 수 있는 것을 체결하고 싶다는 기분"이라면서 조약의 명칭과 내용에 대한 불만을 토로했다.[4] 하지만 전쟁을 치른 관계가 아니라 종주국-식민지 관계였던 한국과 일본이 '평화조약'을 체결한다는 것은 '기분'의 문제였지, 실현 가능한 발상이 아니었다.

한국 측이 그 대안으로서 3월 5일 제4차 위원회에서 제출한 것이 "모든 구 조약이 무효임을 확인한다"는 조항을 담은 '기본조약'Basic Treaty 안이었다.[5] '무효'라는 단어가 처음 등장했다는 점에서 이 제안은 1965년 기본관계조약 제2조의 원형에 해당한다. 일본 측이 무효의 의미를 따지자 유진오는 "중대한 질문"이라면서 이렇게 말했다.

"1910년 이전의 조약은 의사에 반해 행해진 것이기 때문에 소급해서 무효라고 하지 않으면 안 된다. 다만, 이 법이론을 관철했을 때 실제로는 복잡한 문제가 생기므로 법이론은 차치하고 '어쨌든 무효'라고 하고 싶다. (중략) 이 규정에 관해서는 한국 측의 주장을 노골적으로 펴는 것을

---

4) 「日韓会談 第2回基本関係委員会議事録」(1952. 2. 27.), 일본 외교문서, 문서번호 974, 16쪽.

5) 한국 측이 제시한 '기본조약' 초안의 제3조는 다음과 같았다. "대한민국과 일본국은 1910년 8월 22일 이전에 구 대한제국과 일본제국 간에 체결된 모든 조약 및 협정이 무효(null and void)임을 확인한다." 「제1차 한일회담 기본관계위원회 회의록」(제1~8차, 1952. 2. 22.~4. 2.), 한국 외교문서, 등록번호 80, 597쪽. 한편 "null and void"의 기원에 대해 오타 오사무는 이탈리아의 알바니아 지배에 관한 규정을 둔 이탈리아 강화조약 제31조에 같은 표현이 있음에 착목, 이 조항을 한국 측이 참고했을 가능성을 지적하고 있다. 太田修, 「二つの講和条約と初期日韓国交正常化交渉における植民地主義」, 李鍾元·木宮正史·浅野豊美 編, 『歴史としての日韓国交正常化』 第2卷, 東京: 法政大学出版局, 2011年, 37~38쪽. 실제 당시 초안 작성에 관여했던 김동조는 "정무국 김영주 사무관 등이 중심이 되어 각국의 비슷한 선례를 검토케 한 뒤" 성안했다고 회고했다. 김동조, 『回想 30年 韓日會談』, 서울: 중앙일보사, 1986년, 41쪽.

피하면서 (중략) 막연하게 어쨌든 무효라고 확인하고 싶다."[6]

당시 한국 최고의 법학자로서 제헌헌법을 기초한 유진오가 병합조약
이 무효인 이유도 살피지 않은 채 무효만을 고집한 점은 놀라울 정도다.

이 같은 '어쨌든 무효' 주장에 대해 일본 측은 "도대체 언제부터 무효
인가 등을 분명히 말하지 않으므로 아주 막연하고 정치적이다", "이런
조항은 양측에 과거를 상기시키고, 적어도 일본 측에는 좋지 않은 인상
을 준다", "공연히 평지풍파를 일으키지마라"라고 하면서 삭제를 요구
했다.[7] 이에 대해 유진오는 "평지풍파를 일으킨다고는 생각하지 않는
다. 오히려 파란을 진정시키는 규정"이라면서 다음과 같이 덧붙였다.

"본국 정부로부터 '무효'라는 글자를 반드시 넣으라는 훈령이 와 있지
만, 나는 (병합조약 등이) 처음부터 무효라고 주장하면 조약이 타결되지
않을 것으로 생각해 논쟁이 되는 점, 예를 들면 '언제부터'와 같은 것도
모두 덮어두고, 어쨌든 무효와 같은 표현을 사용한 것이다. 이 표현이라
면 일본은 일본대로 일단 설명이 되고, 한국도 다른 내용이 될지도 모
르겠으나 설명이 가능하다. 자구는 달라도 좋으나 어떻게 해서든 무효
라는 의미를 나타내고 싶다."[8]

이와 관련 유진오와 함께 기본관계위원회의 대표 자격으로 이 문제에 깊

---

6) 「日韓会談 第6回基本関係委員会議事録」(1952. 3. 22.), 일본 외교문서, 문서번호 978, 15~16쪽.
7) 「日韓会談 第5回基本関係委員会議事録」(1952. 3. 12.), 일본 외교문서, 문서번호 977, 17~18쪽.
8) 「日韓会談 第7回基本関係委員会議事録」(1952. 3. 26.), 일본 외교문서, 문서번호 979, 13~14쪽.

숙이 개입한 김동조 당시 외무부 정무국장은 구 조약 무효의 확인 요구가 이승만 대통령의 "강력한 지시"에 따른 것이라면서[9] 다음과 같이 회고했다.

"우리가 한일합병 조약의 무효 확인을 기본조약에 굳이 명문화하려는 것은 실리實利 때문이 아니라 그것이 바로 국민적 자존심을 응축하고 있기 때문이었다. 비록 일본 제국주의에 의해 '합방'이라는 민족적 수모를 겪기는 했지만 이제 양국 관계를 새롭게 설정하는 마당에 문서상으로나마 그런 치욕의 역사를 씻어버려야겠다는 의지를 나타낸 것이었다."[10]

한국 측이 법리 해석을 극렬히 회피하면서도 '어쨌든 무효'의 확인을 요구한 배경에는 물론 민족감정에 기초해 병합조약과 식민지 지배의 부당성을 어떤 형태로든 조약에 명기하고자 한 강한 의지가 있었다. 그러나 한국 측이 상정한 구 조약 무효의 범위는 국민적 자존심을 고려해 "문서상으로나마" 확인해야 한다는 것이었지, 그 위법성을 따짐으로써 그로써 발생한 식민지 지배에 대한 책임 추궁과 피해 보상까지 염두에 둔 것은 아니었다.

요컨대 한국 측의 구 조약 무효 확인 요구는 국민감정과 일본 측 입장마저 감안한 정치적 입론의 성격이 강했다. 종래의 통설처럼 박정희 정권이 '대일 굴욕외교'를 전개한 결과 병합조약의 무효 시점이 모호해진 것이 아니라 신생 대한민국은 '전후' 일본과의 첫 만남부터 이 문제에 대해 자발적으로 정치적 타협을 모색한 것이다.

---

9) 다만 김용식은 주일대표부가 구 조약 무효 확인 조항의 삽입을 건의했다고 회고했다. 김용식, 『希望과 挑戰: 金溶植外交회고록』, 서울: 동아일보사, 1987년, 120쪽.

10) 같은 책, 41쪽.

정치적 흥정으로 전락한 병합조약 무효 문제

한국 측이 구 조약 무효의 시점 문제 등을 '모두 덮어두겠다'는 자세를 취한 만큼, 이후 일본 측의 관심은 '무효'라는 용어를 수용하면서도 실질적으로는 그 효과를 무력화하기 위한 '단어 찾기'로 옮아갔다.

이때 일본 측 오노 다쓰미大野辰巳 외무성 참사관이 '묘안'이라면서 내놓은 것이 바로 '이미'もはや라는 부사어를 덧붙인 과거사 '물타기'였다. 유진오는 "한국어 문장을 일본어와 약간 다르게 두는 방법도 있지만 그것은 속임수이므로 하고 싶지 않다"고 말하기도 했지만, 한일 양측은 과거사 문제의 핵심을 놓고 각자 편한 대로 해석하기 위한 정치적 흥정을 전개하고 있었던 것이다.

이 문제가 한일 양국의 현안으로 다시 대두된 것은 '김종필-오히라 합의'로 청구권 문제가 정치적 결착을 보고 한일회담이 마무리 단계에 들어간 1964년 12월부터 열린 제7차 회담에서였다. 하지만 구 조약 무효를 둘러싼 이때의 논쟁은 사실상 초기 한일회담의 재판에 불과했다. 이때도 한국 측은 구 조약 무효와 효력에 대한 법적 논지를 전개하기는커녕 '어쨌든 무효'론에 입각한 정치적 타협을 시도했고, 그 종착점이 바로 기본관계조약 제2조의 '이미' 무효였다.[11] 결과적으로 '무효'라는 단어를 어떻게든 조약에 되살렸다는 의미에서 제1차 한일회담에서의 합의

---

11) '이미 무효'라는 문구의 삽입 경위에 대해 우시로쿠 도라오(後宮虎郎) 당시 일본 외무성 아시아 국장은 회담 막판에 "(일본 정부가 미리 복안으로 준비한 대로) already라는 단어를 null and void 앞에 넣을 것을 가볍게 시사"하자 한국 측이 곧바로 적극적인 반응을 보였다면서, "설마 한국 측이 이 단어를 덥석 받을 것이라고는 생각하지 않았다"고 증언했다. 「日韓国交正常化交渉の 記録 総説十一」, 일본 외교문서, 문서번호 1127, 143~144쪽.

사항인 "효력을 갖지 않는다"는 문구보다는 진전됐다고 말할 수도 있겠으나, 앞서 살펴본 바와 같이 일본 측은 제1차 회담 때부터 '이미 무효' 안을 제안하고 있었다. 왜 무효인지도 따지지 않은 채 '어쨌든' 무효를 주장한 한국 정부는 병합조약을 체결한 당사자인 대한제국과 현재 대한민국과의 관계에 대한 입장을 표명하지 않을 수 없었다. 1952년 3월 12일 열린 제5차 기본관계위원회에서 일본 측은 "대한제국은 국제법상 주체인 국가로서는 소멸했고 그것은 대한민국과 별개다. 둘 사이에 계속성이 없다. 이미 사라진 국가가 체결한 조약을 무효라고 새삼스럽게 문제시하는 것은 이상하지 않은가"라고 몰아붙였다. 이에 대해 유진오는 "(대한민국이 대한제국을) 계승한 것이 되지만, 이것도 덮어두고 싶다"고 답했다.[12]

"대한민국 국민은 대한제국의 후예"

한국 측이 헌법에도 언급되지 않은 대한민국과 대한제국과의 법적 동일성을 일본에 시인할 수밖에 없었던 이유는 간단하다. 과거 대한제국이 일제와 체결한 조약이 무효라고 신생 대한민국이 주장하기 위해서는 그 국가로서의 법통성을 강조하지 않을 수 없었기 때문이다. 환언하면, 대한제국은 일본의 불법적인 식민지배에 의해 주권이 제한됐을 뿐 그 주권은 상하이 임시정부의 대한민국에 의해 계승되어 대한민국으로 이어졌다고 말해야 대한민국이 과거 대한제국이 체결한 구 조약의 무효를 주장할 자격이 있는 것이다. 다만, 이때 유진오가 대한제국 계승론을 인정하면서도 굳이 "덮어두고 싶다"고 말한 것은 대한제국을

---

12) 「日韓会談 第5回基本関係委員会議事録」(1952. 3. 12.), 일본 외교문서, 문서번호 977, 17~18쪽.

전혀 언급하지 않은 채 상하이 임시정부 법통설을 수용한 제헌헌법의 불합치성을 염두에 뒀기 때문이라고 추측된다.

대한제국 법통설을 인정하는 논리적 구조하에서는 그 국민 또한 대한제국에서 대한민국으로 이어지는 국민이어야 했다. 국가 없는 국민이 존재할 수 없다고 본다면 대한민국의 정부 수립 이전에도 그 국민이 존재했다는 것이다.

이에 대해 유진오는 "일본의 포츠담선언 수락으로 한국은 일본의 굴레를 벗어났으므로 한국인에게 덧씌워졌던 일본 국적도 그 날짜로 이미 소멸됐다. 그 후 대한민국 정부의 수립으로 모든 한국인은 한국 국적을 회복했다"고 설명했다.[13] 일제에 의한 불법적인 식민지의 '굴레'가 벗겨진 결과 그 국민의 국적 또한 원래의 상태로 되돌려졌다는 국적 '회복론'을 주장한 것이다.

한국 정부의 국적 '회복' 입장은 건국 직후인 1948년 12월 20일 제정된 국적법에도 그대로 표출됐다. 이 국적법의 가장 큰 특징은 일제 식민지 기간 중에 출생한 사람에 대해선 국적 규정을 아예 두지 않았다는 점이다.[14] 달리 말하면 식민지 시대에 태어난 사람은 당연히 한국 국민이기 때문에 대한민국이라는 새로운 국가가 탄생했더라도 별도로 국적을 확인하거나 취득 요건을 정할 필요가 없다는 것이다. 이에 대해 초대 법무부장관 이인은 다음과 같이 설명했다.

---

13) 유진오, 『韓日會談: 第1次 會談을 回顧하면서』, 서울: 외교안보연구원, 1993년, 47~48쪽.
14) 장박진, 『식민지 관계 청산은 왜 이루어질 수 없었는가: 한일회담이라는 역설』, 서울: 논형. 2009년, 217쪽.

"3·1 독립정신을 계승하는 우리가 1945년 8월 15일 이전에 국가가 없었느냐 하면 국가가 있었다고 생각합니다. 국가가 있더라도 정부가 없는 법이 있습니다. (중략) 대한민국 국민은 여전히 이전부터 시작해서 (중략) 오래전부터 정신적으로, 법률적으로 국적을 갖고 있었습니다."[15]

일제의 식민지 지배에 의해 정부는 사라졌지만 대한제국으로부터 이어져 온 국가는 소멸되지 않았고, 따라서 한국 국적을 가진 사람 역시 국적법이 제정되기 전부터 존재했다는 말이다.

일본도 '재일한국인' 쫓아내려고 같은 논리를 제시

혈통주의에 기초한 국적의 계속성 원칙은 한일회담의 또 다른 쟁점이었던 재일한국인의 국적 문제에도 그대로 투영되었다. 흥미로운 것은 이 같은 한국 정부의 국적 '회복' 개념은 그 의도는 정반대였지만 일본 측의 희망 사항이기도 했다는 점이다. 일본 측은 샌프란시스코 강화조약 제2조 (a)항을 통해 일본이 조선의 독립을 '승인'함으로써 당초 일본 국적이었던 재일한국인의 경우 대한민국 국적을 '회복'해 외국인이 되었다고 주장했다. 일본 측이 재일한국인의 국적 '회복'을 주장한 것은 무엇보다 재일한국인이 더 이상 일본인이 아니므로 일본에서 쫓아낼 수도 있다는 법적 근거를 확보해두기 위해서였다. 즉, 일본 측의 주장은 재일한국인이 병합조약으로 일본 국적을 취득했으나 일본제국으로부터 조선이 '분리'됨으로써 일본 국적을 상실했고, 그 결과 일본으

---

15) 국회사무처, 『제1회 제118차 국회 본의의 회의록』, 1948년, 4쪽.

로부터 강제퇴거될 수 있다는 논리를 내포하고 있었다.

그럼에도 재일한국인의 국적을 한국 측의 희망대로 한국인이라고 규정하든, 아니면 일본 측의 의도대로 더 이상 일본인이 아니라는 점을 강조하든, 한일 공히 재일한국인의 국적선택권을 부인했다는 사실은 결과적으로 양측 간에 접점을 모색할 가능성을 예고했다. 유진오가 회고했듯이, "한국이나 일본이나 다 같이 재일 한국인에게 국적선택권을 부여하는 데 반대했으므로 전후 처리에 관한 국제조약의 선례를 배제하는 데 양국 간에 별다른 이의가 없었"기 때문에 "논란이 된 것은 일본에 영주를 희망하는 한국인에게 어떤 대우를 공여하느냐 하는 것뿐이었다."[16] 하지만 이 같은 유진오의 언급은 본질적 문제, 즉 병합조약 무효 확인 문제를 '덮어두는' 것을 전제로 한다는 점에서 일종의 동상이몽이 낳은 우연의 역설을 표현한 것에 불과하다.[17]

'어쨌든 무효'론이 낳은 현대사의 질곡

유진오가 무효의 근거와 효력에 대한 법적 해명을 "모두 덮어두"고 "어쨌든 무효"만을 주장한 이유는 무엇일까. 이런 애매한 언설이 우리의 국가 정체성을 훼손하고 일본 측에 병합조약 유효와 식민지 지배의 합

---

16) 유진오, 『未來로 向한 窓』, 서울: 일조각, 1978년, 199~200쪽.

17) 실제 유진오는 1952년 3월 25일 열린 제1차 한일회담 제7차 기본관계위원회에서 "근본론을 (전개)하면 회의 그 자체가 성공하지 못하므로 단지 논의를 해도 실익이 없다. 따라서 이론(理論)을 만족시키면서 현실을 규제할 수 있도록 노력하고 있다. …… 이번 조약에서 한인(韓人)이 일본 국적을 갖지 않는다는 것을 일본이 확인하게 되면 병합조약의 그것(근본론, 즉 무효 확인 문제)을 건드리게 된다. 그러나 이 논의는 피하고 싶다"고 말했다. 「日韓会談 第七回基本関係委員会議事録」(1952年 3月 26日), 일본 외교문서, 문서번호 979, 34~35쪽.

법성을 주장하는 근거를 제공하진 않았을까. 무효 효력의 적용을 포기한 무효론은 결과적으로 일본의 식민지 지배를 추인하는 이론적 모순에 직면한 것은 아닐까.

물론 이 모순은 35년에 걸친 일본의 실효적 지배에 수반되는 법적 효과를 무시할 수 없는 현실, 이를 사실상 인정해온 제국주의적 근대 사법의 전통, 더욱이 냉전의 논리에 입각해 '관대한 배상'으로 돌아선 미국의 대일정책이라는 정치적 고려에서 도출되는 "사실적인 것의 규범력"ex factis oritur jus과, 민족적 자존심에 호소하면서 특히 "불법에서 법은 발생하지 않는다"ex injuria jus non oritur는 대원칙에 근거해 강제로 체결된 병합조약 또한 원척적으로 무효라는 이상 간의 갈등으로 해석할 수도 있을 것이다. 유진오가 "법이론을 관철했을 경우 실제로는 복잡한 문제가 생기므로 법이론은 차치하고 어쨌든 무효라고 하고 싶다"고 말한 것은 아마 이 같은 갈등의 소산이었지 않을까.

그럼에도 구 조약 무효에 대한 불투명한 입론이 낳은 현실적 모순은 너무나도 컸다. '어쨌든 무효'론을 통해 대한민국의 역사, 국민의 정체성을 정립하긴 애초부터 무리였다. 또 일본에 식민지배에 대한 반성과 청산을 요구하는 것도 불가능했다.

유진오가 "덮어두"자고 말할 수밖에 없었던 다른 '복잡한 문제'가 있었을지도 모른다. 하지만 역사는 덮을 수 없었다. 한일 과거사의 '결락'은 지금도 생생하고, '과거 청산' 없는 '미래 지향'은 공허할 뿐이다. 한일 과거사 처리의 원점은 어쩌면 지금일 수도 있다.

05

식민지주의의 공범
미일의 뿌리 깊은 '짬짜미'

1965년 한일협정은 흔히 샌프란시스코 강화조약의 부산물로 통한다. 실제 1951년부터 1965년까지 14년간 전개된 한일 국교정상화 협상 (한일회담)은 1951년 9월 8일 48개 연합국과 일본 간에 체결된 샌프란시스코 강화조약을 어떻게 한일관계에 적용할지 논의한 회담이었다. 전후 한일관계가 샌프란시스코 강화조약 체제의 일각으로 간주되는 이유다.

전후 동아시아 질서를 규정했다고 해도 과언이 아닌 샌프란시스코 강화조약은 패전국 일본에 '관대한' 배상을 허용하면서, 다른 한편으로 일제의 식민지 지배 문제에 관해서는 일절 언급하지 않았다는 특징을 갖는다. 한반도에 대해서는 우선 제2조에서 "일본은 조선의 독립을 승인하고, 제주도, 거문도 및 울릉도를 포함한 조선에 대한 모든 권리, 권원 및 청구권을 포기한다"고 밝혔다. 이 조항으로 인해 일본이 한반도의 독립을 승인한다고 말함으로써 일제의 한반도 식민지 지배를 사실상 기정사실화했고, 일본이 포기할 지역으로 독도를 적시하지 않아 영토 분쟁의 빌미를 제공했다.

더욱이 제4조 (a)항에서는 재산 및 청구권의 처리를 "일본국과 당사국 간의 특별협정의 주제로 한다"고 규정, 전후 한일관계를 식민지 청산을 위한 관계가 아니라 한국의 독립에서 비롯된 재정적·민사적 채권·채무 관계로 묶어놓았다. 실제 한일회담은 이 조항에 언급된 재산 및 청구권에 관한 '특별협정'을 체결하기 위해 열렸고, 그 결정판이 바로 1965년 한일협정이다.

다만, 강화조약은 같은 조 (b)항에서 "일본은 …… 미국 정부에

1951년 대일 강화 문제를 논의하기 위해 일본을 방문한 덜레스(왼쪽) 미 국무부 고문을 요시다 시게루 일본 총리가 반갑게 맞이하고 있다. 출처: 미 국립문서기록청.

의해 또는 그 지령에 의해 행해진 일본국 및 그 국민의 재산 처리의 효력을 승인한다"고 규정했다. 이 조항은 한국 측의 외교적 노력에 의해 강화회의 막판에 극적으로 삽입됐는데, 이로써 한국은 일본 패전 후 국내에 남겨진 일본인 사유재산을 귀속시킨 조치를 국제적으로 승인받게 됐다. 다른 한편으로 미국은 이 조항을 근거로 미군정 기간 일본의 동의 없이 한국 내 일본인 재산을 몰수하고 이를 한국에 넘겨준 행위에 대한 책임 추궁을 면하게 됐다.

그 외에 조선이 독립국으로서 통상 등의 이익을 얻는 조항을 재확인한 제21조를 제외하면, 강화조약은 한반도에 대해 더 이상 거론하지 않았다. 결국 일제 식민지 지배에 따른 피해 문제가 아예 누락됨으로써 한

반도는 단지 제국주의 전쟁의 전후 처리 대상으로 전락한 것이다.

그렇다면 강화조약을 주도한 미국은 일제 식민지 지배로부터 해방된 한국을 어떻게 생각했는가. 1947년 8월 4일 자 연합국최고사령부 지령SCAPIN 1757호는 연합국, 중립국, 적성국의 세 범주에 속하지 않는 '특수지위 국가'에 오스트리아, 이탈리아, 태국 등과 함께 '조선'을 포함시켰다.[1] 이는 조선이 일본의 과거 식민지로서 당시에는 연합국의 점령하에 있는 비독립 지역이었기 때문으로 관측된다.[2]

미국은 그러나 대한민국 정부가 수립된 이후에도 '해방국' 한국을 강화회의에 참석시켜야 할지 결정하지 못했다. 1949년 11월 존 무초 John Muccio 주한 미국대사는 한국이 일본인 재산(이른바 적산)을 취하는 대신 일본에 대한 배상 요구를 포기하는 조건으로 한국의 강화회의 참가를 용인할 것을 미 국무부에 권고했다.[3] 그러나 같은 해 12월 미 국무부 극동조사국은 「대한민국의 대일 강화조약 참가」라는 제목의 보고서에서 "한국에 대한 배상은 한국이 직접 청구할 수 있는 것이 아니

---

1) 1948년 6월 21일의 SCAPIN 1912호도 마찬가지였다. 竹前栄治 監修, 『GHQ指令総集成 第12巻』(SCAPIN 1745~1800), 『GHQ指令総集成 第13巻』(SCAPIN 1801~1950), 東京: エムティ出版, 1993年을 참조할 것.

2) 오타 오사무, 「식민지주의의 '공범': 두 개의 강화조약에서 초기 한일교섭으로」, 이동준·장박진 편저, 『미완의 해방: 한일관계의 기원과 전개』, 서울: 아연출판부, 2013년, 66쪽. 한편, 장박진은 최근 연구에서 한국의 국제법적 지위가 '연합국'에서 '관련 연합국,' 그리고 '시정당국'으로 후퇴했음에도 적어도 조약상으로는 대일 과거 처리의 권리에 대한 제약을 받지는 않았다는 놀라운 사실을 논증했다. 장박진, 제3장 「대일평화조약 관련 조항의 형성 과정과 한국의 권리」, 『미완의 청산: 한일회담 청구권 교섭의 세부과정』, 서울: 역사공간, 2014년. 장박진의 저서에 대한 서평으로는 이동준, 「한일 청구권 교섭에 대한 자기성찰 보고서」, 『현대사광장』 제5호, 2015년 7월, 178~185쪽을 참조.

3) Department of State, *Foreign Relations of the United States(FRUS) 1949*, Vol. Ⅶ, Washington D.C.: Government Printing Office, 1976, pp. 904~911.

1951년 9월 8일 샌프란시스코에서 강화조약에 서명하는 요시다 시게루 일본 총리. 출처: 일본 외교사료관.

라 미국 등 다른 연합국에 할당된 배상에서 제공된다"고 말해 한국이 강화회의에 참가해 별도로 일본에 배상을 요구하는 데에는 반대한다는 입장을 피력했다.[4] 이 보고서는 또 "미국을 포함한 대부분 국가들은 1910년 일본의 한반도 병합을 승인했다"면서 일본의 식민지 지배를 인정한 뒤 "일본의 통치에 대한 한국민의 저항은 제한된 지역에서의 단기간 소요에 불과했다"고 밝혀 한국의 교전국 지위를 부인했다.

강화조약의 최종 초안이 확정되어가던 1951년 7월 3일에 작성된

---

4) "DRF 163: Participation of the Republic of Korea in the Japanese Peace Settlement", December 12, 1949, RG 59, Records of the Division of Research for Far East, Lot File: 58D245, Box 4, NARA.

또 다른 미 국무부 문건은 "조선은 제2차 세계대전 중에 일본에 의해 점령된 국가가 아니"라면서 한국의 강화회의 참가 자격 자체를 문제시했다.5) 요컨대 미국은 한국의 경우 이미 전쟁 전에 일본의 식민지가 된 후 사실상 일본의 일부로서 전쟁에 가담했으므로 배상을 요구해서는 안 된다고 생각한 것이다. 이 같은 미국의 의도를 추종했기 때문일까. 한국 정부 또한 한일회담에서 35년간의 일제 식민지 기간 전체가 아니라 1937년 중일전쟁부터 일본이 패전한 1945년까지의 시기, 즉 일본의 전쟁 시기만을 대상으로 일본에 청구권을 제기했다. 일제강점기 전체에 대한 논의는 문화재 문제 등으로 제한됐다.

그럼에도 같은 시기 미 국무부가 작성한 강화조약 초안에는 한국도 조약 서명국으로 추가되어 있었다. 하지만 한국의 강화회의 참여는 1951년 6월 중국 공산당 정부와 대만 국민당 정부의 강화회의 참여 논란과 맞물리는 가운데 영국의 반대 등으로 결국 좌절되고 만다. 이는 이후 열린 한일회담에서 한국 측이 결정적으로 불리하게 되는 근거가 되는데, 여기서 주목할 점은 이러한 결정의 이면에는 일본의 '한반도 병합'을 인정한 미국의 식민지주의가 기능했다는 것이다. 강화회의 준비와 강화조약 작성을 주도한 존 덜레스^{John Foster Dulles}6)미 국무부 고문

---

5) "State Department Comments on JAPQ D 2/7, July 3, 1951, Korean Claims Under Korean Vesting Decrees to Property in Japan", RG 59, Records of the Department of States, Office of the Legal Adviser Japanese Peace Treaty Files, Box 5, NARA.

6) 1888~1959. 국제법 변호사 출신으로 1950년 이후 미 국무부 고문으로서 대일강화조약 체결 및 미일동맹 구축을 주도했다. 1953년부터 1959년까지는 아이젠하워 행정부의 국무장관으로서 롤백정책(roll back policy)과 뉴룩정책(new look policy)으로 대변되는 강경한 반공주의와 냉전전략을 전개했다.

의 식민지 지배 인식이 그 단서를 제공한다. 덜레스는 1950년에 출판된 저서『전쟁이냐 평화냐*War or Peace*』에서 구미의 식민지 지배사를 다음과 같이 그렸다.

"과거 수 세기 동안 서구 제국은 물질적·지적·정신적으로 활발함을 유지한 결과, '미개발지역'에 철도, 항만, 관개사업 등 거대한 투자를 전개했다. 하지만 이를 순조롭게 추진하기 위해서는 정치적 안정이나 통화通貨의 교환성 등에 대해 충분한 방법을 강구해야만 했다. 따라서 서구 제국은 무역이나 투자에 필요한 정치적 안정을 기하기 위해 아직 수준에 도달하지 못한 세계의 사람들을 통치하게 됐다. 그런 의미에서 식민지는 서구 제국에 의한 '화려한 정치활동의 무대'였다."[7]

다시 말하면 덜레스에게 '서구 식민지주의'Western Colonialism는 서구의 정치경제적·문화적 우월성에 기인한 불가피한 것으로, 결과적으로 인류 공영과 발전에 기여한 것이었다.

이런 생각을 가진 덜레스를 상대로 일본은 한국이 강화조약에 참여해 과대한 배상을 요구하는 것을 막기 위해 집요한 로비를 전개했다. 일본 측은 1950년 6월 19일 강화 준비를 위해 일본을 방문한 덜레스에게 "분리지역의 당국이 일본 본토에 존재하는 재산에 대해 주권을 행사하는 것이 우려된다"면서 한국 측 요구의 부당성을 호소했다. 이

---

7) John Foster Dulles, "Treaty of Peace with Italy"(1947), *War or Peace*, New York: The Macmillan Company, 1950, pp. 74~75.

에 대해 덜레스는 "한국 정부로부터 이미 광범위한 청구권이 몰려오고 있다"면서 "미국은 한국이 이미 '분리'지역에 존재하는 일본의 자산을 얻었으므로 추가로 일본에 있는 자산까지 그 청구권을 확대하는 것을 인정하지 않을 것"이라고 일본을 안심시켰다.[8] 요시다 시게루吉田茂 당시 일본 총리는 1951년 4월 재차 일본을 방문한 덜레스에게 "한국은 일본과 전쟁 상태에 있지 않았기 때문에 연합국의 일원으로 인정할 수 없다"고 말하거나 "한국이 조인국이 되면 한국인들이 연합국과 동등한 재산 청구권과 배상금을 주장할 것이다", "재일한국인이 100만 명이나 되는데 이 사람들이 증명할 수 없는 과도한 배상 청구를 하면 일본은 혼란을 피하기 어렵다"고 주장하면서 한국의 강화조약 참여를 막으려 했다.[9]

식민지 지배에 대한 인식의 측면에서 샌프란시스코 강화조약은 앞서 1947년 2월 10일 체결된 이탈리아 강화조약을 실질적으로 계승한

---

8) "Japanese Property and Claims Questions, June 19, 1950", Folder: Briefing Papers for Dulles, 1950(Japanese Peace Treaty), RG 59, E 1228, Lot 56D225, Box 1, NARA.

9) Sung-Hwa Cheong, *The Politics of Anti-Japanese Sentiment in Korea: Japanese-South Korean Relations Under American Occupation, 1945~1952*, New York: Greenwood Press, 1991, p. 85. 요시다는 또 더글러스 맥아더(Douglas MacArthur) 일본 점령군 최고사령관에게 "조선인 모두를 그들이 태어난 한반도로 추방하고 싶다"면서, 그 이유로 1) 식량 사정이 좋지 않은데 재일조선인들이 일본이 수입한 식량 일부를 소비하고 있다, 2) 재일조선인은 일본 경제 재건에 도움이 안 된다, 3) 이들 조선인은 범죄 발생률이 높고 특히 공산주의에 동조하는 등 악질적인 정치범죄를 범하기 쉽다고 말했다. 이에 대해 맥아더 사령부 측은 "이들 조선인을 송환시키면 한국에서 처형당할 텐데 이는 그리 좋지 않아 보인다. 오히려 일본 법에 따라 일본에서 사형 판결을 내리는 것이 좋지 않을까"라고 답했다. "Immigration, Febrary 1950-March 1952", GHQ-SCAP Records, Box 2189, NARA[마이크로필름은 일본 국회도서관 헌정자료실 소장, fiche no. GS(B)-01603].

것이기도 했다.[10] 이탈리아 강화조약은 이탈리아 파시즘 정권이 점령한 알바니아 및 에티오피아와, 그 이전인 19세기 말부터 20세기 초에 이탈리아의 식민지가 된 리비아 등에 대한 조치를 명확히 구분했다. 즉, 알바니아와 에티오피아에는 배상 지불을 결정했지만, 이는 이탈리아 파시즘 정권의 침략 전쟁에 대한 것으로 식민지 지배에 대한 배상은 아니었다. 결국 제2차 세계대전 후의 강화조약은 모두 식민지 지배의 책임을 불문에 부쳤다고 할 수 있다.

미국과 일본은 전쟁 책임에 대해서는 대립적이었지만 식민지 처리 문제에서는 이해를 공유하는 '공범 관계'였다. 과거 제국주의 국가였던 미국과 일본은 한국인들이 갖고 있던 민족적 분노나 굴욕감, 식민 통치에 대한 사과와 배상 요구를 이해하려고도 하지 않았다. 아니, 이해할 수조차 없었다.

한일 양국이 과거사 문제를 놓고 으르렁거릴 때마다 미국 정부가 지역 안정과 '미래 지향'만을 강조하는 태도를 취하는 것도 과거 식민지주의에 우호적이었던 미국 스스로의 인식과 무관치 않다. 이런 미국은 한일회담에도 직간접적으로 깊숙이 관여했다. 미국은 냉전의 논리와 경제의 논리, 그리고 무엇보다 자국의 동아시아 전략에 입각해 전후 한일관계를 재편성하고자 했다.[11] 여기에 식민지배에서 연유하는 과

---

10) 이 점에 관해서는 56쪽 각주 2)에서 인용한 오타 오사무의 논문이 상세하게 분석하고 있다.
11) 한일회담에 대한 미국의 관여에 관해서는 이동준, 「한일 청구권 교섭과 '미국 해석'」, 국민대 일본학연구소 편, 『외교문서공개와 한일 회담의 재조명: 한일회담과 국제사회』, 서울: 선인, 2010년, 39~70쪽; 李鍾元, 「韓日会談とアメリカ: 『不介入政策』の成立を中心に」, 『国際政治』 第105号, 1994年 1月 등을 참조할 것.

거사 문제가 끼어들 틈은 주어지지 않았다.

한국 측의 '해방의 논리'는 결국 식민지 지배를 당연시해온 일본과 미국의 '짬짜미'에 밀려 역사의 뒤안길로 사라진 셈이다. 샌프란시스코 평화조약은 같은 날 체결된 미일안보조약과 함께 한·미·일 안보체제를 구축하는 토대를 제공함으로써 역설적으로 동아시아에 정치군사적 대립을 고착시켰다는 불편한 지적과 더불어, 과거사에 아예 눈을 감음으로써 '역사 분단'까지 낳았다는 평가를 받고 있다.

06

'망언'의 정치경제학

"일본도 보상 요구권 있다"는 발언에 숨겨진 노림수

"일본 측도 보상을 요구할 권리가 있다. 왜냐하면 일본은 36년간 민둥산을 푸르게 만들었고, 철도를 깔았고, 수전水田을 늘리는 등 많은 은혜를 한국인에게 베풀었다."

한국전쟁 휴전 직후인 1953년 10월 15일 일본 도쿄에서 열린 제3차 한일회담 재산청구권위원회 제2차 회의에서 일본 측 수석대표 구보타 간이치로久保田貫一郎는 한국인의 민족적 자존심을 자극하는 망발을 쏟아냈다. 이에 맞서 한국 측은 "일본에 점령당하지 않았더라면 한국인은 스스로 근대국가를 만들었을 것"이라고 맞섰다. 구보타는 물러서지 않았다.

"일본이 나서지 않았더라면 한국은 중국이나 러시아에 점령되어 더욱

일제강점기 한반도에 거주했던 일본인들이 1945년 10월 어선을 이용해 일본 규슈의 후쿠오카 항구로
귀환하고 있다. 출처: 미 국립문서기록청.

비참한 상태에 놓였을 것이다."[1]

    구보타의 잇단 망언으로 한일회담은 이후 4년 6개월간 중단됐다.
구보타 개인은 끝내 자신의 발언을 철회하지 않았을 뿐만 아니라 회담
이 결렬되자 '이승만 정권 타도'를 위해 한국 내정에 개입할 것을 일본
정부에 건의하기도 했다.[2]

    그러나 한일 양측의 외교문서를 살펴보면 구보타는 결코 한순간의 격
정에 휩싸여 폭언을 내뱉은 게 아니었다. 당시 오카자키 가쓰오岡崎勝男 일
본 외상은 1953년 10월 30일 일본 국회에서 "구보타 대표는 당연한

1) "再開日韓交渉議事要録"(請求権部会 第2回, 1953年 10月 15日), 「日韓国交正常化交渉の記録
　　総説三」, 일본 외교문서, 문서번호 1915, 157~175쪽; "한일회담 제2차 재산 및 청구권 분과회의
　　경과", 「제3차 한일회담(1953. 10. 6.~21.) 청구권위원회 회의록」(제1~2차, 1953. 10. 9.~15.),
　　한국 외교문서, 등록번호 97, 18~38쪽.
2) "日韓会談決裂善後対策"(久保田寛一郎, 1953年 10月 26日), 「日韓国交正常化交渉の記録　総説
　　三」, 일본 외교문서, 문서번호 1915, 241~243쪽.

것을 당연하게 말한 것뿐"이라고 공언했다.[3] 구보타의 언급은 이후 일본 정치인들이 수없이 반복해온 과거사 관련 망언의 시작에 불과하며, 여기에는 일제 식민지배에 대한 왜곡된 역사 인식, 즉 한국에 대한 우월의식과, 원래 일본 것이었던 한국을 미국과의 전쟁에서 패해 부당하게 빼앗겼다는 황당한 피해의식이 혼재돼 있다. 특히 구보타 망언의 이면에는 한국 측의 대일 청구권 요구를 최대한 억제, 봉쇄하기 위한 일본 측의 집요한 협상 전략이 숨겨져 있다.

'역청구권' 주장에 말려든 한국

일본 측은 1952년 2월 제1차 한일회담 때부터 90억~120억 엔으로 추정되는 한국 측의 대일 청구권보다 더 많은 120억~140억 엔의 대한국 청구권을 갖고 있다고 주장했다. 한발 더 나가 일본 측은 "한국전쟁으로 훼손되거나 멸실된 한국 내 일본 재산을 원상회복하고 변상하라"고까지 요구했다. 한국 측의 대일 청구권 요구에 맞서 이른바 '역逆청구권'을 제기한 것이다. 식민지배와 관련해 일본 자신도 손해를 보았고 더욱이 일본이 한국에 남겨놓은 자산이 오히려 더 많다고 강변하면서 사실상 양측 모두 청구권을 포기하자고 회유했다. 이에 대해 한국 측이 강하게 반발하자 수석대표인 구보타가 한국 측의 민족감정을 거스르는 망언을 의도적으로 쏟아

이른바 '구보타 망언'으로 초기 한일회담을 경색시킨 구보타 간이치로 일본 외무성 참여.

---

3)   이동준 편역, 『일한 국교정상화 교섭의 기록』, 서울: 삼인, 2015년, 233쪽.

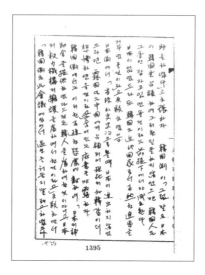

1395

"당시 외교사적으로 볼 때 일본이 진출하지 않았더라면 러시아 또는 중국에 점령되어 현재의 북한과 같이 비참했을 것이다." 구보타 발언의 일부. 출처: 「제3차 한일회담(1953. 10. 6.~21.) 청구권위원회 회의록」(제1~2차, 1953. 10. 9.~15.), 한국 외교문서, 등록번호 97, 27쪽.

내 아예 회담 자체를 파탄 내도록 유도한 셈이다.

격분한 한국 측은 1953년 10월 21일 회담 결렬을 발표했다. 이에 맞서 같은 날 일본 외무성은 "한국 측이 일부 위원회에서 나온 비공식적인 미미한 언사를 고의로 왜곡해 회담 전체를 일방적으로 파괴했다"고 맹비난했다.[4] 회담이 결렬된 후 미국이 일본에 발언 철회를 권유하며 회담 재개를 종용하자 일본은 구보타 망언을 취소하기는커녕 한술 더 떠 망언을 취소하는 조건으로 한국 측의 대일 청구권을 포기할 것을 요구하기도 했다.

---

4) 「日韓国交正常化交渉の記録 総説三」, 일본 외교문서, 문서번호 1915, 214쪽.

이렇게 초기 한일회담은 한국 측에 쉬 회복하기 어려운 감정적 상흔만 남긴 채 깨지고 말았다. 더욱이 한국은 대일 청구권을 관철하기는커녕 회담 결렬 후 오히려 한국에 대한 일본의 청구권 주장을 저지하기 위해 외교력을 소진해야만 했다. 이승만 대통령은 미국 측 관계자를 만나면 입버릇처럼 "일본이 한국 재산의 85퍼센트가 자기 것이라며 빼앗으려 한다"고 열변을 토하면서 '고압적이고 모욕적인' 일본을 막아달라고 매달렸다. 일본의 도발에 의해 회담이 결렬된 이상, 한국 측은 일본이 자발적으로 구보타 망언을 취소하고 역청구권 주장을 철회할 때까지는 협상을 재개할 명분이 없었다. 반대로 일본은 이 두 가지 조건을 틀어쥔 채 상당 기간 한국 측의 대일 청구권 요구를 저지할 수 있었다. 결국 한국 측은 일본 측의 계산된 '망언 전술'에 말려든 것이다.

"계산된 망언"

애초부터 일본 측은 역청구권을 요구하면 한국 측이 격한 반응을 보일 것으로 예상하고 있었다. 일본 측이 제1차 한일회담에 임하기 직전에 작성한 정책보고서는 "궁극적으로 남한지역에 존재하는 일본 재산은 무상 양도할 수밖에 없을 것"이라며 역청구권 주장이 사실상 교섭 수단에 불과하다고 인정하고 있다. 더욱이 일본은 한일 간의 청구권 문제를 규정한 샌프란시스코 강화조약 제4조 (b)항을 통해 미국의 조치, 즉 미군정이 재한 일본인 재산을 몰수해 이를 한국 정부에 이양한 행위에 대해 이의를 제기하지 않기로 이미 약속한 터였다.

일본 측의 역청구권 주장은 당시 나고야대학에서 국제법을 담당하던 야마시타 야스오山下康雄의 법리 해석에 따른 것이었다.[5] 야마시타는 1945년 9월 재한 일본재산을 귀속시킨 미군정령 제33호와 관련, "적산敵産 관리 조치에 불과하므로 이에 따른 재산 처리는 최종적인 소유권 이전이 아니"라면서 원래 소유권자인 일본 측에도 청구권이 있다고 주장했다. 그러나 이는 최종적인 전후 처리인 강화조약의 규정을 사유재산 존중이라는 논리를 앞세워 교묘하게 왜곡, 적용한 것에 다름 아니었다.

일본 정부 스스로도 1962년 작성한 「회담 경위 기록」에서 밝힌 바와 같이, "법이론으로서 입론하기에는 상당히 무리가 따른다는 비판이 있었다"고 고백하고 있다.[6] 무엇보다 일본의 주장은 샌프란시스코 강화조약 제4조 (b)항을 거부하는 것과 같았다. 그럼에도 일본은 왜 한국에 남긴 재산에 대한 청구권을 주장해 한국을 자극한 것일까.

첫째, 그것은 한국 측의 대일 청구권 요구를 상쇄하거나 협상에서 대폭적인 양보를 이끌어내기 위한 "대항적인 청구권 혹은 정치적 교

---

5) 야마시타 야스오는 대만 타이베이제국대학에서 교편을 잡다가 일본에 귀환한 후 아이치(愛知)대학을 거쳐 나고야대학에서 국제법을 담당했다. 그에 따르면 '귀속'은 일종의 전시 중 강제 신탁 행위에 지나지 않으며, 사유재산의 처분 시에는 제3자에 대한 매득대금(賣得代金)에 대해 원(元) 소유자가 청구권을 갖게 된다. 야마시타는 이 같은 원 소유자의 청구권이 헤이그 육전협정의 사유재산 불가침 원칙에 의해 보호되는 권리라고 해석하면서, 이에 따라 미 점령군은 원칙 없이 명령을 발할 수 없으며, 특히 국제법이 허용하지 않는 군정 명령은 수용할 수 없다고 주장했다. 이 같은 야마시타의 해석은 일본의 한국에 대한 이른바 '역(逆)청구권' 주장의 국제법적 논리로 활용됐다. 山下康雄, 「平和条約第四条について (上)」(未定稿)(平和条約研究 第三号, 1951. 9., 条約局法規課), 일본 외교문서, 문서번호 1562. 이것 외에도 야마시타의 국제법적 견해는 일본 외교문서에 흩어져 있는데 이를 체계화한 자료로서 浅野豊美・吉澤文寿・李東俊 編, 『日韓国交正常化問題資料: 基本資料編』第4卷, 東京: 現代史料出版, 2010을 참조할 것.

6) 「日韓会談問題別経緯 (四)」(一般請求権問題), 外務省アジア局北東アジア課(1962年 7月 1日), 일본 외교문서, 문서번호 544, 16쪽.

섭을 위한 폭탄"이었다.[7] 이와 관련, 니시무라 구마오西村熊雄 당시 일본 외무성 조약국장은 "일본에 있는 한국 재산에 대한 한국 측의 과다한 요구로부터 일본을 보호해야 한다"면서 "일본은 양측이 청구권을 상호 포기reciprocal waiver하길 기대하며 한국 측이 이에 호응하도록 몰아

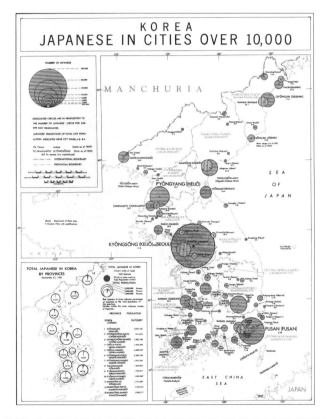

1945년 2월 당시 한반도의 일본인 거주 현황. 1941년 기준으로 조선 전체 인구의 2.9퍼센트인 약 71만 명의 일본인이 거주한 것으로 되어 있다. 출처: 미 국립문서기록청.

---

7) "Korean-Japanese Talks", Weekly Political Notes from Japan(March 28~April 4, 1952), 794. 00/4-452, RG 59, Internal Affairs of Japan(일본 국회도서관 헌정자료실 소장).

붙일 생각"이라고 미국 측에 털어놨다.[8] 요컨대 일본의 역청구권 주장은 한국 측의 대일 청구권을 깎아내리기 위한 정치적 압박 수단이었던 셈이다.

둘째, 일본의 역청구권 주장은 패전 후 한반도에서 일본으로 귀환한 일본인의 사유재산 보상 요구 운동을 감안한 것이기도 했다. 해방 당시 한반도에는 약 70만 명의 일본인이 거주하고 있었다. 일제강점기에 사실상 한반도의 '지배계급'으로서 재산을 축적해온 이들은 일본 패전 후 점령군 미군의 통제하에 거의 빈손으로 일본으로 되돌아와야 했다. 그들은 일본 국내에서 정치적으로 뭉쳐 사유재산 불가침 원칙을 내세우며 한반도에 남긴 재산에 대한 조사와 보상을 일본 정부에 요구했다.[9] 따라서 "일본의 식민지배가 한국에 많은 보탬이 됐다"는 구보타의 언급은 한국의 대일 청구권을 견제하면서도, 다른 한편으로 재한 일본인 재산에 대한 일본 국내 여론을 배려한 것이었다. 한편, 일본 정부는 1957년 5월 '귀환자 급부금 등 지급법'을 제정해 미흡하나마 이들의 국내 보상 요구를 봉합했다.

셋째, 일본이 난데없이 한국에 놓고 온 재산에 대해 청구권을 주장

---

8) Department of State, *Foreign Relations of the United States(FRUS) 1952~1954*, Part 2, Vol.XIV(Washington D. C.: Government Printing Office, 1985), pp. 1251~1252.

9) 이 점에 대해서는 대일 강화조약 체결에 대비해 1951년 일본을 방문한 유진오도 본국에 자세히 보고하면서 정부에 '주의'를 환기했다. 그는 보고서에서 "본인이 직접 청취한 정보에 의하면 일본인들은 제4조 (b)항의 수정을 위해 운동을 전개하고 강화회의 전권인 요시다 총리에게 진정서를 제출했고, 그것이 무망(無望)하게 되자 「사유재산제도씨 서거(私有財産制度氏 逝去)」라는 괴문서를 돌리기도 했다"고 말했다. 유진오, "일본출장보고서"(1951년 9월 10일), 「한일회담 예비회담(1951. 19. 20.~12. 4.) 본회의 회의록」(제1~10차, 1951), 한국 외교문서, 등록번호 98. 귀환 일본인의 '사유재산 보상 요구 운동'에 대해서는 太田修, 『日韓交渉: 請求権問題の研究』, 東京: クレイン, 2003年, 66~68쪽을 참조할 것.

한 것은 한국으로 재진출하기 위한 여건이 마련될 때까지 청구권 문제를 남겨두겠다는 전략적 의도를 드러낸 것이라는 지적도 있다. 당시 주일 미국대사관의 분석에 따르면 일본은 한국에 두고 온 공장 등을 재가동하길 희망하며 궁극적으로는 한국과의 경제 재통합이 이뤄질 때까지 청구권 문제를 보류하고자 했다.[10] 실제 강화조약 체결 후 일본은 미얀마, 인도네시아, 필리핀, 남베트남 등 동남아시아 국가들과 배상 협상을 잇달아 맺었는데, 결과는 한결같이 일본의 역무役務(즉 일본 측이 제공하는 노동) 및 생산물(즉 돈이 아니라 상품)을 배상 명목으로 공여하는 것이었다. 다시 말하면 동남아시아에 대한 일본의 배상은 오로지 경제협력 방식이었고, 이는 일본 경제의 아시아 재진출이라는 전략적 목표하에 추진됐다. 일본은 한국과의 청구권 협상도 식민지배 배상 형식이 아닌 경제 재진출 및 재통합이라는 맥락에서 때를 기다리겠다는 태도를 취한 것이다.

"망언은 현실이었다"

결국 한일회담은 1957년 말 일본이 미국 측의 강화조약 해석과 중재 활동을 매개로 '구보타 발언'을 취소하고 역청구권을 포기한다고 약속함으로써 재개됐다. 그렇다면 구보타 망언은 정말 취소된 것일까. 돌이켜보건대 우선 1965년 한일협정이 일제 식민지배 청산 문제를 사실상 불문에 부쳤다는 점에서 구보타의 식민지배 옹호론 또한 제대로 취

---

10) "Outcoming Message from SCAP Tokyo(W. J. Sebald) to Department of State, Washington" (January 14, 1952), RG 84, Japan post, decimal 320, Japan-Korea folder(일본 국회도서관 헌정자료실 소장).

소되지 못했다. 오히려 한일협정에 직접 서명했던 일본 측 수석대표 다카스기 신이치高杉晉一는 1965년 1월 "일본이 조선을 지배한 것은 좋은 일을 하려고, 조선을 더 낫게 하려고 한 일이었다. (지금 한국에는) 산에 나무가 한 그루도 없게 됐는데, 이는 한국이 일본으로부터 떨어져 나갔기 때문이다. …… 일본의 노력은 결국 전쟁으로 좌절됐지만, 20년쯤 더 조선을 가지고 있었더라면 좋았을 것이다"라고 말하며 사실상 구보타 망언을 반복했다.[11]

더욱이 한일 청구권 협상이 결국 경제논리에 기초한 정치 담판으로 귀결되면서 일본 측의 역청구권 주장은 사실상 당초 의도한 전략적 목표를 이룬 셈이 됐다. 한일협정에서 청구권 문제 자체가 희석됐다는 점을 상기하면, 역청구권 주장을 통해 한국 측의 대일 청구권을 봉쇄하려 했던 일본 측의 노림수가 결과적으로 통한 것이다. 더군다나 일본 측은 역청구권 주장을 통해 식민지배 청산 문제를 정치적 흥정거리로 전환하는 데 성공함으로써 한국에 대한 경제 재진출의 길을 열 수 있었다. 구보타 망언은 망언에 그친 게 아니라 현실이 된 것이다.

---

11) 「日本の植民地支配はいいことをやった」, 『アカハタ』, 1965年 1月 10日; 「高杉首席代表 重大失言」, 『동아일보』, 1965년 1월 19일.

07

농락당해온 개인청구권
징용 미수금의 향방

일제강점기 일본으로 강제동원된 조선인 노동자들은 마땅히 받아야 했던 임금, 퇴직금, 연금, 보험금 등을 일절 챙기지 못한 채 빈손으로 돌아와야 했다. 패전 후 일본 기업들은 이들에 대한 미불금을 '거소 불명'居所不明, '통신 불능'通信不能이라는 이유로 일본의 법무 당국에 공탁供託하는 절차를 밟아 나갔다. 강제동원된 조선인 노동자에게 당연히 돌아갔어야 할 미수금이 수령 대상자의 의사와는 무관하게 일본 금융기관의 계좌에 동결되고 만 것이다.

더군다나 한국 정부는 한일회담에서 공탁금의 존재를 밝히고 추궁할 수 있었는데도 이를 방기했다. 오히려 한일회담에서 한국 측은 징용노동자의 미수금 문제를 대신 책임지겠다며 '목돈'으로 달라고 했다. 그 대가가 바로 무상 3억 달러, 유상 2억 달러로 상징되는 이른바 '청구권 자금'이다. 한일 양국은 1965년 청구권 협정 제2조에서 이로써 모든 청구권이 "완전히 그리고 최종적으로 해결"되었고 이에 대해선 "어떠한 주장도 할 수 없다"고 약속했다. 그러나 한국 정부는 일본에서 받았다는 '청구권 자금'을 피해 당사자들에게 제대로 전달하지 않았다. 한국 정부가 미적거리는 사이 대법원은 2012년 5월 청구권 협정으로 개인청구권까지 소멸됐다고 보기 어렵다면서 일본 기업이 강제징용 피해자에게 손해배상을 해야 한다는 취지의 판결을 내렸다. 수많은 개인의 희생을 억누른 채 구축된 '1965년 체제'가 더 이상 견디지 못하고 대수술을 기다리고 있는 것이다.

일제강점기 징용된 한국인들이 해저탄광에서 강제노역을 했던 나가사키 인근의 하시마(端島). 미쓰비시가 운영했던 이 탄광섬은 군함처럼 생겨 '군함도'로도 알려져 있다. 출처: 한국일보.

'공탁'이라는 그늘 속에 숨은 일본 기업들

패전 후 일본 정부는 그동안 지급하지 않았던 조선인 군인·군속 및 노무자의 미지급 임금, 원호금, 예금, 저금, 보관금 등 각종 미불금 가운데 일정 금액을 당사자에게 알리지도 않은 채 공탁하도록 했다. 일반적으로 공탁은 채무자가 변제하려 해도 채권자가 수령을 거부해 변제가 불가능한 경우 또는 채권자를 찾을 수 없을 때 이뤄지는 민법상의 행위다. 공탁을 통해 채무자는 해당 채무와 관련된 법적 의무에서 해방된다. 상당수 일본 기업들은 이 제도에 편승해 진작 지급했어야 했던 미불금 채무에 대한 부담에서 일단 벗어난 것이다.

물론 일본 기업들이 처음부터 자발적으로 공탁에 나선 것은 아니었다. 일본 패전 후 조선인 징용노동자들은 홋카이도北海道 유바리夕張탄광 등 일본 각지의 광산과 공장에서 본국 귀환과 배상을 요구하며 시위를 벌였다.[1] 특히 1945년 10월 설립된 재일조선인연맹은 일본 기업을 상대로 조선인 노동자의 미수금을 위탁할 것을 줄기차게 요구했다. 미수금은 임금만이 아니라 강제저금, 가족송금, 후생연금, 보험금, 퇴직수당, 조위금 등 각종 수당과 저금을 포괄했다. 이러한 상황하에서 당시 일본을 점령한 연합국군총사령부GHQ는 무엇보다 치안 유지의 차원에서 한국인 징용노동자의 본국 귀환을 서두르는 한편, 배상 절차의 일환으로 미수금을 한곳에 집결시킬 것을 일본 정부에 지시했다.[2] 이때 일본 정부가 선택한 방법이 바로 공탁이었고, 이러한 미불금 공탁은 1990년대 초까지 계속됐다.

그런데 일본이 취한 미불금 공탁에는 미덥지 않은 구석이 많았다. 우선 이것은 채권자인 징용노동자에겐 알리지 않은 '깜깜이 공탁'이었다. 공탁 명부에는 채권자의 씨명氏名과 본거지가 명기되어 있으므로 공탁 통지서를 보낼 수도 있었다. 그럼에도 일본 측은 이런 당연한 절

---

1) 古庄正,「在日朝鮮人労働者の賠償要求と政府および資本家団体の対応」, 早稲田大学アジア太平洋研究センター,『社会科学研究』第31巻 巻2号, 1986年, 199~202쪽.

2) "SCAPIN 207 Payment of Savings and Allotments in Korea of Korean Laborers in Japanese Coal Mines", 戦後補償問題研究会 編,『戦後補償問題資料集 第8集 : G.H.Q関連文書集』, 東京: 戦後補償問題研究会, 1993年, 36쪽.

차를 밟지 않았다. 공탁 사실을 관보에 게재하는 등 공시를 하지도 않았다. 일본 정부가 공탁 조치를 취한 것은 무엇보다 공산주의 단체로 규정된 조선인연맹 등의 정치세력화를 봉쇄하기 위해서였지, 징용노동자에 대한 채무를 보전하기 위해서가 아니었기 때문이다. GHQ와 남한의 미군정 당국도 일본 정부의 부실한 공탁 조치에 방관적인 태도를 보였다.[3] 때문에 채권자인 징용노동자들은 자신들의 임금이 공탁되어 있다는 사실조차 알 수 없었다. 사실상 공탁을 빙자한 미수금 몰수였던 것이다.[4]

더욱이 공탁에 이르기까지 대부분의 일본 기업은 강제동원 노동자들의 미수금을 가능한 한 오래 보유하려 했고, 일본 정부의 예금계좌가 생기자 마지못해 방침에 따랐다.[5] 공탁 대상을 고의로 누락하거나 공탁을 기피한 기업도 많아 실제 공탁금 액수도 극히 적었다. 예컨대 일철日鐵 오사카제철소의 경우 공탁금이 2만 2,371엔이었는데, 본사 총무부장의 별도 보고에 의하면 이 제철소의 미불금은 9만 7,431엔에 달했다. 미불금의 4분의 1도 공탁하지 않은 셈인데, 이는 미불금의 64.5퍼센트를 차지하는 저금을 공탁에서 제외했기 때문이다.[6] 공탁의 전모는 여전히 베일에 가려져 있지만 공탁 과정에서 일본 기업들이 의

---

3) GHQ는 공탁금의 지불이 일본의 전후 경제 복구에 방해가 되고, 개인 차원의 지급 요구가 확대될 가능성을 우려했다고 한다. 이상의, 「해방 후 일본에서의 조선인 미수금 공탁 과정과 그 특징」, 『동북아논총』 제45호, 동북아역사재단, 2014년 9월, 27쪽, 37쪽.

4) 古庄正, 「日本製鉄株式会社の朝鮮人強制連行と戦後処理: 『朝鮮人労務者関係』をおもん素材として」, 『駒澤大学経済学論叢』 第25巻 第1号, 1993年 6月.

5) 이상의, 「해방 후 일본에서의 조선인 미수금 공탁 과정과 그 특징」, 『동북아논총』 제45호, 동북아역사재단, 2014년 9월, 26쪽.

6) 같은 논문, 35쪽.

도적으로 미불금을 축소했거나 아예 은폐했던 정황은 속속 드러나고 있다. 이렇게 사라진 징용노동자의 미수금은 전후 일본 기업의 운영 자금으로 전용됐을 가능성이 제기되고 있다.

부실한 공탁이었지만 이 과정에서 일본 정부는 미불금 관련 자료라는 칼자루를 쥔 채 한일회담에 나설 수 있었다. 그러나 1951년부터 한일회담이 시작되자 일본 측은 "징용 당시 조선인은 외국인이 아니라 일본인이었다"면서 공탁 명부의 제공을 거부한 채 오히려 한국 측에 피해를 증명할 것을 요구하는 적반하장의 태도를 보였다. 징용노동자의 미수금과 관련된 공탁 자료는 2000년대 들어 한국에서 강제동원 피해 진상 규명을 위한 위원회가 발족되고 일본에서도 '강제동원진상규명네트워크'와 같은 시민단체가 결성되어 일본 정부에 자료 공개를 요구하면서 겨우 그 일부를 확인할 수 있었다.

청구권 협정으로 개인청구권을 앗아간 한국 정부

한국 정부는 한일회담 초기부터 끈질기게 징용노동자의 미수금 문제를 제기했다. 가령 1953년 4월부터 열린 제2차 한일회담에서 한국 측은 미군정하에서 이뤄진 조사 결과를 인용, 1946년 9월 30일 당시 징용된 자가 약 10만 5,000명이고 그중 사망자가 약 1만 2,000명, 부상자가 약 7,000명이라면서 피해 보상을 요구했다.[7]

이때 한국 측은 일본군 '위안부' 문제에 대해서도 인권 유린이나 식민지 배상의 차원이 아니라 '미수금'의 관점에서 반환을 요구하기도

---

7) 「日韓交渉会議議事要録(12) 第2回請求権関係部会」, 일본 외교문서, 문서번호 693, 5~6쪽.

했다. 한국 측 장기영 대표는 1953년 5월 19일 열린 청구권위원회에서 "한국 여자로 전시 중에 해군이 관할했던 싱가포르 등 남방으로 '위안부'로 가서 돈이나 재산을 남기고 귀국한 자가 있다"면서 기탁금 반환을 요구했다.[8]

그러나 한국 측이 제시한 미수금의 근거는 채무자인 일본 측이 이미 보유하고 있던 방대한 자료에는 대적할 수가 없었다. 한국 정부는 1952년과 1958년에 각각 징용 피해자를 대상으로 조사를 실시했으나 이들 자료는 한일 청구권 협상 당시에는 거의 이용하지도 못했다. 오히려 한국 측이 한일회담에서 가장 적극적으로 활용한 자료는 1949년 12월 GHQ를 통해 건네받은 일본 정부의 미불금 관련 보고서였다. 일본 대장성이 취합한 이 자료는 공탁 및 미末공탁을 합쳐 일본 기업 등이 지급하지 않은 2억 3,700만 엔에 대한 내역을 포함하고 있었다.[9]

더욱이 한국 정부는 일찌감치 미수금을 대신 지급하겠다며 '목돈'을 요구해 두고두고 화근을 만들었다. 1961년 5월 10일 열린 제5차 한일 예비회담 제13회 일반청구권소위원회에서 일본 대장성 이재국의 요시다 노부쿠니吉田信邦 차장은 "우리는 미불금을 지불할 태세를 갖추고 있다. 이것은 원래 징용노무자가 정식적인 절차를 밟아야만 지불할 수

---

8) 「日韓交涉会議議事要録(12) 第2回請求権関係部会」, 일본 외교문서, 문서번호 693, 25쪽. 한편, 장기영은 또 이 자리에서 "('위안부' 피해자들이) 군 발행의 수령서를 제시하면서 어떻게든 해달라고 말하고 있다"고 전달했다. 이는 당시 피해 여성들이 일본군 '위안부'라는 특수한 입장을 피력하면서 한국 정부에 미수금 확보를 탄원했음을 시사한다.

9) 일본 대장성이 관련 성청의 보고를 종합해 1949년 12월 21일 자로 GHQ에 보고한 조선인 미수금 관련 내역은 현재 일본 국립공문서관 쓰쿠바(筑波) 별관에 소장되어 있다. 「経済協力/韓国 105」②65-0001-12698, 79~119쪽.

있지만 지금껏 국교가 정상화되지 않았기 때문에 지불이 원활하게 이뤄지지 않았다. 따라서 양국 정부가 알선에 나서 바로 지급될 수 있도록 조치했으면 한다"고 말했다.

이에 대해 한국 측 대표인 이상덕 한국은행 국고부장은 "보상금 지불 방법이 문제인데, 우리는 우리 국내 문제로서 조치하는 것을 생각하고 있다, 이 문제는 인원수라든지 금액의 문제가 있지만 어쨌든 그 지불은 우리 정부의 손으로 하고 싶다"고 주장했다.[10] 일본 측이 징용 피해자 개인에게 보상금을 직접 지급하겠다고 주장한 데 대해 한국 측

일제 말기 어린 나이에 일본에 건너가 군수공장 등에서 혹사당했던 근로정신대. 일본 측은 근년 이들 피해 할머니 세 명에게 1인당 199엔의 후생연금 탈퇴수당을 지급해 비난을 받았다. 출처: 미 국립문서기록청.

---

10) 「제5차 한일회담 예비회담 일반청구권소위원회 회의록」(제1~13차, 1960~1961), 한국 외교문서, 등록번호 718, 375~379쪽; 「第5次日韓全面会談予備会談の一般請求権小委員会会合 (第13回)」, 일본 외교문서, 문서번호 95, 22~23쪽.

은 일본 정부로부터 이 돈을 받으면 대신 전달하겠다는 입장을 취한 것이다. 여기서 국가가 개인의 청구권을 왜곡할 수도 있는 구조가 만들어졌다.

'코에 걸면 코걸이'로 전락한 개인청구권

그러나 이렇게 어설프게나마 논의가 진행됐던 징용 피해자의 대일 미수금 문제는 한일 청구권 협상이 결국 구체적인 청구권의 내용을 무시한 총액 논쟁과 정치 담판으로 귀결되면서 아예 묻혀버렸다. 더군다나 한일협정 당시는 물론이고 그 이후에도 한일 양측은 '청구권'이라는 개념 자체를 놓고 각각 다른 해석을 내놓았다. 청구권 협정에 언급된 '청구

청구권 협정에 이미 가서명까지 했음에도 한일 양측은 '청구권'이 무엇을 의미하는지 각각 다른 주장을 전개했다. 1965년 5월 14일 열린 청구권 및 경제협력 위원회 제6차 회의. 출처: 「제7차 한일회담 청구권 관계 회의보고 및 훈령」(1965, 전2권)(V.2 1965. 4. 3 가서명 이후의 청구권 및 경제협력위원회, 1965. 4.~6.), 한국 외교문서, 등록번호 1468, 166쪽.

권'에 대해 한국 측은 "일본이 식민지배의 책임을 인정한다는 의미에서 준 것"이라면서 개인청구권도 여기에 포함돼 있다고 이해한 반면, 일본 정부는 "한국의 독립 축하와 경제협력의 차원에서 돈을 줬다"는 입장을 취했다. 한일 양측이 '코에 걸면 코걸이, 귀에 걸면 귀걸이' 식으로 멋대로 개인청구권을 해석하면서 징용 피해자를 농락해온 것이다.

여기서 주목할 대목은 일본 정부가 청구권 협정을 맺었음에도 개인청구권 문제는 여전히 남아 있다는 견해를 오랫동안 피력해왔다는 사실이다. 가령 시나 에쓰사부로椎名悅三郎 외상은 1965년 11월 5일 한일 조약 비준을 위한 일본 중의원 특별위원회에서 "한일 청구권 협정 체결로 외교보호권만 소멸할 뿐 개인청구권은 존재한다"고 답변했다.[11] 물론 시나의 언급은 한국의 개인청구권 요구를 수용하겠다는 것이라기보다는 일본 국민을 향해 청구권의 일반적인 의미를 설명한 것으로 보인다. 가령 전후에 시베리아에 억류되어 강제노동에 시달렸던 일본군 개인이 러시아 등 외국에 대해 주장하는 개인청구권은 일본 정부가 해당 국가와 이를 포기하는 조약을 맺었다고 하더라도 여전히 유효하다는 뜻이다.

더군다나 국가가 외교를 통해 일방적으로 사유재산권에 해당하는 개인청구권을 훼손할 수 없다는 것은 한일 양국의 최고 사법기관도 견해의 차이가 있지만 큰 틀에서 공인했다. 2007년 일본 최고재판소는 1965년 6월 체결된 한일 청구권 협정으로 조선인 노동자들이 재판으

---

11) 「第50回国会衆議院日本国と大韓民国との間の条約および諸協定に関する特別委員会会議録」第8号, 1965年 11月 5日, 일본 국회의사록 검색 시스템(http://kokkai.ndl.go.jp/).

로 임금을 청구할 권리는 잃었지만 일본 정부나 기업들이 자발적으로 채무를 변제할 것을 판시한 바 있다. 다시 말하면 일본 법원은 청구권 협정 제2조에 의해 "완전히 그리고 최종적으로 해결됐다"는 태도를 보이면서도 일본 측에 변제 의무가 있다는 견해를 피력한 것이다.

한발 더 나가 2012년 5월 한국 대법원은 이 문제에 대한 일본 법원의 견해조차 뿌리부터 뒤흔드는 파격적인 판결을 내놓았다. 대법원은 판결문에서 "일본 법원의 판단은 일본의 한반도에 대한 식민지배가 합법적이라는 인식을 전제로 한 것"이기 때문에 "승인하여 효력을 인정할 수 없다"고 판단했다. 이어 "일본의 국가 권력이 관여한 반인도적 불법행위나 식민지배와 직결된 불법행위로 인한 손해배상 청구권이 청구권 협정의 적용 대상에 포함되기 어렵다"며 미쓰비시중공업 등을 상대로 한 한국 원고들의 개인청구권을 인정했다. 청구권 협정으로 개인청구권을 소멸시킬 수 없음은 물론이고, 일본의 식민지 지배를 합법적이라고 전제한 가운데 체결된 청구권 협정 자체까지 문제시한 것이다.

개인청구권 문제에 관한 한 한일 양국 정부는 '공범 관계'

최근 한국 국내에서 일본 기업을 상대로 한 징용 피해자의 손해배상 소송이 가시적인 성과를 거두며 압박해오자 일본 정부는 "한일 청구권 협정으로 모든 청구권이 소멸됐다"면서 개인청구권을 부정하는 태도를 더욱 분명히 하고 있다. 가령 조선인 노동자들의 우편저금 통장 수만 개를 보관하고 있는 일본 유초郵貯은행(우체국은행)은 2013년 10월 한국의 예금주나 유족에게 이를 돌려줄 수 없다는 공식 견해를 밝혔다.[12] 1965년 청구권 협정으로 개인청구권을 비롯한 모든 청구권이 해결됐기에 예금을 돌려줄 의무가 없다는 것이다. 일제강점기 조선인 노동자들은 일괄적으로 우편저금에 가입해 월급의 일부를 강제로 저축해야 했지만 해방 이후 이를 돌려받지 못한 채 그대로 귀국해야 했다.

더욱이 일본 정부는 한국인 개인청구권에 대한 일본 국내의 청산 작업도 사실상 시작한 것으로 관측된다. 2016년 1월 일본 정부는 1944~1945년도 조선총독부 특별회계 등 세입세출 결산안을 일본 국회에 제출했다.[13] 이 결산안에 따라 합계 7억 7,271만 엔이 2015년도(2015년 4월~2016년 3월) 일본 정부 일반회계에 수입으로 이월 처리됐는데, 여기에는 조선간이생명보험과 우편연금예금 2억 9,000만 엔, 조선식량관리예금 400만 엔 등도 대장성(재무성의 전신) 예금부 예금 관계 예탁금으로 반영돼 있다. 이들 자금이 구체적으로 어떻게 구성됐는지는 명확하지 않지만, 조선간이생명보험과 우편연금예금은 일제강점기에서 조선인이 저축한 돈과 관련 있을 가능성이 있다. 이것이 사실이라면 일본 측은 한국인 개인청구권을 국고로 편입해 아예 '일본화'하겠다고 나선 셈이다.

이러한 일본 측의 견해나 움직임에 마치 동조라도 하듯이 지금껏 한국 정부 또한 표면적으로는 청구권 협정을 통해 일본으로부터 받은 무상 3억 달러, 유상 2억 달러에는 징용 미수금도 포함됐다는 견해를 피력하면서도, 다른 한편으로는 징용 피해자의 미수금 문제 제기에 대해

---

12) 「일 은행 '강제징용 조선인 저금 돌려줄 수 없다'」, 『한겨레신문』, 2013년 10월 30일.
13) 『東京新聞』, 2016年 1月 11日.

매우 부정적인 입장을 취해왔다. 박정희 정권은 청구권 협정이 체결된 지 10년이나 지난 1975년 관련법을 제정해 강제동원으로 숨진 8,522명에게 30만 원씩 '청구권 보상금'을 지급했다. 이는 한국 정부에 개인 청구권 문제를 해결하는 책임이 있음을 보여준 행동이었다.

이어 한국 정부는 2010년 3월 '대일 항쟁기 강제동원 피해 조사 및 국외 강제동원 희생자 등 지원에 관한 특별법'을 만들어 강제동원 피해자에겐 1인당 최대 2,000만 원까지 위로금을 지급해왔다. 한국 정부가 새롭게 특별법을 제정한 것은 박정희 정권 때 이뤄진 개인 보상이 사망자에게 한정되는 등 턱없이 미흡하고 불충분했다고 판단했기 때문이다. 하지만 이 같은 한국 정부의 조치는 강제동원 피해자에 대한 배상과 보상 문제가 한일 청구권 협정에 의해 해결됐다는 전제하에 위로금 등을 지급하는 것 또한 한국 몫이라는 인식에 기초한 것이었다.

결국 한일 양국 정부는 서로 엇갈리게 청구권의 의미를 설명하면서도 동시에 한국인 개인청구권 문제에 관한 한 철저하게 '공범'共犯 관계를 유지해왔다고 말할 수 있다. 수많은 일제 강제동원 피해자들이 땅을 치며 호소하는데도 한일 양국 정부는 지금도 청구권 협정 제2조에 의해 이 문제가 "완전히 그리고 최종적으로 해결됐다"는 태도를 고수하고 있는 것이다. 지금도 액면가로 징용 피해자 2억 1,514만 엔, 군인·군속 9,131만 엔 등 강제동원 피해자의 미수금이 최소한 3조 원 이상 일본은행에 공탁된 채 진짜 주인을 기다리고 있는데도 말이다.

08

이승만과 한일회담
실리 못 챙긴 '갈팡질팡 반일'

"가토 기요마사加藤清正가 모두 잡아가 버려 지금은 한 마리도 없다."

한국전쟁이 막바지로 치닫던 1953년 1월 5일에서 7일, 마크 클라크 Mark Wayne Clark 유엔군사령관의 초청으로 일본을 방문한 이승만 대통령은 한국에 호랑이가 있는지를 묻는 요시다 시게루吉田茂 일본 총리에게 이렇게 답했다고 전해진다. 가토는 임진왜란과 정유재란 때 조선을 침략한 왜의 선봉장으로 특히 호랑이 사냥에 능했다고 한다. 일설에는 요시다의 같은 질문에 대해 이승만은 "이제 한 마리만 남았다"면서 스스로를 일본에 맞설 호랑이에 비유했다고도 전해진다. 일본 측 외교문서에 따르면 수년 후 요시다는 호랑이 이야기의 진위에 대해선 가타부타 언급하지 않은 채 "그때 내가 좀 더 과거 기억을 잊고 말이라도 부드럽게 했더라면 젊은이들이 교섭을 하는데 고생을 덜할 수도 있었을 것"이라면서도 "그렇다 치더라도 그 늙은이는 …… 남의 이야기를 도

이승만(왼쪽) 대통령이 1957년 기시 노부스케 일본 총리의 개인 특사 자격으로 경무대를 방문한 야쓰기 가즈오(矢次一夫, 오른쪽)를 맞이하고 있다. 일본의 '정치 낭인(浪人)' 야쓰기는 일본 정재계와 한국 및 대만 간 브로커 역할을 했다. 출처: 국가기록원.

대체 듣지 않았거든"이라고 혀를 찼다고 한다.[1]

이처럼 일본에 관한 한 이승만은 한 치 양보 없는 강경주의자로서 한일 양측에서 각인되어왔다. 그러나 실상을 보면 이승만은 국내에서 반일反日을 주창하면서도 오히려 친일파를 중용하는 이중적인 입장을 취한 것처럼 일본에 대해서도 매우 모순적인 태도를 보였다. 한때는 식민지배의 울분조차 초월한 듯한 모습을 보여주는가 싶더니 나중에는 고집불통의 극렬한 반일투쟁가로 변신했다.

"우리는 과거를 망각할 것이다"

"나는 일본과 한국에 정상적인 통상관계가 재확립되기를 희망한다. 우

---

1) 이동준 편역, 『일한 국교정상화 교섭의 기록』, 서울: 삼인, 2015년, 172쪽; 이도형, 『흑막: 한일교섭비사』, 서울: 조선일보사, 1987년, 118쪽.

리는 과거를 망각하려 할 것이며, 또한 망각할 것이다.”

이승만 대통령이 정부 수립 직후인 1948년 10월 22일 발표한 성명이다. 일본에 사과조차 요구하지 않다니 식민지배로부터 갓 해방된 국가의 초대 대통령이 가진 대일 인식이라고는 믿기 어려울 정도의 놀라운 ‘관용’을 보인 것이다. 실제 이승만 정권은 정부 수립 직후부터 무엇보다 일본과 통상관계를 재개하는 데 매우 적극적이었다. 가령 당시 일본을 점령한 연합국군총사령부GHQ가 개입하는 가운데 1949년 10월 서울에서 열린 한일 무역 협정에 대한 평가회의에서 윤보선 상공부장관과 임병직 외교부장관은 대일 경제사절단을 파견하고 일본인 기술자 등 전문가를 한국에 다시 불러 한국의 경제 부흥에 기여토록 하겠다는 이승만의 의지를 거듭 강조했다.[2]

    모두冒頭에서 언급한 일본 방문에서도 이승만은 “나는 한일 양국이 과거의 일은 없었던 것으로 하고 양국을 위협하고 있는 공산주의에 대한 방어를 위해 협력해야 한다는 소신을 갖고 있다”, “좋든 싫든 한국과 일본은 좋은 이웃으로 지내야 하며, 미국이 일본에 그러했듯이 일본 역시 큰 이웃the big neighbor이므로 한국에 많은 양보를 해야 한다”고 역설했다. 당시 일본 신문은 클라크 장군 관저에서 열린 회담에서 이승만은 특히 요시다가 한국이 이웃관계에 있다는 점이 매우 중요하다고 말하자 대단히 흡족해했다고 전했다.

---

2)   太田修, 「大韓民國樹立と日本: 日韓通商交涉の分析を中心に」, 『朝鮮学報』 第173輯, 1999年 10月, 12~20쪽.

그렇다고 이승만이 일본을 믿은 것도 아니었다. 이것은 단순한 반일 감정이나 적개심과는 다른 것이었다. 이승만은 일본이 기본적으로 변한 것이 없고 언젠가 아시아에서 군사적·경제적 지위를 되찾아 재무장함으로써 한국의 독립을 위협할 수 있다고 경계했다. 그는 특히 한국 경제가 일본 경제에 예속될 가능성을 매우 두려워했다.

이 같은 일본에 대한 불신과 경계심은 이승만뿐만 아니라 당시 많은 한국인들이 공유했던 현실적인 대일 인식이기도 했다. 이승만은 이러한 한국인들의 반일 감정을 정치적으로 이용했다. 이승만에게 대일 강경정책은 전횡을 은폐하고 대중으로부터 손쉽게 지지를 얻어내어 권력을 강화하는 정치적 수단이기도 했다.

이승만에게 일제 식민지배에 대한 청산 의지가 전혀 없었던 것은 아니었다. 1948년 9월 30일의 시정연설에서 그는 "연합국의 일원으로 대일 강화회의에 참여해 (대한)민국이 대일 배상을 요구하는 정당한 권리를 보유하겠다"고 천명했다.[3] 이를 위해 이승만은 특히 미국을 설득하기 위한 외교적 노력을 적극적으로 전개했다. 물론 주지하는 바와 같이 결과적으로 한국은 샌프란시스코 강화회의에 초대받지 못했고, 한일관계는 배상은커녕 청구권을 다투는 관계로 전락하게 된다.

하지만 그 이면을 살펴보면 이승만 정부가 내부적으로는 일찌감치 일제 식민지배에 대한 피해 보상 요구를 접었다는 사실을 알 수 있다. 이승만 정부가 한일회담에 대비해 1949년 9월에 작성한 『대일배상요구조서』는 일제 식민지배 전체에 대한 배상이 아니라 일본의 전쟁 행

---

3) 『조선일보』, 1948년 10월 1일.

위, 즉 중일전쟁과 태평양전쟁으로 인한 한국 및 한국인의 피해 보상만을 요구하겠다는 입장을 취했다. 실제 한국 정부는 1952년 2월 시작된 제1차 한일회담 벽두부터 식민지배에 대한 피해 보상 요구를 포기하겠다는 뜻을 분명히 했다.

이렇게 자의든 타의든 한일회담이 그야말로 민사적인 청구권을 다투는 장으로 전환되자 일본 측은 거꾸로 일본도 한국에 청구권이 있다는, 그야말로 적반하장의 태도로 맞섰다. 1953년의 '구보타 망언'이 상징하는 일본의 이른바 '역逆청구권' 주장을 계기로 한일회담은 이후 4년여 동안 공백기를 맞는다. 1953년 이후 퇴임할 때까지 이승만의 대일정책은 한국의 대일 청구권을 관철하기는커녕 일본의 역청구권이라는 역풍을 막아내기 위한 몸부림에 가까웠다.

믿었던 미국도 사실상 일본 주장을 지지

일본의 역공을 맞아 크게 당황한 이승만이 유일하게 기댄 곳은 역시 미국이었다. 하지만 한국에 샌프란시스코 대일 강화조약 참가 자격을 부여하지 않았던 것처럼 청구권 문제에 관한 미국의 생각도 이승만의 그것과 크게 달랐다. 미국은 일본의 역청구권 주장이 부당하다면서도 일본이 한국에 대한 청구권을 포기하는 만큼 한국의 대일 청구권도 삭감돼야 한다고 생각했다.

구체적으로 1952년 4월 29일 존 앨리슨John M. Allison 미 국무부 극동담당 차관보는 양유찬 주미대사에게 한일 청구권 문제에 대해 다음과 같은 '미국의 해석'을 전달했다. 즉, (1) 강화조약 제4조 (b)항 등에 의해 한국 내 재산에 대한 일본 측 주장은 소멸되었다, (2) 그러나 이 사실은 같은 조약 제4조 (a)항에 규정된 당사국 간의 '특별협정'[4]의 체결과 '관련된다'relevant는, 매우 애매모호하지만 어떤 의미에서는 절충적인 입장이었다.

다시 말하면, 미국은 일본이 한국에 대한 청구권을 포기하지 않으면 안 된다고 말하면서도, 그렇게 포기한 사실이 일방적인 행동이 아니라 한국의 대일 청구권을 결정하는 것과 연동된다고 해석한 것이다. 이는 (1)의 해석을 엄격히 적용하면 일본의 대한국 청구권은 제로(0)가 되어 한국의 대일 청구권만 인정을 받는 결과가 되지만, (2)의 해석에 강조점을 두면 한일 양국의 청구권을 상쇄하는 것으로도 읽힐 수 있는 견해였다.[5]

이처럼 미국이 청구권 문제에 대해 애매한 해석을 내놓은 요인으로는, 우선 한일 간의 청구권 문제를 규정한 대일 강화조약 제4조 자체가 지닌 법률적 불명료성을 문제시할 수 있겠지만, 다른 한편으로 한국에 대한 일본의 청구권 주장 자체를 부인하는 같은 조 (b)항과 미국의 대일정책 간의 딜레마를 지적할 수 있겠다.[6] 다시 말해, 미국은 한국 내의 일본인 재산을 몰수하고, 더욱이 한국 정부의 요청을 수용해 대일 강화조약의 최종 초안 단계에서 이 조약 제4조에 (b)항을 추가

---

4) 대일 강화조약 제4조 (a)항은 재한 일본 재산 및 재일 한국 재산의 처리와 관련, 당사국 간에 '특별협정'을 체결해 해결할 것을 요구하고 있다. 때문에 이 조항은 한국 내 일본 재산의 한국 귀속을 승인한 같은 조 (b)항과는 대조적으로 일본의 대한국 청구권의 존속을 시사하고 있다.

5) 한편, 미국은 한일 청구권 문제에 관한 보다 구체적인 입장을 1956년 1월에도 내놓는다. 이와 관련해서는 이동준, 「한일 청구권 교섭과 '미국 해석'」, 국민대 일본학연구소 편, 『외교문서공개와 한일 회담의 재조명: 한일회담과 국제사회』, 서울: 선인, 2010년, 54~55쪽을 참조할 것.

6) 李鍾元, 「韓日会談とアメリカ:『不介入政策』の成立を中心に」, 『国際政治』 第105号, 1994年 1月을 참조할 것.

한 장본인이지만, 이 같은 조치는 냉전의 확대 이후 일본에 대한 징벌적 배상보다도 일본의 전후 복구와 경제 부흥을 우선시한 미국의 대일정책과 상충한다고 생각했다. 이 같은 딜레마를 안고 있었던 만큼, 미국 정부는 내심 한일 양국이 청구권 주장을 상호 철회해 정치적 타결을 모색하기를 기대하면서도,[7] 실제로는 가능한 한 이 문제에 대한 직접적 개입을 자제하는 것이야말로 한일 양국에서 반미反美 여론이 조성되는 사태를 피하면서 양국에 대한 영향력을 유지하기 위한 '차선책'이라고 여겼다.

이렇게 미국이 청구권 문제에 대한 불개입·불간섭 정책을 취하고, 결과적으로 이 문제의 해결을 당사자에게 떠넘기는 태도를 취하는 가운데 일본 정부는 한국에 대한 역청구권을 계속해서 주장했다. 그토록 믿었던 미국으로부터도 대일 청구권에 대한 지지를 얻지 못한 이승만은 점점 강경한 대일정책을 구사하며 이에 맞섰다. 이승만이 입버릇처럼 "일본이 한국 전 재산의 85퍼센트를 자기 것이라고 주장한다"고 말한 것은 일본의 역청구권 주

1953년 1월 일본을 방문한 이승만(오른쪽) 대통령이 미국 측이 마련한 만찬장에서 요시다 시게루 일본 총리와 어색한 표정으로 서 있다. 요시다는 전후 일본의 설계자로 통한다. 출처: 국가기록원.

---

7) 이 같은 미국의 견해는 당시 주일 미국대사관이 국무부에 보낸 전신 보고를 보면 쉽게 확인할 수 있다. 예를 들어, "Richard Lamb to the Ambassador, May 21,1952", 『한일회담관계 미국무부 문서(Ⅰ)』(1952~1955, 주한·주일 미국 대사관 문서철), 서울: 국사편찬위원회, 2007년, 2~3쪽 참조.

장에 대한 심리적 반발임과 동시에, '고압적이고 모욕적인 일본'을 지원하는 미국에 대한 분만의 표출이기도 했다.

하지만 이승만은 '반일'을 주장하면서도 일본을 한국 이상으로 중시하는 미국에 대해 '반미'를 외칠 수는 없었다. 이런 이승만이 선택한 길은 한일 문제를 일본이 아니라 미국의 힘을 빌려 푸는 것이었다. 또 이승만은 미국과의 협상을 위해 한일관계를 이용하려 했다.

일본이 갚아야 할 청구권을 미국에 대납하라고 요구

그렇다고 미국이 이승만의 손을 들어줄 리도 없었다. 오히려 미국은 한일관계가 꼬이게 된 주된 원인이 일본 측의 역청구권 주장보다는 이승만의 맹목적인 반일정책에 있다고 생각하기에 이르렀다. 미국은 자국이 중재한 한일 간의 물밑 교섭이 잇따라 무산되자 한국에 제공해온 원조를 무기로 이승만의 기를 꺾어놓으려 했다.

1954년 7월 이승만과 드와이트 아이젠하워Dwight D. Eisenhower 미 대통령의 정상회담은 처음부터 이승만의 북진통일론을 둘러싸고 격렬하게 대립했다. 한일관계가 논의된 지 사흘째인 29일의 회담에서는 토론 중에 서로 뒤질세라 회의장을 박차고 나가는 살풍경이 연출됐다.[8] 존 덜레스John F. Dulles 국무장관이 한국의 안보 및 경제발전을 위해 반일정책을 포기할 것을 요구하자 이승만은 "일본은 아직도 한국을 식민지로 간주한다"고 비난하면서 미국의 '부당한' 압력에 저항할 뜻을 분명

---

8)   김동조, 『回想 30年 韓日會談』, 서울: 중앙일보사, 1986년, 70~71쪽.

히 했다.[9]

이렇게 미국 측의 이승만 설득은 물거품이 되는 듯싶었다. 그러나 결과적으로 1954년 11월 17일에 타결된 한미 합의의사록[10]에는 휴전 협정의 준수, 원조물자의 대일 구매 불배제 등 거의 모든 쟁점에서 미국의 요구가 그대로 반영됐다. 다만, 이승만의 강력한 거부로 한일관계 정상화를 원조 제공의 조건으로 명기하고자 했던 미국의 시도만은 좌절될 수밖에 없었다.

흥미로운 일은 이렇게 한일관계를 둘러싸고 미국 측과 줄다리기를 하는 가운데 이승만이 대일 청구권을 일본이 아니라 미국에 대신 갚을 것을 요구했다는 점이다. 미국 측의 합의의사록 최종안이 제시된 1954년 10월에 한국 정부는 독자적으로 대안을 제출했는데, 거기에는 한국 측의 '최소한의 요구'를 일본이 수용할 수 있도록 미국 정부가 적극적으로 개입할 것(제6항), 일본의 재침략 가능성에 대비해 한국의 독립을 보장할 것(제8항) 등 미국이 한일관계 중재 시에 지켜야 할 사항이 열거되어 있었다. 이어 제7항목에는 "일본이 태평양전쟁 중에 조선은행을 통해 반출한 금괴를 반환하지 않을 경우 미국이 한국에 원조 2억 8,000만 달러를 제공함으로써 이를 상환할 것"이라고 적혀 있었

---

9) "U. S. Summary Minutes of the Third Meeting of U. S. and ROK Talks, Jul. 29, 1954", Department of State, *Foreign Relations of the United States(FRUS) 1952~1954*, Part 2, Vol. XIV, Washington D. C.: Government Printing Office, 1985, pp. 1687~1689.

10) 한미 상호방위조약(1953년 10월 1일 체결)을 수정, 보완하고 구체화하기 위해 체결된 합의문서. 한편, 미국의 입장에서 볼 때 한미 합의의사록의 핵심은 무엇보다 미국이 상호방위조약을 통해서도 확보하지 못했던 한국군에 대한 계속적인 작전지휘권 보유 문제를 명확하게 해결했다는 것이었다.

한국전쟁 중이던 1951년 이승만 대통령이 김포공항 기지에 도착한 맥아더 유엔군사령관을 맞이하고 있다. 출처: 미 국립문서기록청.

다.[11] 이 항목에 첨부된 한국 정부의 설명에 따르면, 금괴 반환을 미국의 대한 원조로 처리하는 것은 미국에 추가적인 비용을 부담시키지 않으면서 일본의 대한 부채를 청산하고, 동시에 한국 경제를 보강할 수 있는, "공정하면서도 단순한" 방법이었다.[12] 이는 한국의 대일 청구권

---

11) "Briggs to DOS, Oct. 22, 1954", *FRUS 1952~1954*, Vol. XIV, pp. 1902~1905. 한편, 여기서 한국 측이 반환을 요구한 금괴의 현금 가치를 2억 8,000만 달러로 산정한 경위는 명확하지 않다. 다만, 한국 측의 『대일배상요구조서』(1949년 9월)에 적시된 249톤 633킬로 198.61그램의 금괴를 당시의 국제 시세인 1그램당 1.2345달러로 환산하면, 약 3억 800만 달러가 된다. 지금(地金)의 국제 시세에 관해서는 佐々木隆爾, 「アジア・太平洋戦争の戦後補償のために支払った金額」, 『日本史研究』 第388号, 1994年 4月, 201쪽을 참조할 것.

12) 다만, 한국 측이 제시한 합의의사록 초안에 이 조항이 삽입된 경위는 명확하지 않다. 엘리스 브리그스(Ellis O. Briggs) 주한 미국대사는 이 조항에 대한 추가적인 설명을 이승만에게 요구했지만, 이승만이 그 내용을 기억하고 있지 않았기 때문에 '이상한 나라의 앨리스'(Alice in Wonderland) 같은 상황이 연출됐다고 워싱턴에 보고했다. 그러나 이후 변영태(卞榮泰) 외무장관이 브리그스에게 이 조항의 의미를 추가적으로 설명했다. "Briggs to DOS, Oct. 29, 1954", *FRUS 1952~1954*, Vol. XIV, p.

의 일부를 미국의 경제원조로 대체해달라는 발상인데, 그 실현 가능성
은 차치하더라도 이승만 정권이 대일 청구권에 얼마나 집착했는지를
역설적으로 시사한다.[13]

유일한 대일 압박 수단은 일본어선 나포

미국의 강한 견제를 받아온 이승만의 반일정책은 반공주의 노선과 겹
치면서 더욱 왜곡, 확장되어 이데올로기화하게 된다.[14] 요시다의 뒤를
이은 하토야마 이치로鳩山一郎 일본 총리가 중국 접근 정책을 펴고 그것
이 소련과의 국교정상화 및 북한 접근으로 이어지자 이승만의 일본 불
신은 극에 달했다. 이승만은 반공 전도사를 자임하며 태평양동맹이나
아시아민족반공연맹 등 지역안보기구의 결성을 추진했는데, 이때 일
본을 의도적으로 배제하려 했다. 이 과정에서 그는 "일본의 새로운 군
국주의자들이 공산주의 독재 군대와 합작할 것"이라는 비현실적인 주
장도 마구 쏟아냈다.

　이런 가운데 일본은 재일교포의 북송을 강행하면서 이승만의 심기
를 더욱 자극했다. 이승만은 1959년 2월 10일 "일본이 이제는 인도주
의를 운위하며 10만 명 이상의 한국인을 공산주의자들이 점령하고 있
는 북한으로 보내려 한다"고 일본을 맹비난했다. 이승만의 반일은 반
공과 맞물리면서 극대화됐지만, 북송을 막지 못했다. 다만 이는 국내

1909.
13) 한편, 일본 측은 한국의 금괴 반환 요구에 대해 일본은행이 정당한 대가를 지불하고 사들인 것이
기 때문에 보상할 수는 없다는 입장을 견지했다.
14) 서중석, 『이승만의 정치이데올로기』, 서울: 역사비평사, 2005년, 427~434쪽.

적으로 이승만 정부의 실정과 부패, 비민주성에 대한 국민의 시선을 밖으로 돌리는 정권 유지책으로써 유용했다.

일본과 미국에 대해 정치적 공세를 가하는 것 이외에는 대항할 수단이 사실상 전무했던 이승만 정부가 취할 수 있는 유일한 물리적인 협상 카드는 바로 '이승만 라인'을 넘어온 일본 어선을 나포하는 것이었다. 국내에서는 '평화선'으로 불려온 이승만 라인은 일본을 점령한 더글러스 맥아더Douglas MacArthur 미 극동군사령관이 1945년 10월 일본인의 어로 범위를 획정한 '맥아더 라인'을 근거로 한국이 1952년 일방적으로 설정된 수역인데, 이승만 정부는 이 안에 들어온 일본 어선을 엄격히 단속했다.

이승만 정권 내내 부산항이나 목포항 등에는 나포된 일본어선으로 넘쳐났고, 최대 1,000명이 넘는 일본 어부들이 한국 국내법에 따라 수감됐다. 이에 맞서 일본 측은 재일한국인 수천 명을 강제퇴거 대상자로 분류해 오무라大村수용소[15] 등에 가둬놓고 한국 측에 데려갈 것을 요구했다. 한일 모두 사실상 '인질 외교'를 벌이는 상황에서 청구권 등 현안을 논의하고 관계를 타개하기는 불가능했다.

이승만은 한일관계에 관한 한 지나치다 할 정도로 모든 문제를 일일이 챙겼다. 때문에 대일 외교를 전담했던 주일대표부는 외무부와는 별도로 경무대에 사사건건 영문 서한을 보내 이승만의 승낙을 받아야 했다. 이 과정에서 이승만은 공식 외교 라인이 일본 측과 간신히 합의한

---

15) 일본이 나가사키(長崎) 현 오무라 시에 설치한 불법입국자 수용시설. 1993년 폐쇄되어 오무라 입국관리센터로 개설됐다.

것도 막판에 뒤집어놓기 일쑤였다. 이승만 정권 9년 6개월 동안 네 차례에 걸쳐 한일회담이 열렸지만 시종 내실 없는 '빈손 회담'의 연속이었다. 전후 한일관계의 출발점이 제대로 설정되지 못했기에 반동도 컸다. 그 귀착점이 바로 경제협력이라는 명목으로 청구권은 물론 식민지배의 과거사마저 봉합한 박정희 정권의 정치 담판이었다.

09

조선은행 재일 자산의 행방
중앙은행의 발권 준비조차 챙기지 못한 한국

일본이 연합국에 포츠담선언을 수락하고 항복을 통보한 1945년 8월 10일 경성(서울)의 조선은행 본점은 긴급 이사회를 소집했다. 이 자리에서 일본인 이사들은 본점 명의의 등록국채 45억 엔을 중심으로 한 유가증권 47억 엔을 도쿄 지점으로 서둘러 이체하기로 결정했다. 이같은 긴급 조치를 취한 이유에 대해 당시 조선은행 부총재였던 호시노 기요지星野喜代治는 "그대로 놔둬서는 나중에 곤란한 문제가 생기지 않을까 걱정됐기 때문"이라고 증언했다.[1]

이 자산이 도쿄 지점으로 옮겨진 후 남겨진 후유증은 너무나도 컸다. 경성 본점이 가진 유가증권은 5,100만 엔에 불과한 반면, 도쿄 지점 보유분은 56억 엔으로 급증한 것이다. 더욱이 해방 직후인 1945년

---

1) 「(外地6)終戦前後の朝鮮通貨金融事情とその対策(その三), 元朝鮮銀行副総裁星野喜代治氏講述」 (1954年 11月 4日), 大蔵省官房調査課金融財政事情研究会, 『戦後財政史口述資料』 第5冊(為替) の9, 1956年, 34쪽(도쿄대 경제학도서관 소장).

서울의 조선은행 본점. 오랫동안 한국은행 본점으로 이용되다가 2001년 이후 화폐박물관으로 활용되고 있다. 1950년 6월 100퍼센트 정부 출자(1,500만 원)로 설립된 한국은행은 조선은행의 채권채무를 계승한다고 명시(한국은행법 제117조), 조선은행의 후계임을 자임했다.

12월 조선은행권은 남한에서만 87억 엔이나 유통됐지만 조선은행 경성 본점이 이에 대한 발권 준비로 확보한 자산은 7억 엔에 불과했다.[2] 돈은 넘쳐나는데 돈값이 종잇값보다 못하는 사태가 벌어졌다. 반면, 이 은행의 도쿄 지점에는 67억 엔이나 되는 자산이 남았다. 자산의 대부분을 일본에 남긴 빈털터리 중앙은행을 안고 신생 대한민국은 출항한 것이다.

　한국 정부가 1949년 10월 대일 청구권 협상에 대비해 작성한 『대일배상요구조서』는 "이것은 전쟁의 승부와는 하등 관련이 없는 단순한 기성旣成 채권채무 관계이며, 따라서 절대로 관철해야 할 요구이며 권리"[3]라고 단언했다. 이승만 대통령이 툭하면 '금괴'를 빼앗겼다고 분통을 터뜨린 것도 다름 아닌 조선은행의 재일 자산을 돌려달라는 의미

---

2)　조선은행조사부, 『経済年鑑』, 서울: 조선은행, 1949년, V-73쪽, V-75쪽.
3)　『對日賠償要求調書』, 서울: 대한민국 정부, 1954년, 2~3쪽.

였다. 한국 측 대일 청구권의 핵심을 차지했던 조선은행의 재일 자산
은 그러나 한일회담에서 제대로 논의되지도 못한 채 일본 정부에 의해
그 대부분이 몰수된 후 일본인 주주 등에게 분배되었다.

미국, "한일 간에 논의하라"며 자산 동결 조치

"연합국은 세계 역사상 유례없는 금융조작의 실태를 낱낱이 밝히고자
한다. (중략) 조선은행을 지배한 금융업자는 마치 군벌이 한 짓과 마찬
가지로 일본 정부의 대륙 팽창을 지원했다. (중략) 조선 침략 이후 일본
의 행동의 첨병 역할을 한 금융 수법이 이제야 분명히 드러났다. 금융
상 단물을 제공함으로써 완전히 일본이 짜놓은 그물 속에 침략의 토대
가 만들어졌다. 이어 군대가 들어와 이들 은행을 수시로 군용 은행으로
활용했다."[4]

일본을 점령한 연합국군총사령부GHQ의 레이먼드 크레이머Raymond Kramer
대령은 1945년 9월 30일 조선은행을 '식민지 금융자산의 동원과 금융
조작'을 통해 일본 군국주의를 지원한 '첨병'으로 규정하고 일본 내 지
점에 대한 폐쇄를 명령했다. 이에 따라 조선은행 일본 지점은 '폐쇄기
관'으로 지정돼 채권 회수 및 채무 변제, 부동산 매각 등 '특수청산'에
들어갔다.
　여기서 '특수청산'이라 말한 것은 청산 과정에 기존의 경영진을 철저

---

4)　大蔵省理財局外債課, 『日韓請求權問題参考資料(未定稿)』第2分册, 1963年 6月, 295쪽.

히 배제한 데다, 무엇보다 청산 대상을 일본 내 자산으로 제한했기 때문이다. 조선은행은 식민지 한반도의 중앙은행으로서 조선은행권을 발행한 발권은행이면서, 동시에 중국 등 동아시아 전역에서 광범위하게 영업망을 전개한 국제적인 상업은행이기도 했다. 따라서 이를 청산하기 위해서는 무엇보다 본점과 지점 간의 계정이 중요한데도 일단 해외 분을 제외한 채 일본 내 자산만을 청산토록 한 것이다. 이 같은 '특수청산'은 청산 업무를 수행한 일본 당국조차 일본 내 자산만으로는 "부채가 많아 적절한 청산이 불가능하다"고 불평할 정도였다.[5]

이처럼 청산이 지지부진한 가운데 샌프란시스코 강화조약, 특히 한일 간의 청구권 문제에 대한 해결 방안을 제시한 제4조가 윤곽을 드러내자 GHQ는 1950년 11월 이들 자산을 사실상 동결하는 결정을 내렸다.[6] 미국은 이 자산이 강화조약 제4조가 제기한 한일 간 '특별협정'의 의제가 될 것으로 예상하고 향후 당사국 간에 논의해 처분하길 기대한 것이다.

더욱이 신생 국가의 분리·독립에 관한 국가계승론에 따르더라도 분리지역(한국)에서 유통되어온 통화의 보증 준비는 계승되는 것이 통례였다.[7] 이와 관련해 일본 외무성조차 내부적으로는 조선은행 도쿄 지

---

5) 朝鮮銀行史研究会 編, 『朝鮮銀行史』, 東京: 東洋経済新報社, 1987年, 782~783쪽.

6) 구체적으로 GHQ는 1950년 11월 3일 자 SCAPIN 7317-A 「폐쇄기관의 청산을 통해 발생하는 잔여금에 관한 건」에서 "재외 거주자의 채권에 대해서는 청산 소득의 분배에 있어 일본 거주자의 동종 채권과 동등한 자격 및 순위를 부여할 것", "이들 채무에 대한 변제 혹은 변제 준비를 한 후에도 잔여금이 있을 때는, 일본은행에 특별 계정을 설정, GHQ의 지령이 있을 때까지 이를 동 계정에 격리, 보관해둘 것"을 지시했다. 이는 장래 예상되는 대외 채무의 청산에 대비하기 위한 사실상의 자산 동결 명령으로 간주된다. 같은 책, 777~778쪽.

7) 일본 외무성 조약국 법규과가 1962년 1월 12일에 작성한 「한일 청구권 처리에 관한 문제점(日

점이 보유한 일본 국채가 발권 보증으로 간주된다면 한국에 돌려줘야
한다는 견해를 피력한 바 있다.[8]

일본, 청산잔여금 대부분을 '국유화'

하지만 강화조약이 발효되고 일본이 주권을 되찾게 되자 일본 국내에
서는 그때까지 '전범' 취급을 받았던 조선은행의 재일 자산을 주주, 예
금자 등 일본 내 이해관계자들이 나눠 가져야 한다는 주장이 분출됐
다. 공직에서 추방됐던 전 조선은행 부총재 호시노는 일본 국회에서
"조선은행은 결코 조선의 은행이 아니다. (일본) 국내 법인이다. 주주의
권리를 무시하고 당시 경영자를 배제한 채 함부로 청산하는 것은 헌법
위반"이라며 목소리를 높였다.[9] 여기에 일본 정부도 1953년 8월 폐쇄
기관령을 대폭 완화, '미 점령군'이 채워놓은 조선은행에 대한 '족쇄'를
완전히 풀어버렸다.[10] 호시노는 조선은행의 특수청산인으로 화려하게
복귀했다.

韓請求權處理に関する問題点)」라는 제하의 문건은 '국가계승론'에 기초한 청구권 문제 해결의 원
칙으로서 1) 분리지역에 존재하는 사유재산은 존중되지 않으면 안 된다, 2) 분리지역에 존재하는
국유·준국유 재산은 새로운 영유국에 귀속되는 것이 원칙이다, 3) 분리지역 이외에 존재하는 국
유·준국유 재산으로 분리지역에 속하는 행정 재산의 성격을 갖는 것은 새로운 영유국에 인도하
는 것이 통례다, 4) 분리지역에 유통되는 통화의 보증 준비는 통화 발행 채무에 대한 보증으로 간
주되고 있으며, 발권 채무가 새로운 영유국에 계승되는 경우에는 보증 준비도 인도하는 것이 통례
라고 밝히고 있다. 大蔵省理財局外債課, 『日韓請求權問題参考資料(未定稿)』 第2分册, 1963年 6
月, 139쪽.

8) 같은 책, 233~234쪽.
9) 「第13回国会大蔵委員会」 第56号, 1952年 4月 23日, 일본 국회의사록 검색 시스템.
10) 「(管理1)戦後における閉鎖機関の処理」, 大蔵省官房調査課金融財政事情研究会, 『戦後財政史口述
資料』 第7册の6, 1956年, 5쪽; 朝鮮銀行史研究会 編, 『朝鮮銀行史』, 東京: 東洋経済新報社, 1987
年, 789~790쪽

생각지도 못했던 어마어마한 규모의 '공돈'이 생기자 온갖 아이디어와 이권 다툼이 난무했다. 기존의 경영진은 주주의 권리를 내세우며 후계 은행의 설립을 추진했다. 이에 맞서 한반도에 재산을 남기고 빈손으로 돌아온 일본인들은 이 돈을 자신들의 복지를 위해 쓸 것을 요구했다. 이시바시 단잔石橋湛山 통산상은 일본의 미래를 위한 대규모 과학기술 펀드를 만들자고 했다.[11] 자민당 국회의원들은 100억 엔 규모의 중소기업진흥은행을 신설하거나 무역센터, 일본경제진흥재단, 국민차 육성 회사 등 대형 국가 프로젝트를 창출하는 데 쓰자고 주장했다.[12]

이처럼 조선은행 재일 자산을 둘러싼 이권 다툼이 치열한 가운데 1956년 일본 대장성은 청산잔여금의 대부분을 국고로 환수하기로 결정했다. 이는 그해 일본의 예산안 편성과 밀접하게 관련되어 있었다. 당초 이치마다 히사토一万田尚登 대장상은 1조 엔 이내의 긴축 예산을 명언했는데, 실제 일반회계는 1조 349억 엔까지 늘어 세수 확보가 난관에 봉착했기 때문이다. 청산잔여금에 대해 납부금을 부과하는 방안은 일본 각의에서 두 차례나 유보되었으나, 결국 재정 적자를 피하기 위한 대책 마련의 일환으로서 채택되었다.[13]

이와 관련해 당시 일본 정부의 납부금 부과에 저항했던 조선은행 특수청산인 호시노는 다음과 같이 회고했다.

---

11) 「第22回参議院予算委員会」第34号, 1955年 6月 26日, 일본 국회의사록 검색 시스템.
12) 朝鮮銀行史研究会 編, 『朝鮮銀行史』, 東京: 東洋経済新報社, 1987年, 810쪽; 星野喜代治, 『回想録』, 東京: 日本不動産銀行十年史編纂室, 1967年, 170~177쪽.
13) 같은 책, 188쪽.

"(당시 대장성의 쇼지 게이지로^{正示啓次郎} 대장성 관재국장은) 만약 이 납부금 방안을 수용한다면 종래 대장성 내 각국이 품고 있던 조선은행에 대한 앙금을 전부 해소하고, 대장성이 한 몸이 되어 후계 회사 설립을 원조할 것이며, 이 은행에 대한 외부로부터의 클레임, 귀환자 문제 등 모든 불평불만은 국가의 책임으로 돌릴 작정이므로 조선은행 전체로서는 오히려 좋은 결과를 낳을 것으로 확신한다고 말했다."[14]

일본 정부에 거액의 납부금을 내는 보상으로 '외부로부터의 클레임'을 국가 책임으로 돌리고 제2회사의 설립도 용인한다는 이면 합의가 성립된 것으로 볼 수 있다. 여기서 쇼지 당시 대장성 국장이 말한 '외부로부터의 클레임'이란 한국 및 대만으로부터 제기될 것으로 예상되는 청구권을 가리킨다.

일본 정부가 국고 환수를 위해 내세운 법적 논리는 과거 일제가 만든 조선은행법에 따르면 조선은행은 발권 특권에 따른 영업 이익금의 일부를 국가에 납부해야 한다는 것이었다. 결국 조선은행 재일 자산은 청산잔여금 67억 엔 가운데 50억 엔이 각종 납부금이나 세금 명목으로 일본 국고에 환수되었고, 남은 17억 300만 엔만 주주에게 귀속됐다.

한일 청구권 협상을 무시한 일방적 청산

그러나 조선은행 자산에 대한 일본 정부의 '산더미 같은' 납부금 부과는 일본 국내에서도 상당한 논란을 야기했다. 우선 청산잔여금을 확정

---

[14] 같은 책, 205~206쪽.

짓기 위해서는 해외의 자산과 부채를 확정하지 않으면 안 되는데, 한일관계가 단절된 상황에서 이는 애초부터 불가능했다. 초기에 조선은행의 특수청산을 관장했던 이시바시 료기치石橋良吉가 지적했듯이 "일본에 아무리 많은 돈이 있더라고 외국의 것에 커다란 구멍이 생겼을지 모르므로 잔여 자산을 따지는 것 자체가 무의미하다"[15]는 것이 현실이었다. 특히 조선은행의 청산잔여금 대부분을 차지한 일본 국채는 일본 정부가 막대한 납부금을 부과하면서 내세운 '발권에 기초한 이익'이라고 단정할 수도 없었다. 가령 1945년 3월 당시 조선은행의 발행고는 29억 엔이었는데 이에 대한 발권이익은 2,400만 엔에 불과했다.[16] 전체 발행고의 1퍼센트 미만 수준이었던 발권이익에 대해 발행고에 버금가는 세금을 때린 셈이다.

보다 심각한 문제는 일본 정부의 조치가 사실상 한일 청구권 협상 자체를 원천적으로 봉쇄하는 행위였다는 점이다. 일본의 일방적 조치는 무엇보다 한일 간의 '특별협정' 체결을 적시한 샌프란시스코 강화조약 제4조 (a)항에 저촉될 수 있었다. 미국도 한일 당사자 간에 해결하라고 이들 자산을 동결 조치한 것이다. 당시 일본 국회에 출석한 저명한 경제학자 쓰루 시게토都留重人는 "한국 측도 할 말이 많을 텐데 이를 예산의 세입으로 계상하는 것은 문제"라고 지적했다.[17] 일본 국회의원들도 "나중에 정말 한국에 주지 않아도 되는가"라고 정부 측을 추

---

15) 「(管理1)戰後における閉鎖機關の処理」, 大藏省官房調査課金融財政事情硏究会, 『戰後財政史口述資料』 第7册の6, 1956年, 14쪽.
16) 朝鮮銀行史硏究会 編, 『朝鮮銀行史』, 東京: 東洋経済新報社, 1987年, 614~615쪽.
17) 「第24回衆議院予算員会公聴会」 2号, 1956年 2月 16日, 일본 국회의사록 검색 시스템.

궁했다. 한국 측도 매우 민감하게 반응해 주일대표부는 1956년 2월 일본의 자산 처분 조치가 강화조약 제4조에 위반된다는 구상서를 일본 정부에 제출했다.

일각에서는 일본 정부의 일방적인 조선은행 청산잔여금 국고 수납 조치를 장래의 한일 청구권 협상에 대비하기 위한 '저금'이지 않을까 관측하기도 했다. 가령 전 조선총독부 재무국장 미즈타 나오마사水田直昌는 "훗날 한국이 일본에 대해 배상을 내놓으라든지, 플러스 마이너스 해서 내 몫이 있다고 주장한다든지 이렇게 말할 때를 대비해 일본 정부로서는 조선은행의 국채를 한국에 지불하는 하나의 펀드로 간주하고, 그렇게 생각해서 묶어두고 있는 것은 아닐까"라고 술회했다.[18] 일본 정부가 납부금 및 납세의 명목으로 국고 환수한 조선은행 재일 자산 50억 엔을 1945년 해방 당시의 환율(1달러당 15엔)로 환산하면 공교롭게도 1965년 한일 청구권 협정에서 일본이 무상으로 한국에 지급하기로 한 3억 달러를 약간 넘는 금액이다.

하지만 이 문제는 이후의 한일회담에서 법리 공방으로 치달은 끝에 결국 청구권 협상이 정치 담판으로 종결되면서 봉인되고 말았다. 한일 회담에서 한국 측은 조선은행 재일 자산이 조선은행권의 발행 준비고에 해당한다면서 본점이 있는 한국에 반환할 것을 요구했다. 이에 맞서 일본 측은 조선은행이 과거 일본 제국의회의 입법 절차를 거친 일

18) 「(外地6)終戦前後の朝鮮通貨金融事情とその対策(その三), 元朝鮮銀行副総裁星野喜代治氏講述」(1954年 11月 4日), 大蔵省官房調査課金融財政事情研究 会, 『戦後財政史口述資料』 第5冊(為替)の9, 1956年, 36쪽.

본 법인이라면서, 더욱이 일본인 주주의 것이라고 양보하지 않았다.[19] 식민지 한반도의 중앙은행을 사유재산이라고 주장한 일본 측이 '주식 회사' 조선은행의 보유 주식 가운데 한국인 지분으로 인정한 것은 겨우 1퍼센트에 불과했다.[20]

제국주의 논리가 그대로 적용된 조선은행 재일 자산의 청산

조선은행 재일 자산의 청산 과정과 이를 둘러싼 한일 간의 공방을 회고하면 탈식민지화의 논리가 거의 작동하지 않았다는 점을 재확인할 수 있다. 일제 식민지 시대 동아시아 지역의 식민 은행으로서 '해외 은행'이기도 했던 이 은행은 그 '식민성'을 제대로 청산하지 못한 채 일본제국의 분리 해체와 함께 대부분의 재산이 '전후' 일본으로 귀속된 것이다.

'전후' 일본은 조선은행이 발권은행이었다는 점을 적극 활용했다. 이 은행의 청산잔여금에 대해 '산더미 같은' 납부금과 세금을 부과하면서 일본 정부가 내세운 명분도 바로 이 은행의 발행 이익이 엄청나다는 것이었다. 그러나 다른 한편으로 일본 측은 한국과의 협상에서는 주주의 권리나 사유재산 존중의 논리를 전면에 내걸고 이 은행의 특수성을 극구 부인했다. 왜냐하면 발권은행으로서의 조선은행의 특수성

---

19) 조선은행 재일 자산의 전후 처리 및 이를 둘러싼 한일 간의 논쟁 등에 대해서는 이동준, 「조선은행·대만은행 재일재산의 전후처리」, 『아세아연구』 제56권 3호, 2013년 9월, 65~103쪽을 참조할 것.

20) 大藏省理財局外債課, 『日韓請求權問題參考資料(未定稿)』 第2分冊, 1963年 6月, 328쪽 [표] 폐쇄기관 조선은행의 주주 및 보유 주식 수(1945년 6월 현재)'를 참조할 것. 이에 대해 한국 정부의 자료는 조선은행의 주주 구성과 관련, 일본인(법인) 72.18퍼센트, 한국인(법인) 27.82퍼센트라고 기록하고 있다. 「미국 소재 조선은행 재산 추심 문제」(1957~1959), 한국 외교문서, 등록번호 334.

이 강조되면 통화 채무에 기초한 청구권 요구에 휘말릴 수 있었기 때문이다.

이 같은 일본 정부의 논리는 한국의 해방/분리 이후에도 조선은행만큼은 여전히 일본제국과 식민지 조선과의 관계에서 벗어날 수 없다고 강변하는 것에 다름 아니었다. 일본 측은 일본제국의 법제도에 기초한 조선은행법을 원용해 청산잔여금을 강제 징수했을 뿐 아니라, 특히 한국과의 협상에는 조선은행이 일본의 제국의회에 의한 통상적인 입법 절차를 밟은 일본 국내 법인이라고 주장했다. 이는 일본제국을 계승한 '전후' 일본 정부로서는 당연한 주장일 수 있겠지만, 일제의 압제로부터 해방된 한국의 입장에서 보면 식민지 지배를 위한 법이론의 답습

조선은행의 일본 내 후계 회사라고 할 수 있는 도쿄의 아오조라은행 본점. 아오조라은행은 조선은행의 재일 자산을 토대로 설립된 일본부동산은행과 이를 계승한 일본채권신용은행의 명맥을 이어받은 은행으로 한국계 손 마사요시가 대주주다.

이었다. 결국, 조선은행의 재일 자산을 둘러싼 공방은 일제의 한반도 식민지화를 둘러싼 한일 간의 메우기 어려운 인식의 차이로 환원될 수밖에 없었다. 조선은행 재일 자산의 청산은 과거 종주국과 식민지라는 비정상적인 관계를 문자 그대로 정상적인 주권국가 간의 관계로 전환시키는 중요한 계기가 될 수도 있었다. 그러나 이 문제는 한일 당국 간의 정치 담합에 의해 봉인되었고, 결국 '부(負)의 유산'으로 남았다.

한편, 조선은행 재일 자산은 청산잔여금의 75퍼센트 남짓을 일본 정부에

납부한 후 남은 17억 엔으로 1957년 4월 일본부동산은행으로 거듭났다. 조선은행의 후계 회사를 자임해온 일본부동산은행은 이후 일본채권신용은행으로 은행명을 변경해 오랫동안 일본 경제의 한 축을 형성하며 왕성하게 활동하다 1998년 이른바 '버블 붕괴'로 도산했다. 일본 정부는 이 은행의 빚을 갚기 위해 3조 2,428억 엔의 공적 자금을 투입했다. 일본채권신용은행은 2000년 6월 재일한국계 기업인 손 마사요시孫正義가 이끄는 소프트방크로 넘어가 아오조라あおぞら은행이라는 간판을 달고 조선은행의 일본 내 명맥을 잇고 있다.

10

해방 후 첫 한일 정상회담
박정희, "일본의 지도를 받고 싶다"

"한일 양국은 과거에 이롭지 못한 역사를 가지고 있습니다. 그러나 그러한 명예롭지 못한 과거를 들춰내는 것은 현명한 일이 아닙니다. 차라리 새로운 역사적 시점에서 공동의 이념과 목표를 위해 친선관계를 가져야 할 것입니다."[1]

1961년 11월 11일 오후 일본을 방문한 박정희 당시 국가재건최고회의 의장은 이케다 하야토池田勇人 일본 총리가 마련한 환영 만찬에서 이렇게 말했다. 바싹 치켜 깎은 머리에 검은 안경을 쓰고 일행 중 키가 가장 작아 유난히 눈에 띄었던 한국의 군부 지도자가 과거사를 접겠다고 공언하자 만찬장에 참석한 일본인들도 놀라지 않을 수 없었다. 이

---

1) 「박정희 국가재건최고회의 의장 일본 방문」(1961. 11. 11.~12.), 한국 외교문서, 등록번호 786, 270쪽.

케다는 "이제야말로 양국의 긴밀하고 견고한 우호관계를 수립할 시기가 왔다"고 화답했다. 그리고 이튿날인 12일 오전 열 시 해방 후 처음으로 열린 한일 정상회담에서 박정희와 이케다는 서로에게 '명예롭지 못한' 식민·피식민의 과거사는 일절 따지지 않은 채 그야말로 '미래 지향적인' 한일관계에 관해서만 논의했다. 한국과 일본의 외교문서 등을 토대로 당시 회담의 핵심 부분과 박정희 전 대통령의 일본 내 행적을 재구성한다.

"청구권 말고 뭔가 다른 이름도 좋다"

이케다와의 단독 회담에서 박정희는 우선 청구권 문제에 대한 대략의 테두리를 정해달라고 했다.[2] 이에 대해 이케다는 청구권 문제에는 남한지역에 있던 일본인 재산을 몰수하도록 한 미군정령 제33호를 어떻게 해석해야 할지, 또 큰 틀에서 해결 방안을 제시한 샌프란시스코 강화조약 제4조에 대한 미국 정부의 해석을 어떻게 봐야 할지 등 복잡하게 고려할 것들이 많다고 지적했다. 이케다는 대장성 관료 출신의 경제 전문가로, 요시다 시게루吉田茂 전 총리의 바통을 이어받은 이른바 '보수 본류'의 대표적인 정치인이다. 일본 측 외교문서는 이 같은 이케다의 장황한 설명을 박정희가 제대로 이해하지 못하는 인상이었다고 적었다.

이때 박정희가 갑자기 협상 카드를 흔들었다.

---

2) 이하, 인용하는 박정희-이케다 회담록은 「日韓国交正常の記録 総説八」, 일본 외교문서, 문서번호 506, 101~107쪽; 「박정희 국가재건최고회의 의장 일본 방문」(1961. 11. 11.~12.), 한국 외교문서, 등록번호 786, 227~229쪽; 이동준 편역, 『일한 국교정상화 교섭의 기록』, 서울: 삼인, 2015년, 476~481쪽에 근거한다.

박정희 국가재건최고회의 의장이 1961년 11월 11일 저녁 일본 총리관저에서 열린 환영 만찬에서 이케다 하야토 총리와 환담하고 있다. 출처: 국가기록원.

"요컨대 법률상 근거가 있는 것을 인정해달라는 것이다."

이승만 정권이 비록 정치적 레토릭의 성격이 강했지만 공개적으로는 절대 포기하지 않았던 일본에 대한 배상 요구를 전면 부인한 것이다. 앞서 과거사를 접기로 했으니 일제 식민지배에 대한 피해 보상 청구도 포기한 셈이어서 이제 남은 것은 일본이 치른 전쟁에 따른 한국인의 피해에 대한 청구권, 그것도 법률상 근거가 있는 것으로 제한됐다. 이는 한국은 일본과의 전쟁 당사국이 아니므로 배상을 요구할 수 없고, 다만 영토의 분리로 인한 민사상 청구권을 명확한 근거를 갖춰 제기해야 한다는 일본 측 주장을 액면 그대로 수용한 발언이기도 했다.

당연히 회담에 탄력이 붙었다. 이케다는 "개인청구권에 대해서는 일본인 수준으로 취급한다는 원칙을 갖고 지불할 용의가 있다"면서 "은급恩級, 귀환자 위로금, 우편저금, 간이보험금 등을 생각하고 있고, 또 소각한 일본은행권3)에 대해서도 고려하고 있다"고 말했다. 이에 대해 박정희는 "군인·군속의 유가족에 대해서도 생각해달라"고 말했다. 이케다는 "고려하겠다"고 화답했다. 다만, 박정희가 "한반도에서 반출된 지금은地金銀에 대해서도 청구권이 있다"고 말하자 이케다는 "그것은 조선은행이 업무상 통상적인 매매를 한 것이기 때문에 근거가 없다"고 설명했다. 박정희가 "일본 측은 청구권으로 5,000만 달러를 운운하고 있다"고 불만을 토로하자 이케다는 "고사카 젠타로小坂善太郎 외상이 그렇게 말한 모양인데 나의 의도는 아니다"라고 안심시켰다. 이케다가 "청구권이라고 말하면 아무래도 상쇄相殺 사상[한국에 대한 일본의 청구권(역청구권)과 한국의 대일 청구권을 상계한다는 의미]이 나온다"고 지적하자 박정희는 "청구권이라고 말하지 말고 뭔가 적당한 이름이라도 괜찮다"고 답했다.

"참 좋은 사람", "말이 잘 통하는 사람"

예상 이상으로 분위기가 화기애애해지자 이케다는 "청구권 문제의 해

---

3) 해방 직후인 1946년 2월 21일 미군정은 미군정령 제57호를 통해 1엔 권 이상의 일본은행권 및 대만은행권을 같은 해 3월 2일부터 7일까지 조선은행 등 금융기관에 예입할 것을 지시했다. 이렇게 예입된 것과 각 금융기관이 보유 중이던 일본은행권 약 14억 9,000만 엔은 같은 해 4월과 11월 두 차례에 걸쳐 일본은행원 입회하에 소각 조치됐다. 미군정이 일본계 통화를 소각한 표면적 이유는 조선은행에 통화 보관용 공간이 부족하다는 것이었으나, 일본과 남한을 경제적으로 '분리'하겠다는 의도였다는 점은 명백하다. 장박진, 『미완의 청산: 한일회담 청구권 교섭의 세부 과정』, 서울: 역사공간, 2014년, 113~116쪽, 728~733쪽; 「韓国請求要綱参考資料(未定稿)」, 일본 외교문서, 문서번호 1348, 10~11쪽; 「第6次日韓全面会談の一般請求権小委員会第8回会合」, 일본 외교문서, 문서번호 1218, 24~27쪽.

결은 어업 문제와 동시에 해결했으면 한다"면서 골칫거리였던 '이승만 라인'(평화선) 문제를 제기했다. 이에 대해 박정희는 "일본이 청구권 문제에서 납득할 만한 성의를 보인다면 우리도 융통성 있게 평화선 문제를 다룰 용의가 있다"고 제안했다. 이승만 정권의 최대 업적으로 평가받으며 사실상 유일한 대일 압박 카드로서 기능했던 평화선이 청구권 금액과 연동된 정치적 흥정거리로 전락하는 순간이었다. 이튿날 일본 신문들은 일제히 "한국, 사실상 이승만 라인 포기"라고 대서특필했다.

이케다는 경제관료 출신답게 한국 경제에 대한 조언을 쏟아냈다. 박정희가 "미국 원조 40억 달러가 전혀 효과를 내지 못했다"고 고민을 털어놓자 이케다는 전후 미국의 대일 원조자금을 경제 발전에 활용했던 자신의 성공담을 자세하게 설명해줬다. 농업 문제와 관련해 이케다는 농지 개혁의 필요성, 미개간지의 목초 조성 등을 언급한 후 "한국의 인구는 재산"이라고 말했다. 이에 대해 박정희는 "서둘러 국교를 정상화해 농업에 대해서도 일본의 지도를 받고 싶다"고 답했다. 이케다는 "20만 킬로와트 정도의 전력으로는 아무것도 안 된다. 전력을 확장하면 한국만으로도 훌륭한 공업 국가가 될 것"이라고 격려했다.

이케다는 "일본이 청구권으로 지불하는 것만으로는 아무래도 한국의 경제 회복에 충분하지 않을 것"이라면서 "다만 일본으로서는 무상 원조는 바람직하지 않기 때문에 장기 저리의 경제원조를 고려하고자 한다"고 말했다. 이에 대해 박정희는 "한국도 자존심이 있으므로 무상 원조는 바라지 않는다. 경제협력 등의 명목으로 장기 저리 차관이 좋을 것"이라고 동의한 후 "소비재가 아니라 자본재를 희망한다"고 부언했다. 이케다는 "자본재가 좋을 것이다. 소비재는 한국 국내에서 생산하면 된다"고 화답했다. 이렇게 경제협력을 빙자해 일본 자본의 한국 진출과, 청구권 문제의 봉인이라는 한일관계의 새 틀이 무르익고 있었다.

물론 이 같은 왜곡된 한일관계는 한국 국민감정상 용인될 수 없는 것이었다. 박정희는 같은 해 12월 7일 기자회견에서 대일 청구권을 차관 도입으로 대체하려는 것 아니냐는 질문이 나오자 "나는 경제협력은 청구권 문제를 해결하고 국교가 정상화된 후에나 생각할 수 있다고 이케다 총리에게 말했다"고 선을 그었다.[4] 하지만 한일 양국이 공개한 박정희와 이케다의 회담록을 참조하자면, 박정희는 대일 청구권에서 크게 양보하면서까지 일본 자본의 도입에 적극적이었다. 이 같은 박정희의 태도는 이케다가 "양측이 99퍼센트 합의했다"고 발표하자고 제안할 정도로 일본 측을 만족시켰다. 이케다는 "앞으로 한일회담과 관련해 국내적으로 문제가 생겨 마음에 걸리는 점이 있으면 비밀리에 연락을 달라"며 정치적으로도 적극 협력할 뜻을 밝혔다. 회담 직후 이케다는 측근들에게 박정희를 "참 좋은 사람", "말이 잘 통하는 사람"이라고 말했다고 일본 외교문서는 전한다.

이케다 하야토 일본 총리가 박정희 의장에게 보낸 방일 초청장. 출처: 「박정희 국가재건최고회의 의장 일본 방문」(1961.11. 11.~12.), 한국 외교문서, 등록번호 786, 222쪽.

---

4) 『한국일보』, 1961년 12월 7일.

"메이지유신의 지사와 같은 마음이다"

과거를 따지지 말고 미래만을 생각하겠다던 박정희는 그러나 정상회담이 끝나기가 무섭게 어느덧 자신만의 '과거사'로 회귀하고 있었다. 11월 12일 낮 기시 노부스케岸信介 전 총리 및 이시이 미쓰지로石井光次郎 전 부총리가 주최한 환영회에서 박정희는 "일본에서 젊은 우리가 하고 있는 것을 보면 미숙한 부분도 있을 것이다. 그러나 젊은 육군 군인들이 군사혁명을 일으킨 것은 구국의 념念에 불탔기 때문으로, 나도 메이지明治유신 때 지사志士의 마음으로 해볼 것이다"라고 유창한 일본어로 말했다.[5] 이어 박정희는 기시의 고향 출신으로 메이지유신의 정신적 지주인 요시다 쇼인吉田松陰을 존경한다면서, 국가 건설과 한일관계 정상화를 위해 도와달라고 호소했다.[6] 에도시대 조슈번長州藩의 무사 출신인 요시다 쇼인은 『유수록幽囚錄』이라는 저서에서 정한론征韓論을 주창하는 등 일본의 제국주의적 팽창에 큰 영향을 미쳤다.

이런 박정희에게 스스로 '만주국의 설계자'를 자임해온 기시는 "국민의 박수를 받는 조약을 만들려 하면 진정한 국교정상화가 이뤄지지 않는다. 100년 후에 되돌아봤을 때 좋았다고 평가받는, 미래를 내다보는 마음으로 나서야 한다. 현재의 국민감정에 영합하려 해선 안 된다"고 조언했다고 한다. 이를 지켜본 아카기 무네노리赤城宗德 자민당 총무

---

5) NHK, 〈한일관계는 이렇게 구축되었다(日韓関係はこうして築かれた)〉, 2010년 8월 1일 방영; 김동조, 『回想 30年 韓日會談』, 서울: 중앙일보사, 1986년, 226쪽. 실제로 박정희 스스로도 메이지유신을 높이 평가하고 있다. 朴正熙, 『國家와 革命과 나』, 서울: 向文社, 1963년(박정희, 『한국 국민에게 고함』, 서울: 동서문화사, 2005년에 재수록, 이 책 576~579쪽 참조).

6) 「日韓国交正常の記録 総説八」, 일본 외교문서, 문서번호 506, 111~112쪽.

회장은 박정희에 대해 "겸손하고 성실하다. 꾸준히 순조롭게 할 것 같다", 사토 에이사쿠佐藤榮作 통산상은 "용맹하다기보다는 온후하고 교활함을 모르는 것 같다"고 각각 높게 평가했다.

박정희는 이날 저녁 본인이 주최한 만찬에 만주국 육군군관학교 시절의 교장이었던 나구모 신이치로南雲親一郎

박정희 국가재건최고회의 의장이 1961년 11월 12일 일본 도쿄에서 주최한 만찬에서 만주국 육군군관학교 시절의 교장이었던 나구모 신이치로 일제 예비역 중장과 건배하고 있다. 출처: NHK, 〈한일관계는 이렇게 구축되었다〉, 2010년 8월 1일 방영.

일제 예비역 중장과 동기생들을 특별히 초대해 회포를 풀었다.[7]

"선생님의 지도와 추천 덕분에 (일본) 육군사관학교를 나와 여기까지 올 수 있었습니다. 한국 대표로서 뵙게 된 것에 감사드립니다."[8]

박 전 대통령이 과거의 은사에게 깍듯하게 보은의 술잔을 올리자 동석한 이케다 총리를 비롯한 참석자 전원이 박수를 보냈다. 나구모가 일어서서 '제자' 박정희에게 머리를 숙여 보인 뒤 나지막하게 말했다.

"나는 내 제자 가운데 한 나라의 최고 지도자가 나왔다는 데 대해 눈물이 쏟아질 정도의 영광을 느낍니다. 이것은 저 하나만의 영광이기도 합니다만 (중략) 그보다 더 중요한 게 있습니다. 그것은, 일본은 도덕이 땅

---

7) 나구모의 참석에 대해 당시 『경향신문』(1961년 11월 13일)은 "시골에서 참석하여 이채를 띠었다"고 보도했다.
8) 이동원, 『대통령을 그리며』, 서울: 고려원, 1992년.

에 떨어져 있는 상태인 데 비해 한국은 우리보다 도덕적으로 훨씬 우위에 있다는 사실입니다. 나는 해준 기억도 별로 없는데 내가 교장이었던 것만으로 박 장군은 그동안에도 나에게 가끔 인삼을 보내주어 보시다시피 이렇게 건강합니다."

이케다는 "나라는 다르지만 사은師恩을 안다는 것은 우리 동양의 미덕 아니겠습니까. 다시 한 번 동양 미덕의 체득자이신 박정희 선생에게 경의를 표하는 바입니다"라고 극찬했다.9)

"정치라든가 외교는 이것이 전부 인간이 행하는 일이라면 인간 대 인간이 무릎을 맞대고 서로 이야기할 필요가 있다는 것을 나는 이번에 절실히 느꼈습니다."10)

정확히 30시간 동안의 일본 방문을 마친 박정희는 이처럼 강렬한 소회를 남긴 후 존 케네디John F. Kennedy 대통령과의 회담을 위해 미국으로 떠났다. 이는 군사 쿠데타를 인정받기 위한 여정이기도 했다. 물론 박정희는 미국이 그토록 기다리고 기다려왔던 한일 '친선'이라는 '선물'을 들고 있었다.

---

9) 이도형, 『흑막: 한일교섭비사』, 서울: 조선일보사, 1987년, 124쪽.

10) "11월12일 박 의장 주최 만찬회 석상에서 박 의장 각하가 행하신 인사", 「박정희 국가재건최고회의 의장 일본 방문」(1961. 11. 11.~12.), 한국 외교문서, 등록번호 786, 274쪽.

청구권 '숫자놀음'

청구권자에서 원조 수혜국으로 전락한 한국

"서로 먼저 숫자를 내놓으라며 한참 실랑이를 벌였다. 결국 각자 종이
에 숫자를 적어 하나, 둘, 셋 하고 외친 후 동시에 까기로 했다. 우리(일
본 측)는 직전까지 분명히 1억 달러를 염두에 뒀지만 숫자를 조금 속이
자는 생각에 7,000만 달러를 적어냈다. 그런데 한국 측은 딱 열 배인 7
억 달러가 적힌 종이를 흔들어댔다."[1]

1961년 3월 17일 최덕신 외무부장관과 고사카 젠타로^{小坂善太郎} 일본
외상 간의 청구권 협상이 난항을 거듭하자 실무자인 문철순 외무부 정
무국장과 이세키 유지로^{伊關祐二郎} 외무성 아시아국장은 일본 외무성의
별실에서 이처럼 경매 시장을 연상시키는 모습을 연출하며 각각 상대
측의 속내를 타진했다. 명확한 법적 근거를 토대로 하나하나 사실관계

---

1) 「日韓国交正常の記録 総説八」, 일본 외교문서, 문서번호 506, 288~289쪽.

박정희 국가재건최고회의 의장이 1961년 11월 서울에서 스기 미치스케(杉道助) 제6차 한일회담 일본 측 수석대표를 맞이하고 있다. 스기는 정한론(征韓論)의 원조로 통하는 요시다 쇼인의 조카 아들로 일본 관 서지역 재계의 거물이었다. 출처: 국가기록원.

를 따져 살펴본 후에야 도출될 수 있는 대일 청구권이 어느덧 정치적 '숫자놀음'으로 전락하고 있었던 것이다. 배상은커녕 청구권의 의미조 차 희미해지면서 당초 청구권자였던 한국의 입장은 점점 왜소해진 반 면, 피청구권자였던 일본 측은 이제 원조 제공국으로서 마치 은혜를 베푸는 듯한 태도로 협상 주도권을 장악해 나갔다.

박정희 정권의 애초 '청구권' 목표액은 5억 달러

그렇다고 박정희 정권이 처음부터 대일 청구권을 접은 것은 아니었 다. 반공과 함께 경제 재건을 혁명 공약으로 표방한 만큼, 박정희 정권 은 쿠데타 직후인 1961년 7월 세 가지 대일 교섭 방안을 마련해 청구 권 자금 확보에 나섰다. 제1안은 배상적 성격을 배제한 채무 변제로서 19억 3,000만 달러를, 제2안은 일본 측이 한국에 대한 청구권을 포기

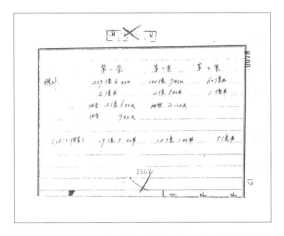

박정희 정권이 쿠데타 직후인 1961년 7월 책정한 대일 청구권 목표액. 이 가운데 군사정부는 제3안인 5억 달러를 "절대 청구 액수"라며 어떻게든 관철하겠다는 입장을 취했다. 출처: 「제6차 한일회담 예비교섭」(1961, 전 2권)(V.1 7~8월), 한국 외교문서, 등록번호 720, 61쪽.

한 사실도 고려해야 한다는 이른바 '미국의 해석'을 감안해 제1안 가운데 법적 근거 및 숫자 증빙이 미약한 것을 제외한 항목을 모아 12억 1,000만 달러를, 그리고 여기에 추가적으로 객관적인 타당성이 있는 청구권만을 걸러내 정치적인 고려까지 가미한 5억 달러를 제3안으로 삼았다.[2] 특히 제3안에 대해 박정희 정권은 "모든 항목이 사법상 근거를 갖고 있으므로 정치적인 흥정으로 해결해서는 안 되는 절대 청구 액수"라면서 어떻게든 관철하겠다는 강한 의지를 보였다.

물론 이 같은 청구권 구상은 박정희 정권의 발명품이 아니라 역대 정권의 교섭 방침을 계승한 것이었다. 제1안은 이승만 정권이 『대일배

---

[2]   "한일회담에 대한 정부의 기본방침", 「제6차 한일회담 예비교섭」(1961, 전2권)(V.1 7~8월), 한국 외교문서, 등록번호 720, 52~61쪽.

상요구조서』를 토대로 상정한 24억~19억 달러에 근접한 액수로 청구
내용도 대체로 일치했다. 박정희 정권이 최종 목표로 삼은 제3안의 5
억 달러도 장면 정권이 제5차 한일회담에서 상정한 대일 청구권의 목
표액이었다. 앞서 장면 정권은 특히 일본이 필리핀에 배상 명목으로
지급하기로 한 8억 달러(순배상액 5억 5,000만 달러, 경제 지원 2억 5,000만
달러)보다는 많이 받아내겠다는 방침하에 '청구권 5억 달러'에 '경제
지원 3억 달러'를 더해 총액 8억 달러를 최저 목표액으로 삼았다. 요컨
대 청구권 액수의 측면에서 박정희 정권은 장면 정권의 구상을 거의
그대로 답습한 셈이다.[3]

다만, 이승만 정권이나 장면 정권의 경우에는 어떻게든 법적 근거와
사실관계를 따져 일본으로부터 제대로 청구권을 받아내겠다는 입장을
유지하려 한 반면, 박정희 정권은 하루라도 빨리 자금을 확보하기 위
해 정치적으로 속전속결, 일괄 타결하겠다는 욕구가 매우 강했다. 때
문에 박정희 정권은 1961년 8월 말 김유택 경제기획원장을 일본에 특
파하는 등 출발부터 정치적인 접근에는 적극적이었지만, 병행해서 진
행된 제6차 한일회담의 청구권 관련 실무회의에는 소극적인 태도를
취했다. 박정희 국가재건최고회의 의장이 1961년 11월 이케다 하야토
池田勇人 일본 총리에게 "법률상 근거가 있는 것"만을 요구하겠다고 물러
선 것도 청구권을 사사건건 따져보겠다는 의도가 아니라 청구권이라
는 명목을 빌려 일본으로부터 대규모 경제 지원을 받아내겠다는 정치

---

3) 박정희 정권의 대일 청구권 협상 준비에 대한 분석은 장박진, 제8장 「대일청구권 요구의 최종 제
기와 그 소멸」, 『미완의 청산: 한일회담 청구권 교섭의 세부과정』, 서울: 역사공간, 2014년에 자세
히 나와 있다.

적 욕구의 발현이었다.

　결국 박정희 정권은 이후 일본과의 정치적 담판 과정에서 당초 받아
내고자 했던 청구권 5억 달러를 '순純청구권'과 '무상 지원'으로, 다시
'무상 지원'과 '유상 지원'으로 쪼개는 양보를 거듭한 끝에 결국 김종
필-오히라 합의를 통해 '무상 3억 달러'와 '정부차관 2억 달러'로 나누
어 받게 된다.

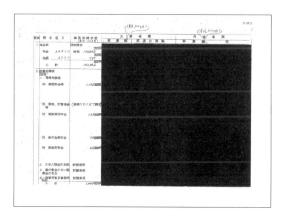

일본 외무성과 대장성이 각각 시산한 한국의 대일 청구권. 일본 측의 평가 내역은 시커멓게 먹칠이 된 채
공개됐다. 출처: 「日韓国交正常の記録 総説八」, 일본 외교문서, 문서번호 506, 183쪽.

일본 측이 계산한 청구권은 고작 7,077만 달러와 1,600만 달러

그렇다면 당시 일본 측은 청구권 명목으로 어느 정도를 한국에 줘야
한다고 생각했을까. 박정희가 "법률상 근거가 있는 것"만을 요구하겠
다고 밝힌 직후 이케다는 한국의 진짜 청구권이 얼마인지 시산試算해볼
것을 외무성과 대장성에 각각 지시했다. 그 결과는 박정희 정권이 기
대했던 5억 달러와는 크게 동떨어진 숫자였다. 외무성이 7,077만 달러

상당의 견적서를 낸 반면 대장성은 고작 1,600만 달러 상당의 청구권만을 인정했다.[4] 앞서 이세키 외무성 아시아국장이 한국 측에 제시한 7,000만 달러도 외무성의 시산 결과에 따른 것이었다. 이와 관련해 당시 『아사히신문』은 "아무래도 외무성은 외교 교섭의 당사자로서 한국 측 입장을 고려했지만, 절약이 습성인 대장성은 꼼꼼하게 따진 것 같다"면서 "이 와중에 숫자에 강한 이케다 총리는 부처 간에 조율된 금액을 내놓으라며 딴청을 부렸다"고 말했다.[5]

일본 측 외교문서에 따르면 외무성과 대장성이 이처럼 다른 시산 결과를 내놓은 것은 주로 군인·군속, 피징용자에 대한 위로금 및 은급恩級에 대한 사정査定의 차이에 기인했다. 양측 모두 화폐가치의 변동을 전혀 고려하지 않은 점(한국 측은 1945년 해방 당시의 1달러당 15엔 환율의 적용을 주장해왔다), 남북한 가운데 남한만을 청구권의 대상으로 한 점 등에서는 일치했다. 다만, 대장성은 한국인 군인·군속軍屬·문관文官의 은급과 사망자·부상자에 대한 위로금의 지급이 이들의 일본 국적 상실, 즉 1952년 4월 강화조약 발효를 기해 중단됐다고 해석한 반면, 외무성은 국제적 선례에 따라 일본 국적 상실 이후에도 이를 계속 줘야 한다는 입장을 취했다. 또 대장성은 일제강점기에 강제징용된 한국인 노무자에 대해 미수금 및 기탁금 외에는 어떠한 수당도 줄 수 없다는 입장이었던 반면, 외무성은 추가적으로 위로금도 줘야 할 것으로 생각했다.[6] 여하간 일본 당국이 한국 측의 청구권으로 인정한 것은 사실상

---

4) 「日韓国交正常の記録 総説八」, 일본 외교문서, 문서번호 506, 180~182쪽.
5) 『朝日新聞』, 1962年 1月 14日.
6) 이동준 편역, 『일한 국교정상화 교섭의 기록』, 서울: 삼인, 2015년, 506~507쪽.

개인청구권에 국한됐고, 그것도 지극히 소액이었다.

점점 멀어지는 청구권

이 같은 일본 측의 속내도 모른 채 김유택 경제기획원장은 적어도 총액으로 8억 달러는 받아야 한다고 목소리를 높였다. 앞서 말한 바와 같이 8억 달러는 장면 정권 때 이미 목표로 삼은 액수로 박정희 정권이 설정한 세 가지 방안 중 제3안인 청구권 5억 달러에 경제 지원 3억 달러를 더한 숫자였다. 그러나 한국 측의 조급한 움직임에 일본 측이 호응할 리가 없었다. 1961년 9월 7일 회담에서 고사카 외상은 "일본이 청구권으로 인정할 수 있는 금액은 5,000만 달러에 불과하다"고 선을 그었다. 그는 이어 청구권 이상으로 한국의 경제개발5개년계획을 후원한다는 관점에서 경제 지원의 형식으로 호응하겠다는 뜻을 내비쳤다.[7] 이렇게 정치적으로 접근해 일본으로부터 상당한 금액의 청구권을 받아내려 했던 박정희 정권의 초기 전략은 완전히 실패로 끝났다.

　이후 전개된 제6차 한일회담은 일본 측이 청구권으로는 내줄 것이 거의 없다는 점을 한국에 각인시키는 가운데 박정희 정권이 사실상 청구권을 포기하는 '통과의례'에 불과했다.[8] 1961년 10월 27일부터 이듬해 3월 6일까지 열린 청구권위원회에서 한국 측은 이승만 정권과 장면 정권 시절에 상정했던 청구권 내역을 대폭 축소한 여섯 개 항목 10여 건만을 청구권으로서 제기했다. 그럼에도 이 가운데 일본 측이

---

7)　같은 책, 465쪽.
8)　장박진, 『미완의 청산: 한일회담 청구권 교섭의 세부과정』, 서울: 역사공간, 2014년, 674~791쪽 참조.

불편한 회고　　　　127

지불 의무를 인정한 것은 우편저금, 징용노동자 미수금 등 한국인 개인 및 법인이 원래 갖고 있던 개인청구권뿐이었다. 일본이 조선은행 등 일본 내 금융기관의 청산금 반환을 강력히 거부하면서도 이들 금융기관의 한국인 지분에 대해선 청구권을 인정한 것도 이것이 개인 재산이었기 때문이다.

반면, 일본은 일제강점기 조선은행을 통해 일본으로 반출된 지금地金 250톤 등에 대해서는 통상적인 상거래였다면서 청구권을 전면적으로 부인했다. 요컨대 일본은 일제의 식민통치를 합법적이었다고 전제한 후 그 틀 속에서 '합법적으로' 이뤄진 한국인의 경제활동에 따른 재산 및 권리의 '반환'만을 인정하겠다는 입장을 취한 것이다. 여기에 일본 측이 남북한을 분리해 청구권을 주겠다고 주장한 데다 한국 측이 요구한 환율 적용조차 전면 거부하면서 한국 측이 요구한 청구권은 다시 대폭 쪼그라들었다.

박정희 정권이 꿈꿨던 대일 청구권은 이렇게 허공으로 사라져갔다. 박정희 정권으로선 무엇보다 중요시했던 '숫자'를 채워 넣기 위해서는 청구권을 사실상 포기하고 일본이 원하는 경제협력 형식을 받아들일 수밖에 없었다. 다음 장에서 언급하는 김종필 당시 중앙정부부장의 행보는 청구권이라는 명분을 양보하더라도 어떻게든 총액을 맞춰보려는 정치 담합의 역정이었다.

김종필 - 오히라 담판

3+2+(1+α)=6? …묻지마 과거사

"도쿠가와 이에야스德川家康가 아니라 오다 노부나가織田信長 방식을 원한다."

1962년 2월 21일 일본을 방문한 김종필 당시 중앙정보부장은 이케다 하야토池田勇人 일본 총리에게 불같은 성격과 무자비한 보복으로 난마처럼 얽혀 있던 일본 전국戰國시대 100여 년의 혼란을 한순간에 잠재운 바 있는 노부나가처럼 한일 청구권 문제에 대해 일도양단의 결단을 내려줄 것을 요구했다. 이에 대해 이케다는 "나는 역시 이에야스가 마음에 든다"면서 "울 때까지 기다린다는 것은 팔짱을 낀 채 아무 일도 하지 않는다는 게 아니"라며 딴청을 부렸다.[1]

'울 때까지 기다린다'는 이케다의 말은 일본에서 전해오는 유명한 일화에서 나왔다. 일본 전국시대의 세 영웅, 즉 노부나가, 도요토미 히데

---

1) 「日韓国交正常の記録 総説八」, 일본 외교문서, 문서번호 506, 237~238쪽.

1962년 11월 일본 도쿄에서 김종필(왼쪽) 당시 중앙정보부장과 오히라 마사요시 일본 외상이 청구권
문제 등 한일관계 현안을 논의하고 있다. 오히라는 이후 중일 국교정상화를 주도했고 박정희 정권 말기
인 1978년 총리가 된다.

요시豊臣秀吉, 이에야스에게 좀처럼 울지 않는 새를 울리도록 하면, 노부
나가는 새에게 울라고 명령한 다음에 그래도 울지 않으면 그 자리에서
목을 베어버리고, 히데요시는 온갖 잔꾀를 써서 울도록 만들고, 이에야
스는 울 때까지 기다린다는 것이다. 그러나 일본의 역사가 말해주듯 최
종적으로 혼란 정국을 평정한 자는 때를 기다린 이에야스였다. 이케다
는 "무리하게 밀어붙이지 말자"면서 "청구권이라는 명칭은 반드시 집착
하지 않는다"고까지 말하며 다그치는 김종필의 애를 태웠다.

청구권에 목맨 한국에 독도 영유권을 들이댄 일본

한국 군부 정권이 이렇게 청구권 자금 확보에 목을 매자, 일본은 의도
치 않게 회담의 주도권을 장악하게 된다. 일본이 그때까지의 한일회담
에서는 거론하지 않았던 독도 영유권 문제를 느닷없이 제기한 것도 바
로 이즈음이다. 당시 일본 외무성이 작성한 교섭 방침 관련 외교문서에

는 독도 문제가 회담 의제는 아니지만 청구권 등에 대한 한국 측의 '적극적인' 태도를 이용해 "일본 측의 국제사법재판소[ICJ] 제소 제의에 한국이 호응하도록 노력한다"고 밝히고 있다.

실제 김종필과 이케다의 회담 직후인 1962년 3월에 열린 한일 외무장관 회담에서 일본 측은 청구권으로 8억 달러를 요구한 한국 측에 대해 5,000만 달러만을 인정하겠다고 선을 그으면서도, 다른 한편으로는 독도 문제 등에 대한 한국 측의 양보를 회유했다. 청구권 총액에만 관심을 보이는 한국 측을 일종의 연계 전략으로 압박해 또 다른 실익을

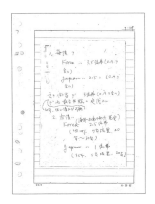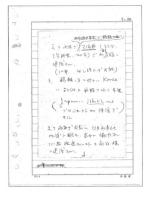

오히라 마사요시 일본 외상이 김종필 중앙정보부장과의 회담 과정에서 작성한 메모. '김종필-오히라 합의'로 알려진 이 메모의 내용은 다음과 같다.
"1. 무상, 한국은 3.5억 달러(O.A.를 포함함), 일본은 2.5억 달러(O.A.를 포함함), 이것을 양측이 3억 달러(O.A.를 포함함)를 10년(다만 앞당기는 것이 가능함) 안에 주는 것으로 양측 최고 정상에 건의한다.
2. 유상, 한국은 (해외경제협력기금) 2.5억 달러(3할 이하, 7년 거치, 20~30년), 일본은 1억 달러(3.5할, 5년 거치, 20년), 이것을 양측이 2억 달러(3.5할, 7년 거치, 20년)로 양측 최고 정상에 건의한다(10년, 다만 앞당기는 것은 가능).
3. 수출입은행에 관해 한국은 별개로 취급하는 것을 희망[일본은 1억 달러 이상의 프로젝트부터 신장(伸張)할 수 있다]. 이것을 양자가 합의하고, 국교정상화 이전이라고 하더라도 바로 협력하도록 추진하는 것을 양국 정상에 건의한다."
여기서 O.A.는 오픈계정(open account)을 의미한다.
출처: 「日韓国交正常の記録 総説九」, 일본 외교문서, 문서번호 1882, 129~130쪽.

챙기고자 한 것이다. 그러나 여기에 최덕신 당시 외무장관이 강하게 맞서면서 회담은 결렬되고 만다. 그를 두고 이세키 유지로伊關祐二郎 당시 일본 외무성 아시아국장은 나중에 "이처럼 한심하고, 불유쾌하고, 뻣뻣해서 사리분별하지 못하는 놈은 처음 봤다"고 혹평했다.[2] 한편, 광복군 출신이기도 한 최덕신은 나중에 박정희 정권과의 불화로 미국으로 건너간 뒤 1986년 아내 류미영과 함께 북한으로 망명했다.

이렇게 협상이 난항을 거듭하는 가운데 군사정부는 1962년 7월 자립 경제의 기초를 만들겠다면서 제1차 경제개발5개년계획을 발표한다. 이 계획의 상당 부분은 대일 청구권 자금의 확보를 전제로 수립됐다. 이때 노부나가 방식으로 일거에 타결 짓겠다는 결의로써 임한 이가 바로 김종필 중앙정보부장이다. 그는 1962년 10월과 11월 오히라 마사요시大平正芳 일본 외상과 두 차례 만나 '무상 3억 달러'에 '유상 2억 달러', '민간차관 1억 달러 이상'이라는 청구권 문제 해결의 큰 틀에 합의했다. 이른바 '김종필-오히라 메모'에 집약된 이 합의로써 1951년 가을 이후 11년간이나 교착상태를 벗어나지 못했던 한일 청구권 교섭은 물꼬를 텄다. 다만, 이 합의에 도달하는 과정은 물론이고 이후 합의 자체가 남긴 파장이 너무나도 컸기 때문에 하나하나 따져볼 필요가 있다.

무상 3억, 유상 2억 달러는 오히라가 정해

우선 금액의 측면에서 '무상 3억 달러'에 '유상 2억 달러', '민간차관 1억 달러 이상'은 김종필 개인의 협상력에 의해 상향된 것은 아닌 듯하다.

---

2) 같은 자료, 303쪽.

일본 측 공문서에 따르면 외무성은 1962년 8월에 이미 한국 측이 청구권 3억 달러와 그와 비슷한 수준의 정부차관을 희망한다는 판단하에 '무상 3억 달러', '유상 2억 달러' 방안을 염두에 두고 있었다. 여기에는 무상으로 3억 달러 정도는 한국에 줘야 한다는 견해를 여러 차례 제시했던 미국의 입장도 감안됐다.

이를 토대로 오히라는 10월 20일 열린 제1차 김종필과의 회담에서 "협상 전체를 달마 그림에 비유하면 청구권 금액은 마지막에 눈을 그려 넣는 것"이라고 호기를 부리면서 무상으로 2억 5,000만 달러, 최대 3억 달러까지 제공할 뜻을 내비쳤다.[3] 그러나 김종필은 "군사정권이 아니었다면 불가능하다"면서 "무상 3억 플러스 알파에 경제협력기금(정부차관을 의미)이라도 활용해 가능한 한 6억이라는 숫자에 다가가고 싶다"고 말했다. 결국 11월 12일 두 번째 만남에서 오히라는 당초 검토한 바 있는 '무상 3억 달러', 유상 2억 달러'에, 향후 대폭 늘 것으로 예상은 되지만 일본 정부가 책임질 수는 없는 민간차관 명목으로 1억 달러를 보태 한국이 원한 총액 6억 달러에 화답하게 된다. 오히라와 김종필은 이렇게 합의한 숫자를 각자 메모했다.

일본 측 외교문서에 따르면 특히 무상 3억 달러는 오히라 개인의 정치적 결단에 따른 것이었다. 당시 이케다 총리는 정부차관에 대해선 어차피 나중에 돌려받게 되므로 금액보다는 이자에 관심이 많았으나 무상 제공에 대해선 1억 5,000만 달러 정도가 한도라고 생각했다. 따라서 오히라가 한국에 무상으로 3억 달러를 주기로 합의했다고 하자 해외출

---

3) 「日韓国交正常の記録 総説九」, 일본 외교문서, 문서번호 1882, 79쪽.

장에서 돌아온 재정관료 출신인 이케다는 "물러터진 놈", "뭐야, 이런 멍청한 놈"이라며 분개했다고 한다. 이에 대해 오히라가 "성내지마라. 이게 싼 것이다. 시간을 끌면 더 비싸진다. 이쯤에서 타협하자"고 맞섰고, 결국 이케다도 이를 마지못해 받아들였다고 한다.[4]

과거사 청산이 아니라 과거사 소멸

그러나 액수 이상으로 김종필-오히라 합의가 남긴 함의는 무거웠다. 무엇보다 도대체 이 돈이 무슨 돈인지 알 수 없어졌기 때문이다. 총액 6억 달러를 메우기 위해 마련된 무상, 유상, 민간차관이라는 명목에는 청구권이라는 개념이 끼어들 틈이 없었다. 제1차 회담에서 오히라는 "과거사에 기초해 청구권을 따지는 것은 의미가 없다"면서 이 금액은 "한국의 독립에 대한 축하금, 즉 과거 종주국이 새로운 독립국가의 경제 자립을 위해 협력한다는 의미로 주겠다"고 말했다. 이에 대해 김종필은 "구체적인 표현에 대해서는 나중에 협의하겠지만, 기본적으로 일본 측의 생각으로도 지장이 없을 것"이라고 말했다.[5]

제2차 회담에서 오히라는 "한일 국교정상화를 축하하고 양국 간 우호 친선을 기원하며, 한국의 민생 안정과 경제 발전에 기여하기 위해"라고 적힌 토킹 페이퍼를 김종필에게 제시했다. 이에 대해 김종필은 "청구권 문제를 해결하고 한일 간의 경제협력을 증진하기 위하여"라고 규정할 것을 제안했다. 그러나 무상, 유상이라는 자금 제공을 '청구권

---

4)   같은 자료, 140쪽.
5)   같은 자료, 78~79쪽.

요구에 대한 지불'이라고 명시하지 않은 채 단지 '청구권 문제의 해결'이라고 두루뭉술하게 말함으로써 이 돈이 한일 간의 과거사 처리와는 전혀 무관한 것이라는 일본 측 해석에 오히려 힘을 보탠 셈이 됐다.

즉, 일본의 식민지배로 인해 발생한 온갖 문제를 처리하기 위해 과거 11년간이나 으르렁대며 청구권 협상을 해왔는데, 결국 당초의 목적과는 전혀 무관한 결과를 도출하는 역설을 연출한 것이다. 이런 의미에서 김종필-오히라 합의는 한일 간의 '불편한' 과거를 청산하기는커녕 과거를 따지는 것 자체를 불가능하게 만든 '과거사 소멸' 행위나 다름 아니었다.

더욱이 김종필은 일본 측과의 회담에서 청구권 총액 달성에만 집착해서일까, 이후 한일관계에 두고두고 화근이 될 만한 언급도 남겼다. 1962년 10월 22일 오후에 열린 회담에서 이케다가 독도 영유권 문제를 국제사법재판소[ICJ]에 상정하자고 제안하자 김종필은 두 차례에 걸쳐 아예 독도를 폭파해버리자고 말했다.[6] 김종필은 오히라와 청구권 담판을 벌인 11월 12일에는 ICJ 상정에는 반대 의사를 피력했지만 그 대신에 제3국에 조정을 맡기자고 역제안했다. 일본 측 외교문서는 여기서

---

6) 독도 폭파 발언은 김종필만이 아니라 박정희 전 대통령도 한 것으로 전해진다. 미 국립문서기록청이 공개한 자료에 따르면 박정희는 1965년 5월 27일 워싱턴에서 딘 러스크(David Dean Rusk) 국무장관과의 회담에서 "(한일) 수교 협상에서 비록 작은 것이지만 화나게 하는(imitating problems) 문제 가운데 하나가 독도 문제다. …… 그 문제를 해결하기 위해 독도를 폭파시켜 없애버리고 싶다"고 말했다. 또 이세키 유지로 당시 일본 외무성 아시아국장은 1962년 9월 3일 열린 제6차 한일회담 제2차 정치회담 예비절충 제4차 회의에서 "사실상에 있어서 독도는 무가치한 섬이다. 크기는 히비야(日比谷)공원 정도인데, 폭파라도 해서 없애버리면 문제가 없을 것이다"라고 말했다. 「제6차 한일회담 제2차 정치회담 예비절충: 본회의」(1~65차, 1962. 8. 21.~1964. 2. 6., 전5권)(V.2 4~21차 1962. 9. 3.~12. 26.), 한국 외교문서, 등록번호 737, 17~26쪽. 한편, 이세키의 이 발언은 일본 외교문서에는 기록되어 있지 않다.

제3국은 미국을 가리키는 듯하다고 해석했다.[7] 더욱이 김종필-오히라 합의 직후 방한한 오노 반보쿠大野伴睦 일본 자민당 부총재 일행에게 김종필은 "1년 정도 제3국 조정에 맡겨 보고 해결되지 않으면 ICJ를 포함해 적당한 조치를 취하면 어떨까"라며 사실상 일본 측 요구에 호응했다.[8] ICJ 상정이든 제3국 조정이든 한국이 독도를 분쟁지역으로 인정했다는 빌미를 제공한 것이다.

딘 러스크 전 미국 국무장관이 1965년 5월 27일 방미 중이던 박정희 전 대통령에게 독도 문제 중재안을 제시했다는 내용이 담긴 미 국무부의 '대화 메모'. 박정희는 이 자리에서 독도 폭파를 언급한 것으로 확인된다. 출처: 연합뉴스.

"김종필 씨는 당시 37, 38세의 나이로 일본어를 잘하고 똑똑한 젊은이였다. 게다가 가장 중요한 용기를 갖고 있었다. 당시 학생들이 한일회담을 반대한다면서 들고 일어나 자칫하면 정치 생명만이 아니라 생리적 생명까지 걸려 있었다. 그렇게 불 속의 밤을 줍는 듯한 위험한 입장이었는데도 그는 침착하고 훌륭했다. 사념을 버리고 상대방의 입장, 자기 입장을 생각해 공정하고 상식적인 해결책을 모색하고 있는 태도를 나는 보았다."[9]

나중에 오히라는 이렇게 김종필을 평가했다.

7) 「日韓国交正常の記録 総説九」, 일본 외교문서, 문서번호 1882, 121쪽.
8) 같은 자료, 155쪽.
9) 같은 자료, 74~75쪽.

13

수상한 '훈장 파티'
일본 내 만주 인맥과의 '흑막 정치'

박정희 정권의 대일정책에서 가장 이해할 수 없는 것은 일본의 일부 정치세력과의 '검은' 유착이다. 마치 폭력조직 간의 거래처럼 의리를 내세우며 오랫동안 은밀하게 유지된 이 관계는 수시로 공식적인 외교 채널을 압도하며 한일관계 전체를 왜곡시켰다. 그야말로 '흑막黑幕 정치'였던만큼 이에 대해선 소문만 무성할 뿐 그 실체는 아직도 거의 규명되지 않았다. 다만, 비밀 해제된 한일 양국의 외교사료나 관련자들의 회고록 등을 참고하면 복잡하게 얽힌 흑막 속에서 기시 노부스케岸信介 전 일본 총리를 중심으로 한 이른바 일본 내 만주 인맥과의 유대관계가 유별났다는 점을 금세 확인할 수 있다. 박정희 정부는 이들 일본 측 인사들에게 수교훈장 가운데 최고 등급인 광화장 등을 수여함으로써 '검은' 유착관계를 한일관계사에 또렷하게 각인시켰다.

박정희 대통령이 1977년 9월 청와대에서 기시 노부스케 전 일본 총리를 맞이하고 있다. 한국 정부는 1970년 기시에게 수교훈장 광화장을 수여했다. 기시는 아베 신조 현 일본 총리의 외조부다. 출처: 국가 기록원.

아베 외할아버지 기시와 박정희 정권의 인연

아베 신조安倍晋三 일본 총리의 외조부인 기시는 진주만 공격을 결정한 도조 히데키東条英樹 내각에서 상공대신을 역임했고 대륙 침략의 보루였던 만주 개척의 책임자이기도 했다. 그는 일본 패전 후 A급 전범으로 체포되어 3년 반이나 감옥에 갇혔지만 미국의 대일 점령정책이 전환되는 와중에 석방되어 정계에 복귀한 뒤 권력의 정점인 총리까지 됐다. 기시는 대미 자주 노선과 '평화헌법' 개정을 주장해 자민당 내에서도 비주류에 속했지만, 제도권 및 비제도권을 넘나드는 복잡한 인맥을 통한 정치적 영향력으로 '쇼와昭和1)의 요괴'로 불렸다. 아베 총리가

---

1)   일본 히로히토(裕仁) 천황 시절의 연호(1926~1989).

'전후 체제로부터의 탈각脫却'을 표방하며 헌법 개정을 추진하는 것도 외조부인 기시의 국가관을 사실상 그대로 계승한 것이다.

이러한 기시가 전후 한일관계에 남긴 최초의 족적은 아무래도 재한 일본인 재산에 대한 청구권의 포기일 것이다. 이승만 정권 이래의 한일 회담은 일본이 남한지역에 남긴 일본인의 재산에 대해 이른바 '역逆청 구권' 주장을 제기하면서 옴짝달싹할 수 없는 상황에 처했다. 이때 총리 로서 일본 국내의 반발을 억제하면서 역청구권 주장을 철회, 한일회담 의 물꼬를 다시 튼 인물이 바로 기시였다. 이러한 인연으로 박정희 정 권은 쿠데타로 권력을 잡자마자 제6차 한일회담의 일본 측 수석대표로 기시가 나서주도록 대일 공작을 벌이는 등 어떻게든 '기시 라인'에 줄 을 대고자 했다.

기시를 중심으로 한 일본 내 만주 인맥은 괴뢰국 '만주국'에서 하급 군인으로 복무한 박정희 군사정권의 출현을 환영했다.

"다행히 한국은 군사정권이기 때문에 박정희 등 소수 지도자들 나름대 로 (협상이) 된다. 따라서 어느 정도의 액수로 박 의장을 만족시키기만 하면 저쪽에는 국회도 없는 것이고, 만일 신문이 이것을 반대한다 하더 라도 박 의장이 그들을 봉쇄해버릴 수 있으니까 (협상이) 되는 것이다."[2]

기시는 1961년 11월 일본을 방문한 박정희 당시 국가재건최고회의 의장을 위해 환영 만찬을 준비했고, 박정희는 이런 기시에게 '메이지유

---

2) 서중석, 「박 정권의 대일자세와 파행적 한일관계」, 『역사비평』 통권 30호, 1995년, 45쪽

신의 지사의 마음'으로 최선을 다하겠다고 화답했다.

"아들의 화려한 무대를 보고 싶다"

1963년 3월 16일 박정희 의장이 당초 약속했던 민정 이양을 파기하고 군정 연장을 선언한 데 대해서도 기시를 중심으로 한 일본의 우익세력은 당연히 이를 적극 지지했다.

> "지난달 도쿄에서 김종필 씨는 '3월 중순 한국의 정치 정세가 서너 번 바뀔 것이며 그 결과는 일본에 유리할 것'이라고 말했다. 군정이 계속되면 일본에 유리한 이유는 한일회담의 조기 타결이 가능해지기 때문이다. 청구권 문제가 해결되면 어업 및 독도 문제 등 여러 난관이 손쉽게 제거될 것이라고 김 씨가 말했고 나도 그렇게 생각한다."[3]

기시의 측근으로 '정치는 의리와 인정人情'이라는 소신을 갖고 있던 오노 반보쿠大野伴睦 당시 자민당 부총재는 이렇게 말했다고 한다. 일본 자민당 정권의 극우 실세들이 군정에 호의적인 태도를 취한 것은 이후의 유신체제, 전두환 신군부에 대한 지지 및 지원으로 이어진다.

그러나 '기시 라인'의 일본 측 인사들이 생각하는 '의리와 인정'은 결코 대등한 것이 아니었다. '친한파'로 통해온 이들이야말로 실제로는 한국과 한국인을 가장 멸시한 사람들이었다. '구보타 망언'에서 여실히 드

---

3) 서중석, 「서중석의 현대사 이야기: (64)한일협정, 두 번째 마당」, 『프레시안』, 2014년 9월 28일 (http://www.pressian.com/news/article.html?no=120475).

러났듯이 이들은 일본의 식민지배가 한국의 발전에 크게 기여했다고 믿었고, 일본이 돌봐주지 않으면 한국은 생존조차 불투명한 나라라고 인식했다.

1963년 12월 17일 박정희 대통령 취임식에 참석하기에 앞서 오노 반보쿠는 "박 대통령과는 서로

김종필 중앙정보부장이 1962년 12월 한국을 방문한 오노 반보쿠 일본 자민당 부총재(오른쪽)를 반갑게 맞이하고 있다. 오노는 박정희 대통령과는 '부자지간'이라고 주장했다. 출처: 국가기록원.

'부모와 자식'이라고 자인할 정도로 친한 사이"라면서 "아들의 화려한 무대를 볼 수 있게 되어 너무 기쁘다"고 말했다.[4] 한국의 야당과 언론이 이 발언을 문제 삼아 오노의 입국 금지를 주장했으나 오노는 방한을 강행했고 "부모와 자식이라는 말은 최대의 애정 표현이다. 내외지간(부부관계) 같은 사이라고 할 것 그랬나"라고 적반하장의 태도를 보였다.[5] 이

---

4) 『朝日新聞』, 1963年 12月 12日.

5) 「日韓国交正常の記録 総説九」, 일본 외교문서, 문서번호 1882, 412~414쪽. 부자지간 발언 파문은 1965년 한일협정 조인 직후에도 다시 도마에 올랐다. 이때는 이동원 외무부장관이 설화의 계기를 제공했다. 그해 6월 22일 도쿄에서 한일협정 조인 후 사토 에이사쿠(佐藤榮作) 총리가 주최한 연회에서 이동원 외무부장관은 '서툰 일본어'로 한국과 일본은 '형제국'이라고 한 것은 물론, "일본은 형뻘이니 동생을 잘 돌봐달라"고 말했다. 이것이 논란이 되자 한술 더 떠 일본의 하시모토 도미사부로(橋本登美三郎) 관방장관은 "이 씨가 일한 양국을 형제라고 했지만 사토 총리와 이 씨를 비교하면 부자지간 같은 나이 차이"라고 발끈하면서도 "젊은 사람이 열심히 하는 것을 보면 양보해주고 싶은 심정"이라고 말했다. 그러자 한국의 야당 의원들 사이에서는 "죽은 오노 반보쿠 씨가 부자지간 운운한 게 아직도 기억에 생생한데, 제2의 부자지간 발언에 이동원 외무부장관마저 동생이라 칭했으니 5000년 역사가 부끄럽다"는 탄식이 나왔다. 「李外務의 '兄弟國' 말썽」, 『동아일보』, 1965년 7월 5일.

에 대해 박정희는 침묵을 지켰다. 이에 앞서 오노는 독도를 한국과 일본이 공유하자고 주장해 파란을 일으키기도 했으나 한국 정부는 이에 대해 대응하지 않았다.

그럼에도 박정희 정권과 일본 측 우익 인사들과의 '의리와 인정'의 관계는 과거 일제강점기 시절의 요정料亭 문화로 부활해 점점 무르익어갔다.

"그날(1962년 12월 12일) 밤 용산의 안가에서 박정희, 김종필, 오노, 나 이렇게 네 명이 밤새 퍼마셨다. 오노 씨는 혈압도 높고 이런 자리에서 마시고 쓰러지면 곤란하다면서 먼저 침실에서 쉬었다. 박정희와 김종필이 이튿날 아침까지 여기에 있겠다고 해서 둘을 상대로 마셔야 했다. 이 두 사람이 술이 강해 과하게 마셨고 결국 정신을 잃었다. 아침이 되었는데도 거기서 자고 있었다. 재미있었다."⁶⁾

여기서 '나'는 이세키 유지로伊關祐二郎 당시 일본 외무성 아시아국장이다. 일국의 국가수반이 처음 만난 일본의 외무 공무원과 밤을 새워 술을 마셨다는 믿기지 않는 일에 대한 평가는 차치하더라도 박 전 대통령이 기시 측근들에게 얼마나 정성을 쏟았는지는 짐작할 수 있다.

암흑 조직의 거간꾼에게도 수여한 수교훈장

박정희 정권이 상대한 '기시 라인' 인사 가운데 가장 기괴한 인물은 고다마 요시오兒玉譽士夫다. 그는 한일 국교정상화에 공식적으로 관여한 기시와

---

⁶⁾ 같은 자료, 161쪽; 이동준 편역, 『일한 국교정상화 교섭의 기록』, 서울: 삼인, 2015년, 580~581쪽.

그의 친동생인 사토 에이사쿠佐藤榮作 총리, 시나 에쓰사부로椎名悅三郎 외상, 그리고 수교 때 일본 측 수석대표를 맡은 다카스기 신이치高杉晋一 등과 함께 1970년 8월 상훈법에 따라 '국권의 신장 및 우방과의 친선에 공헌이 뚜렷한 사람에게 수여한다'는 수교훈장을 한국 정부로부터 받았다.

고다마는 1937년 중일전쟁 이후 일본 해군에 텅스텐, 코발트 등 전략물자를 독점적으로 공급하는 '고다마기관'이라는 회사를 차려 막대한 부를 축적한 인물이다. 그는 뉴턴의 만유인력 법칙이 영국에만 적용되는 것이 아니라면서 다음과 같이 황도皇道사상을 찬양했다.

> "황도란 일본 민족의 혼과 피와 역사 속에 구현돼온 인간 생활의 올바른
> 원리이며 세계 최고의 절대 진리다. 이는 오로지 일본 민족, 일본 국내의
> 진리일 뿐만 아니라 조만간 세계로 확대해 인류 공존의 원리로서 전 세
> 계가 이에 귀일歸一토록 해야 한다."[7]

이런 고다마에게 일본의 전쟁은 "미국과 영국 등 진드기 같은 착취세력을 일소하는 것"이며 황도사상으로 세계를 통일하는 것이었다.[8]

일본 패전 후 기시 등과 더불어 A급 전범 혐의로 구속됐다가 운 좋게 풀려난 고다마는 그러나 갑자기 과거 '진드기'라고 매도한 미국 정보기관의 주구로 일변했다. 전시에는 황도에 대립하는 일체의 자유를 타파해야 한다고 역설했던 그였지만 전후에는 "한국, 대만, 일본 등의 자유

---

7) 児玉誉士夫, 『支那事変は如何に解決せらる可きか: 支那新中央政権とは如何なるものか』, 東京: 興亜青年運動本部, 1939年 12月, 9쪽.

8) 児玉誉士夫, 『思想戦に備えよ』, 東京: 興亜青年運動本部, 1941年, 11쪽.

아시아 제국이 연대하는 세계를 만들어야 한다"고 주장했다.[9] 고다마는 '자유'를 앞세워 폭력조직을 동원해 노동운동을 탄압했고, '전범 동료'이기도 했던 기시 등과 연계해 일본 정계의 우익 계열을 막후에서 주물렀다.[10] 한일회담에도 막후의 조정자로서 활발하게 관여한 것으로 알려져 있다.

미 중앙정보국[CIA] 자료를 인용한 연구에 따르면 고다마는 김종필 중앙정보국장이 이케다 하야토池田勇人 일본 총리를 만나도록 주선하는 등 일찌감치 한일 양국의 고위 정치권을 뒤에서 조정하는 거간꾼 노릇을 했다.[11] 특히 김종필이 주도한 중앙정보국은 한일회담에서 고다마를 통해 당시 일본 정계와 접촉한 것으로 전해진다. 이 과정에서 고다마는 자민당 내의 실력자였던 오노 반보쿠와 고노 이치로河野一郎를 '친한파'로 '개종'改宗시켰을 뿐 아니라 수시로 김종필에게 '헌금'이라는 명목의 정치자금도 여러 차례 제공했다고 한다.[12]

물론 공짜는 없는 법이다. 기시 정권 시절 일본과 인도네시아의 '배상 비즈니스'에도 깊숙이 개입한 바 있는 고다마는 한일 '청구권 비즈니스'에도 관여해 박정희 정권과의 뒷거래를 주선한 것으로 알려져 있다. 대부분이 여전히 베일에 가려져 있으나, 가령 고다마의 '양자'養子로 재일한국인 '야쿠자' 출신인 마치이 히사유키町井久之는 도쿄의 알짜배기

9) 児玉誉士夫,「アジアの民族的使命について」,『日本及び日本人』通号1505, 1972年 1月, 5쪽.
10) 고다마와 '검은 세력'과의 관계에 관한 기록은 많은데, 예컨대 立花隆,「児玉誉士夫とは何か(特別 レポート)」,『文芸春秋』54(5), 1976年 5月, 94~134쪽을 참조할 것.
11) 有馬哲夫,『児玉士夫: 巨魁の昭和史』, 東京: 文藝春秋, 2013年, 247쪽.
12) 같은 책, 255~257쪽.

지역인 롯폰기六本木의 TCC CCC 터미널을 건설할 때 한국 외환은행으로부터 지불 보증 60억 엔을 제공받아 이를 토대로 조선은행의 후신인 일본부동산은행으로부터 54억 엔의 융자를 받았다고 한다.[13] 당시 국책은행이던 외환은행이 뜬금없이 일본 야쿠자의 지급 보증에 나선 것은 한일 수교를 위해 이래저래 '공헌'한 고다마에 대한 '보답'이었을 가능성을 배제할 수 없다.

고다마는 일본 정치사에서 최대 스캔들로 꼽히는 1976년 록히드 사건의 주역으로도 악명을 떨쳤다. 미국의 군수업체 록히드의 일본 대리인이었던 그는 다나카 가쿠에이田中角榮 전 총리 등에게 항공기 판매를 위한 공작자금을 제공한 것으로 확인돼 금권金權 정치의 흑막으로 불렸다. 이 과정에서 고다마는 한국의 인맥을 활용해 대한항공에도 항공기 판매를 시도한 것이 드러났다. 그는 만년에 자택에서 포르노 영화에 출연했던 어떤 배우가 조종하는 소형 비행기에 의해 '특공대 공격'까지 받았다. 박정희 정부는 이처럼 괴이한 '검은' 인물에게까지 수교훈장을 수여하며 '사례'한 것이다.

더욱 심각한 문제는 박정희 정권과 기시로 대변되는 일본의 일부 정치세력과의 결탁이 '의리와 인정'의 관계만으로 그치지 않았다는 것이다. 한국과 일본의 이른바 만주 인맥이 연출한 인적 네트워크가 이후 제도권으로 진입해 전후 한일관계를 좌지우지하며 왜곡시킨 경위에 대해선 다음 장에서 언급하고자 한다. 오늘날 한일관계가 이처럼 꼬인 것은 비정상을 정상화한 과거에 대해 눈감아온 우리에게도 책임이 있다.

---

13) 같은 책, 257쪽.

14

친한파로 포장된 전범들
박정희와 기시의 '검은 유착'

한일관계는 2015년 국교정상화 50주년을 맞았지만, 장기간 정상화되지 못한 채 휘청거리고 있다. 인적·물적 왕래는 거침이 없는데도 한국인도 일본인도 서로를 잘 모를 뿐 아니라 이해하려 하지 않는다. 특히 최근 일본에서 기승을 부리는 '혐한론'嫌韓論은 단순한 반한론反韓論과는 차원이 달라 근거 없이 한국 및 한국인을 멸시, 매도하며 온갖 저주를 퍼붓는다. 한국인 또한 이런 일본을 불신하며 강하게 경계한다.

한일관계가 이렇게 꼬인 것은 무엇보다 식민지 지배에 대한 역사 인식에 기인하지만, 1965년 수교 후 한국의 '친일파'와 일본의 이른바 '친한파'가 엮어낸 특수한 관계에 말미암은 바도 적지 않다. 국교정상화의 이면에 어슬렁거렸던 한일 간의 '검은 유착'이 이후 제도권으로 당당히 들어와 한일관계를 더욱 왜곡시켰기 때문이다.

박정희 전 대통령과 기시 노부스케岸信介 전 일본 총리를 중심으로 한 이른바 만주 인맥의 재결합은 한일관계의 진정한 '정상화'를 막는 주요 요인이었다. 박정희 정권은 새로운 형태의 '대동아공영권'을 모색해온 기시 측 인사들을 한국을 진정으로 이해해주고 도와주는 '친한파'로 포장하며 환대했다. 일제의 만주 경영의 역사가 한 세대 건너 대한민국에서 반복된 것이다.[1] 1970년 10월 유신체제를 주도한 인물들역시 젊은 시절에는 만주를 주름잡던 일제의 군인이거나 관료였다.

전범들이 주축인 한일국회의원간담회

박정희 정권과 '기시 라인'의 유착은 1968년 6월 '한일국회의원간담회'라는 조직을 통해 역사의 전면에 처음 등장하게 된다. 이 간담회를주도한 일본 측 대표는 가야 오키노리賀屋興宣였다. 그는 태평양전쟁을일으킨 도조 히데키東條英樹 내각의 대장대신으로서 전시 경제를 총괄했고, 당시 상공대신을 지낸 기시와 더불어 전후 A급 전범으로 종신형선고를 받았다. 한마디로 일본이 말하는 대동아전쟁의 주역이었다. 기시와는 전범 수용소인 스가모巢鴨형무소의 '감방 동기'이기도 했던 그는 1955년에 운 좋게 석방된 후 정계에 복귀, 기시 등과 함께 자민당내에서 이른바 반反중공파, 친親대만파 의원 모임을 주도했다.

여기에 이 간담회의 창설 멤버였던 후지오 마사유키藤尾正行에 대해설명하지 않을 수 없다. 그는 1986년 '역사 교과서 파동' 때 "전쟁에서사람을 죽이면 살인죄에 해당되지 않는다", "1910년 한일병합은 합의하에 이뤄졌으므로 일본만이 아니라 한국에도 책임이 있다"고 말한 이

---

1) 김동춘, 『대한민국은 왜? 1945~2015』, 서울: 사계절출판사, 2015년, 205쪽.

아베 신조 일본 총리가 2013년 11월 15일 도쿄에서 열린 한일협력위원회 제50회 총회에서 인사하고 있다. 아베 총리는 "나의 외할아버지 기시 노부스케가 한일협력위원회의 초대 회장을 맡은 이후 반세기에 걸쳐 한일관계 증진을 위해 커다란 역할을 해왔다"고 말했다. 출처: 일본 총리관저 홈페이지.

른바 '후지오 망언'의 장본인이다.[2] 당시 그는 한국과 중국의 반발을 우려한 나카소네 야스히로中曽根康弘 총리가 자진 사퇴를 요구하자 "내가 한 말이 문제가 된다면 차라리 파면해라"라고 맞서 결국 문부대신에서 파면당했다. 끝내 '망언'을 거두지 않은 '확신범'인 셈이다.

후지오는 자민당 내 반중공파, 친대만파의 핵심 멤버로서 기시 라인이 주축이 되어 조직된 세이와카이清和會나 세이란카이青嵐會에서 활약했고, 요즘 일본을 대표하는 극우 정치가로 알려진 이시하라 신타로石原慎太郎 전 도쿄 도지사와 함께 자주 헌법의 제정을 주창해왔다. 가야, 후지오 등 기시 라인의 우익 인사들이 한 축을 형성한 한일국회의원간담회는 1975년 '한일의원연맹'으로 개칭, 지금도 한일관계의 우호, 발전을 위한 정치적 보루라고 자임하고 있다. 아베 신조安倍晋三 일본 총리는 현재 이 조직의 일본 측 부간사장을 맡고 있다.

---

2) 당시 후지오의 언급은 일본 월간지 『文藝春秋』(1986년 10월 호)에 게재됐다.

한국과 일본은 "같은 민족", 대동아공영권의 부활인가

비록 정세에 따라 그 성격을 조금씩 달리했으나 박정희 정권과, 기시를 필두로 한 일본의 우익 인사들 간의 '검은' 관계를 상징하는 것이 지금도 존재하는 '한일협력위원회'다. 이 위원회는 원래 1957년 일본의 우파 정치세력과 대만의 장제스蔣介石 정권이 손을 잡아 만든 '일화日華협력위원회'를 모델로 삼은 것이다.[3] 한일협력위원회는 반공, 특히 그중에도 반反중공파이자 친親대만파였던 기시 및 그 계열 인사들의 정치철학과 이에 사실상 동조해온 박정희 정권의 국가 정체성이 결합한 합작품이었다.

이 모임은 한일 각료회의와 같은 공식 채널과는 달리 박정희 정권의 주요 인사들과 '만주 시절부터 이야기가 잘 통해온' 일본 자민당의 '우리 그룹'만이 만나 한일 간의 각종 중대 현안을 논의하는 조직으로 자리 잡아 나갔다. 요컨대 일본의 대표적인 '한국 로비' 집합체로서 비공식적인 접촉을 통해 공식 채널을 보완하고 보강하는, 반관반민半官半民의 역할을 수행한 것이다.[4]

---

3) 이는 한일협력위원회와 일화협력위원회의 구성원이 거의 같다는 사실에서도 확인된다. 즉 일한협력위원회 회장 기시 노부스케는 일화협력위원회의 고문이며 일화협력위원회 회장 이시이 미쓰지로(石井光次郎)는 일한협력위원회 고문을 맡았다. 그리고 야쓰기 가즈오(矢次一夫)가 이들 위원회의 설립과 운영 실무를 맡았다. 池井優,「日華協力委員会 : 戦後日台関係の一考察」, 慶應義塾大学法学研究会,『法学研究』第53巻 2号, 1980年 2月, 141~168쪽 등을 참조할 것.

4) 안소영,「한일관계와 '비정식접촉자'(非正式接觸者): 국교정상화 성립 전후로부터 1970년대 초반까지」,『한국정치외교사논총』제33집 1호, 2011년 8월, 52쪽; 이현진,「한일 국교정상화 이후 경제협력 논의구조의 변화양상: 정·재계 경제협력회의의 위상과 역할을 중심으로」,『한국민족운동사연구』제74집, 2013년 3월, 259~270쪽. 한편, 야쓰기 가즈오의 회고에 따르면 한일협력위원회는 오히려 한국 측의 요망에 의해 설립됐는데, 구체적으로 주일대사 엄민영이 1968년 8월경 기시 노부스케를 회장으로 협력위원회를 조직해달라고 열렬히 제의해왔다고 한다. 矢次一夫,『わが浪人外交を語る』, 東京: 東洋経済新報社, 1973年, 340쪽.

일본 국회의원들이 1975년 청와대에서 기시 노부스케 전 일본 총리가 기증한 잉어를 연못에 방류하고 있다. 출처: 국가기록원.

모임의 성격이 이렇다 보니 한국 정부 관계자조차 우려하는 목소리를 냈다. 엄민영 주일대사가 1969년 우시바 노부히코牛場信彦 일본 외무차관에게 이렇게 도대체 균형이 맞지 않고 뭔가 비정상인 이 조직의 문제점을 꼬집을 정도였다.

"한국은 국론을 하나로 모았는데 일본은 자민당의 일부 사람들만이 나온다. 다시 말하면 원래 이야기가 잘되는 일부 일본 측 인사들과만 논의하기 때문에 말은 잘 통하지만 그로 인해 한국은 일부의 의견을 일본의 국론으로 받아들여 귀국한 후 선전한다. 요컨대 일본과 한국이 다른 평면에 서 있다는 것을 인식하지 않고 같은 평면에서 이야기하고 있다고 착각하고 있다."[5]

---

5) "牛場次官·嚴大使会見要旨"(北東アジア課, 1969. 3. 3.), 「日韓関係(日韓要人会談)」, 일본 외교문

원래 말이 통하는 사람들만 모인 만큼 한일협력위원회는 활기가 넘쳤다.

"자유진영 제국의 유대를 강화하는 데 크게 기여했으면 합니다. 아시아의 자유를 수호하고 평화를 확립하는 것은 한일 양국 국민에게 부가된 역사적인 임무입니다."6)

초대 회장을 맡은 기시는 1969년 창설 총회에서 이렇게 '반공'을 기치로 다시 뭉치자고 주장했다. "일제는 반공이다. 우리도 반공이다. 그러므로 둘은 같다"7)는 해괴한 '삼단논법'이 성립되는 순간이었다. 박정희 정권은 과거 황국皇國의 확산을 위해 '아시아의 자유'를 짓밟고 평화를 파괴했던 침략 전쟁 주도자들과 '자유진영 제국의 유대'를 통한 반공주의의 관철을 위해 경제는 물론, 정치·문화 분야에 이르는 포괄적인 유대관계를 구축하고자 한 것이다.

이 조직은 '반공'이라는 슬로건을 내걸었지만 툭하면 이와는 전혀 무관하게 한일 간의 '정신적인 유대'를 강조했다. 가령 1969년 제1차 총회의 문화분회에서는 한일 양국이 '특별한 문화권'에 있음을 확인

서, 문서번호 2010-3953. 한편, 일본 규슈제국대학 출신인 엄민영은 해방 전까지 전북 임실과 무주 군수를 지냈다. 그는 5·16 쿠데타 직후 최고회의 의장의 정치 고문으로 발탁되어 박정희의 싱크탱크 역할을 한 정경연구소 소장을 맡는 등 박정희의 '정치 스승' 역할을 했다고 한다. 박정희 정권 시절 두 차례에 걸쳐 내무부장관을 역임했다. 이도형, 『흑막: 한일교섭비사』, 서울: 조선일보사, 1987년, 211쪽.

6) 「한일협력위원회 총회 제1차」(도쿄, 1969. 2. 12. ~ 15.), 한국 외교문서, 등록번호 3016, 94쪽.
7) 최인훈, 『광장/구운몽』, 서울: 문학과지성사, 1996년, 71쪽.

하고 '정신적 협력 체제'가 필요하다는 주장이 제기됐고, 이듬해 서울에서 열린 회의에서는 한일 간에 '동同 민족,' '동 문화족'이라는 황당한 개념이 언급됐다.[8] 한일 간의 특수한 동질성을 강조함으로써 강제병합과 식민지배를 정당화한 과거의 논리를 방불케 하는 것이었다. 이를 두고 기시는 1971년 열린 총회에서 한일관계를 역사상 선례가 없는 '청신淸新한 관계'라고 부르고 싶다면서 "양국이 서양적인 물질문명을 초월하는 '문명의 융합'을 이뤄낼 것"을 희망했다.[9] '대동아공영'을 부르짖으며 침략을 미화했던 과거를 연상시키지 않을 수 없는 대목이다.

되살아난 '만주 인맥'

한일협력위원회의 일본 측 주축은 물론 기시를 중심으로 한 만주 인맥이었다. 이 위원회에서 중요한 역할을 해온 시나 에쓰사부로椎名悅三郎는 기시가 만주국 산업부 차장, 총무처 차장일 때 그 밑에서 일했고, 1941년 도조 내각에서 기시가 군수차관을 거쳐 상공대신을 역임했을 때는 차관을 맡았다. 1965년 한일 국교정상화 당시 외상이었던 그는 이에 앞서 1963년에는 "대만을 경영하고 조선을 합방해 만주에 오족협화五族協和의 꿈을 기탁한 것이 일본 제국주의라면 그것은 영광의 제국주의라 하지 않을 수 없다"고 말했다.[10] 오족협화란 일본이 '괴뢰' 만주국을 건

---

8) 「한일협력위원회 총회 제2차」(서울, 1970. 4. 20. ~ 22.), 한국 외교문서, 등록번호 3517, 121쪽.

9) 「한일협력위원회 총회 제3차」(도쿄, 1971. 7. 29.~31.), 한국 외교문서, 등록번호 4179, 111~116쪽.

10) 椎名悅三郎, 『童話と政治』, 東京; 東洋政治経済研究所, 1963年, 58쪽.

국할 때 내세운 이념으로, 오족은 일본인, 한인漢人, 조선인, 만주인, 몽고인을 가리킨다. 거침없이 일본 민족의 우월함, 아시아 침략의 당위성, 그리고 한일 합방의 정당성을 말한 것이다.[11] 박정희는 기시가 만주산업개발5개년계획 등을 통해 만주국을 설계해가는 과정을 만주국 군인으로서 지켜봤고, 이데올로기 조작과 통제 경제 운영 등 만주국 체제를 한국에 적용했다.

한국 측 명단

구분	성명	소속
고문	김성곤	국회의원, 동양통신 사장, 민주공화당 재정위원장
	윤치영	국회의원, 민주공화당 의장서리, 전 국회부의장
	이활	한국무역협회장
	이효상	국회의장
	최두선	대한적십자사 총재, 전 국무총리
	홍재선	한국개발금융회사 회장
회장	백두진	국회의원, 전 국무총리
부회장	장기영	한국일보 사장, 전 부총리 겸 경제기획원장
사무총장	김주인	국회의원, 민주공화당 정책위부의장
정치부위원장	백남억	국회의원, 민주공화당 정책위의장
경제부위원장	홍성하	금융통화운영위원, 저축추진위 회장
문화부위원장	이선근	영남대학교 총장, 전 문교부장관

---

11) 한상일, 『일본 지식인과 한국: 한국관의 원형과 변형』, 서울: 오름, 2000년, 328쪽.

상임위원	김용완	경성방적 사장, 전국경제인연합회 회장
	김영휘	한국산업은행 총재
	김상영	전국경제인연합회 부회장
	박두병	대한상의 회장, 합동통신사 회장
	박병배	국회의원, 신민당 충남도지부위원장, 전 국방부차관
	송인상	한국경제개발협회 회장, 전 재무부장관
	신현확	쌍용양회 사장, 전 부흥부장관
	이동원	국회의원, 전 외무부장관
	이홍직	고려대 교수
	장기영	한국일보 사장, 전 부총리 겸 경제기획원장

일본 측 명단

구분	성명	소속
고문	아다치 다다시(足立正)	전 일본도쿄상공회의소 회두(會頭), 도쿄방송 회장
	이시이 미쓰지로(石井光次郎)	전 중의원 의장, 중의원 의원
	이시자카 다이조(石坂泰三)	경제단체연합회 명예회장, 만국박람회 회장
	시게무네 유조(重宗雄三)	참의원 의장
	야스가와 다이고로(安川第五郎)	야스가와(安川)전기제작소 회장
회장	기시 노부스케(岸信介)	전 총리, 중의원 의원
사무총장	다나카 다쓰오(田中龍夫)	중의원 의원
정치부위원장	후나다 나카(船田中)	중의원 의원
경제부위원장	노다 우이치(野田卯一)	중의원 의원
문화부위원장	우에무라 겐타로(上村健太郞)	일본과학진흥재단 부회장

	아시하라 요시시게(芦原義重)	간사이(関西)전력 사장, 간사이경제연합회 회장
	우에무라 고고로(植村甲五郎)	경제단체연합회 회장
	기우치 노부타네(木内信胤)	세계경제조사회 이사장
상임위원	도이 마사하루(土井正治)	스미토모(住友)화학공업 회장, 경제단체연합회 부회장
	나가노 시게오(長野重雄)	신일본제철 사장, 일본도쿄상공회의소 회두
	후지노 주지로(藤野忠次郎)	미쓰비시(三菱)상사 사장
	미즈카미 다쓰조(水上達三)	미쓰이(三井)물산 사장
	야쓰기 가즈오(矢次一夫)	재단법인국책연구회 상임이사

일본 측 주요 인사 약력

성명	약력
기시 노부스케 (岸信介)	1896년생. 도쿄제국대학 법학부 졸업. 전쟁 전 만주국 총무청 차장, 상공차관, 상공대신, 국무대신 겸 군수차관 역임. 전쟁 후 외무대신, 내각총리대신, 자민당 총재, 미일안전보장조약 조인 시 수석 전권위원 역임.
다나카 다쓰오 (田中龍夫)	1910년생. 도쿄제국대학 정치학과 졸업. 만철 입사. 기획원 조사관, 농림·상공 대신비서관, 정치조사회 부회장, 총무·외교조사회 부회장 역임.
시나 에쓰사부로 (椎名悦三郎)	1898년생. 도쿄제국대학 법학부 독법과 졸업. 만주국 광공 사장, 임시물자조정국 제5부장, 군수차관, 상공차관, 철도건설심의회장, 미일안전보장 조인 시 전권위원, 한일조약 조인 시 수석 전권위원, 동남아 각료회의 정부 대표 역임.
이나야마 요시히로 (稲山嘉寛)	1904년생. 도쿄제국대학 상과 졸업. 일철 제4판매과장, 철광통제회 생산부차장, 일철 영업부 부부장을 거쳐 1962년 사장에 추천됨. 야하타(八幡)제철 사장. 일본 제철연맹 이사. 제광수출조합 이사장 역임.
기우치 노부타네 (木内信胤)	1899년생. 도쿄제국대학 법학부 독법과 졸업. 요코하마정금은행 입사. 대장성 종전연락부장, 일본제철연맹 이사, 제광수출조합 이사장 역임.
야쓰기 가즈오 (矢次一夫)	1898년생. 1937년 국책연구회 창립. 국책연구회 상임이사, 일화협력위원회 위원 역임.

출처: "양국 위원 및 고문 명단", 「한일협력위원회 총회 제1차」(도쿄, 1969. 2. 12.~15.), 한국 외교문서, 등록번호 3016, 19~22쪽, 71~80쪽.

한국 외교문서에 소개된 위의 표에서 일본 측 주요 인사의 면면을 보면 이들은 자민당 내 우파 그룹 소속으로 만주 경험을 공유하는 인물이 대부분인데, 특히 제철공업에 관여한 이들이 많다. 이는 한일협력위원회 상임위원회 경제협력 분야의 주요 의제가 포항종합제철 건설을 위한 협력, 지원 문제였던 점과 무관치 않아 보인다.[12]

그중에서도 특히 이 조직의 상임위원을 맡은 야쓰기 가즈오矢次一夫가 주목할 만하다. 그는 일제의 만주 침략 때부터 군부의 배후에서 암약한 인물로서 아무런 직책도 없는 '낭인'浪人이면서도 기시가 총리였던 1958년 5월에는 기시 개인의 특사 자격으로 방한, 이승만 대통령과 만난 적도 있다. 야쓰기가 휴대한 친서를 통해 기시는 일본의 식민통치에 대해 유감의 뜻을 표현했다. 이에 대해 이승만은 "과거에 관해 말하자면 여러 가지 불유쾌한 것이 많지만 새삼 과거를 들춰봤자 소용없다. …… 나는 기시 총리와 손을 잡고 양국 관계 백년 친선의 기초를 굳히고 나아가서는 새로운 아시아 건설의 대업을 완수하고 싶다"고 한일관계 개선의 의지를 피력했다고 한다.[13]

일본에서 '쇼와昭和 최대의 괴물'로 불린 정치 거물 기시에게 '당신'이라고 부를 정도로 영향력을 행사했다는 야쓰기는 한국에서 군사정권이 '밀사 외교'를 전개하려 하자 이를 일본 정계에 주선하는 역할을 맡는다. 1961년 11월 박정희 당시 국가재건최고회의 의장이 이케다 하야토池田勇人 일본 총리와 회담을 갖기에 앞서 사전 물밑 작업을 위해 이뤄진 김

---

12) "한일협력위원회 제2차 한일상임위원회"(1969. 11. 27.~28.), 「한일협력위원회 총회 제1차」(도쿄, 1969. 2. 12.~15.), 한국 외교문서, 등록번호 3016, 153~155쪽.
13) 矢次一夫, 「李承晩大統領会見記 : 訪韓日本人第一号として」, 『文藝春秋』, 1958年 7月 号, 187쪽.

종필 중앙정보부장의 일본 방문에도 야쓰기가 관여했다고 한다.[14] 박
정희 대통령은 이런 야쓰기에게 1970년 10월 수교훈장을 보냈다.

"한국을 일본의 하청 국가로"

야쓰기는 한국과 일본이 수교한 이후에는 한일협력위원회를 실질적으
로 창설하고 그 방향성을 제시했다.[15] 야쓰기의 존재가 한국에 알려진
것은 아마 1970년 한일협력위원회 제2차 총회에서 공개된 '한일 장기
경제협력 시안試案', 이른바 '야쓰기 시안' 때문일 것이다.

'야쓰기 시안'은 향후 10년간 포항제철 건설지구 이남의 한국 남해
안 공업지역과 일본의 돗토리鳥取, 야마구치山口에서 기타큐슈北九州, 오이
타大分에 이르는 서부 경제권을 '협력 경제권'으로 묶는 방안을 구체적
으로 제시했다.[16] 한일 양국 간 산업 발전 단계의 격차에 주목해 일본
의 기술 및 자본과 한국의 노동력을 기반으로 한 수직적인 국제적 분
업 체제를 구축하자고 거의 노골적으로 제안한 것이었다.

야쓰기 본인의 증언에 따르면 이 시안은 일본 자본과 기술의 도입을
경제 침략이라며 강한 경계심을 보였던 한국 사회의 분위기를 고려해
한국 측 상임위원 장기영이 '한국 안'을 '야쓰기 시안'으로 제출해주도
록 의뢰했다고 한다.[17] 하지만 '야쓰기 시안'의 배경에는 "한국을 도와

---

14) 共同通信社会部 編, 『沈黙のファイル』, 東京: 共同通信社, 1996年, 294~296쪽.
14) 共同通信社会部 編, 『沈黙のファイル』, 東京: 共同通信社, 1996年, 294~296쪽.
15) 「한일협력위원회 총회 제1차」(도쿄, 1969. 2. 12.~15.), 한국 외교문서, 등록번호 3016, 48~136쪽.
16) "日韓長期経済協力試案", 「한일협력위원회 총회 제2차」(서울, 1970. 4. 20.~22.), 한국 외교문서, 등록번호 3517, 20~28쪽.
17) 山本剛士, 「日韓関係と矢次一夫」, 日本国際政治学会 編, 『国際政治』 第75号, 1983年, 121쪽.

주자"는 것 이상으로 일본 재계의 강력한 요구가 자리 잡고 있었다. 일본 국내에서는 철강, 알루미늄, 석유화학, 조선, 전자공업, 플라스틱 등 주력 산업이 토지 이용과 공해 대책의 난관에 직면해 한계에 도달했기 때문에 이를 확대 발전시키기 위해선 부담을 한국 쪽으로 분산시킬 필요가 있었다.[18] '야쓰기 시안'은 이런 목표하에 우선적으로 방적, 섬유 제품의 생산, 가공수출 분야에서 양국이 협정을 체결하길 희망했다.

한국 내의 '반감'에 대한 대책도 언급됐다. '야쓰기 시안'은 한국 국민들의 경계심을 풀기 위해 양국 지식인층이 앞장서서 이해 증진에 힘써야 한다고 강조하면서, 이를 위해 향후 설치될 특별위원회를 중심으로 긴밀히 협조하자고 주장했다. 하지만 '야쓰기 시안'이 그대로 실시되면 그렇지 않아도 국교정상화 이후 심화됐던 한국의 대일 경제 의존이 더욱 가속화되고 한국 경제 전반이 일본에 하청화된다고 우려하는 한국 내 목소리를 완전히 잠재울 수는 없었다.[19] 더욱이 이 발상은 한일관계의 특수성을 무시한 채 냉혹한 자본의 논리를 그대로 적용하려 했다는 점만이 아니라, 기시 등이 구상했던 일본 주도의 '동 민족'론에 입각해 있었다는 데 심각한 문제가 있었다.

말없이 손만 잡아도 통하는 '우리 그룹'

한일협력위원회는 한일 각료회의가 합의한 사항의 실천 문제, 무역 불균형 시정 문제, 일본의 특혜 관세 문제, 포항제철 건설 문제, 한일 경

---

18) 이현진, 「한일 국교정상화 이후 경제협력 논의구조의 변화양상: 정·재계 경제협력회의의 위상과 역할을 중심으로」, 『한국민족운동사연구』 제74집, 2013년 3월, 267쪽.

19) 가령, 『동아일보』, 1970년 4월 23일 자 1면을 참조.

제협력권 구성 문제 등 한일 양국의 중요한 경제 현안에 대한 실질적인 해결책을 모색하는 장으로서 오랫동안 실질적으로 기능했다. 여기에는 한일 양국의 '친일', '친한' 인맥이 중요한 역할을 담당했고, 이들은 서로를 '우리 그룹'이라고 불렀다.

박정희 정권은 일본 측 '우리 그룹'을 '친한파'라고 환대했다. 박정희는 1970년 한일협력위원회 참석차 방한한 기시에게 "측면에서 도와준 덕분에 포항제철 건설의 전망이 섰다"면서 고개를 숙였다.[20] 1973년 김대중 납치 사건 등으로 한일관계가 심각한 갈등 국면에 진입했을 때도 '우리 그룹'만큼은 전혀 흔들리지 않았다. 1973년 방한한 기시 등 한일협력위원회 일본 측 위원들과 박정희는 다음과 같은 대화를 나눴다.[21]

기시: (전략) 사실 한일 간의 균열을 꾀하는 기도가 일부 있습니다. 그러나 절대로 말려들지 않도록 조심하겠습니다. (후략)

박정희: 그간 여러 가지 면에서 양국 관계가 이상하게 움직여왔는데 이런 분위기를 호전시키기 위해 좋은 시기에 잘 오셨습니다.

이시이 미쓰지로: (전략) 우리 한일협력위원회는 서로 마음과 마음의 굳은 유대관계를 갖고 있으므로 이럴 때일수록 한국에 가서 아무 말 없이 그저 손을 꽉 잡아줘야겠다는 생각에 이번에 온 것입니다. 우리가 이렇게 악수하는 것을 제3자가 본다면 결국 한일관계는 다칠 수 없구나 하

---

20) "岸元総理·朴大統領会談(報告)"(1970. 4. 24), 「日韓関係(日韓協力委員会)」, 일본 외교문서, 문서번호 2010-3952.
21) "대통령 각하의 한일협력위원회 일본 측 위원과의 면담록"(1973년 9월 28일), 「한일협력위원회 합동 상임위원회」(1973), 한국 외교문서, 등록번호 5878, 28~45쪽.

고 생각할 것입니다. (후략)

박정희: 우리로서도 최선을 다할 것인바, 여러분들께서도 귀국 후에 많은 한국의 친구들에게 우리의 의사를 잘 전달해 문제가 조기에 결말을 볼 수 있도록 계속 진력해주시길 바랍니다. (후략)

이시이 미쓰지로가 박정희에게 말했듯이 '우리 그룹'은 "마음과 마음의 굳은 유대관계를 갖고 있으므로" "아무 말 없이 그저 손을 꽉 잡"으면 통하는 관계였다. 하지만 이처럼 손만 잡아도 통했던 일본 '친한파'와의 동거同居가 사실은 한일관계의 '정상화'를 갉아먹으면서 왜곡시키고 있었다.

15

청구권 자금의 기원
미국의 대일 원조와 일본의 한국 원조

아베 신조^{安倍晋三} 일본 총리는 2015년 4월 29일 미국 상원·하원 합동 연설에서 식민지배와 침략으로 점철된 과거사에 대해선 얼렁뚱땅 넘어가면서 오히려 일본이 자본과 기술을 '헌신적으로'^{devotedly} 쏟아 한국, 대만, 중국 등의 경제 성장을 뒷받침했다고 주장해 공분을 샀다. 아베의 언급은 일본이 한국의 산업화에 기여했다는 점을 지적한 것으로, 달리 말하면 일본의 '청구권' 자금과 공적개발원조^{ODA} 덕분에 '한강의 기적'이 가능했다는 말이다. 이 같은 아베의 주장은 물론 일본의 경제적 기여를 강조함으로써 과거사를 묻어버리겠다는 본말전도의 궤변이나 다름 아니다. 더구나 아베가 말한 일본의 경제적 '기여'에 대해서도 다각도로 따져볼 필요가 있다.

일단 일본의 경제적 도움을 토대로 한국의 산업화가 크게 진전됐다는 점을 굳이 부인할 필요는 없을 것 같다. 일반적으로 일본의 대한국 경제협력은 한국의 대일 청구권에 대한 정치적 타협으로서의 무상 3억

박정희 대통령이 1965년 12월 18일 청와대에서 정일권 총리(왼쪽에서 세 번째), 이동원 외무부장관(오른쪽에서 세 번째), 김동조 주일대사(오른쪽에서 두 번째) 등이 지켜보는 가운데 한일조약 제 협정의 비준서에 서명하고 있다. 출처: 국가기록원.

달러, 유상 2억 달러, 총 5억 달러로 설명되지만, 이 외에도 일본은 한국의 요청에 따라 1990년까지 상당한 규모의 각종 공공차관과 민자 투자를 지속적으로 투입했다. 구체적으로 일본은 해외경제협력기금을 통해 1966년부터 1990년까지 92건 5,962억 엔의 엔화 차관을, 1969년부터 1983년까지 33건 27억 엔의 해외 투융자를 각각 한국에 제공했다.[1] 이들 엔화 자본은 특히 사회간접자본을 확충하고 기간산업을 육성하는 데 집중적으로 투자되어 한국의 산업화에 중대한 영향을 미쳤다. 다만 이 같은 일본의 경제협력은 어디까지나 경제와 냉전의 논리로써 과거사를 봉인한 이른바 '1965년 체제'의 대가로 이뤄진 것이었다.

---

[1] 国際協力銀行 編, 『海外経済協力基金史』, 東京, 2003年, 189쪽. 한편, 일본의 해외경제협력기금(OECF)은 1996년 한국이 경제협력개발기구(OECD)에 가입하자 서울 사무소를 폐쇄했다.

일본의 승인을 거쳐 들어온 '청구권' 자금

1965년 한일 청구권 협정의 결과 한국은 무상 3억 달러, 유상 2억 달러, 민간신용 3억 달러 이상, 총 8억 달러 이상의 자금을 대체로 10년간에 걸쳐 균등하게 지급받게 됐다. 그러나 이 자금은 현금 형식으로 곧장 한국으로 들어온 게 아니었다. 그 값에 해당하는 일본의 생산물 및 용역, 기술이 제공된 것이다. 따라서 일본 정부가 직간접적으로 관여한 한일 경제협력 사업은 일본 기업에도 단단히 한몫 챙길 수 있는 일거리였다. 가령 미쓰비시三菱 그룹은 경인선 전철화, 서울지하철 사업, 당인리발전소 건설, 수출공업단지 조성, 포항제철 건설 등 박정희 정권이 추진한 굵직굵직한 국책사업을 독점해 막대한 이문을 챙겼다. 전범戰犯 기업이라는 과거사가 무색할 정도였다. 여기에 편승한 한국 기업들도 일본의 생산물 및 용역 관련 사업과 어떻게든 인연을 맺음으로써 도약의 발판을 만들었다.

총액 8억 달러 이상 가운데 무상 3억 달러 및 유상 2억 달러와 관련, 박정희 정부는 1965년 한일조약 가조인 직후 이를 "우리의 '청구권'에 의한 정당한 권리 행사"라고 규정했다. 그러나 한국은 이 '청구권' 자금에 대해 청구권자로서의 권리를 거의 행사하지 못했다. 이 자금의 도입을 위해 한국은 매년 집행 계획서를 작성해 일본과 협의한 후 승인받는 절차를 밟아야 했다. 이와 관련해 1966년 9월 서울에서 열린 제1차 한일 경제각료간담회에서 장기영 당시 경제부총리는 다음과 같이 말했다.

"손님에게 무슨 어려운 주문이나 난제를 내놓을 생각은 없습니다. 모든 문제를 경제의 관점에서 경제인의 사고에서 상의하고자 하는 것입니다. 국제 경제관계에서 협력에 한계가 있다는 점을 인식하면서 국제 분업의 원칙에 입각해 상의하고자 합니다. '기브 앤드 테이크'give and take 의 공정한 협의를 원하는 것입니다."[2]

박정희 정권은 민간차관 부분은 물론, 식민지 관계 청산을 위해 획득했다고 스스로 주장한 3억 달러와 2억 달러를 합친 5억 달러조차 "경제의 관점에서 경제인의 사고에서 상의"하면서 한일 양국이 주고받기의 원칙하에 일본과 나눠 가질 수 있는 사안으로 간주한 것이다. 물론 장기영이 언급한 '기브 앤드 테이크'의 내용은 한국이 일본 기업의 생산물 및 용역을 '받는' 대신, 일본에는 일본 정부가 지출하는 자금 자체를 일본 기업이 취할 수 있게 '주는' 것이었다.

한일 간의 경제적 격차가 엄존하던 상황에서 어떻게든 상호 이익을 도모하려 했다는 점에서 이러한 한일관계는 '공정'한 것이었다. 남북 분단과 대치라는 극단적인 조건 속에서, 또 미국의 원조가 바닥을 친 상황에서 한국이 산업화를 위한 자금, 기술, 경험을 얻어낼 수 있는 국가는 일본을 제외하고는 생각하기 어려웠다. 다른 한편으로 일본도 과거사를 봉인한 가운데 한국이라는 새로운 시장을 확보해 일본과의 수직적인 분업 체계를 만들어갈 기회였다.

하지만 식민지배에 따른 가해-피해를 청산한다는 청구권 자금의 성격은 물론이고, 지배-피지배라는 관계에서 벗어나 대등한 한일관계

---

2) 「한일 경제각료간담회」(서울, 1966. 9. 8.~10.), 한국 외교문서, 등록번호 2003, 448~451쪽.

대일 '청구권' 자금 5억 달러의 4분의 1에 가까운 1억 1,948만 달러가 투입되어 건설된 포항종합제철소 (포스코) 전경. 여기에는 특히 일본 미쓰비시 그룹의 자본과 용역, 기술이 대거 투입됐다. 출처: 한국일보.

의 재구축을 희망했던 당시의 문맥에서 보더라도, 오로지 경제적 관점에서 '기브 앤드 테이크'하는 관계를 반드시 정상이라고 말하기는 어려웠다. 이러한 비정상적인 관계를 비록 박정희 정부가 유인했다손 치더라도, 일본 자본이 경제의 논리에 따라 한국으로 대거 몰려온 상황은 좋게 말하면 경제적 상호 의존이었고, 뒤집어보면 과거 일제의 경제 '침략'을 방불케 하는 경제적 종속관계의 재구축일 뿐이었다. 이러한 한일 경제관계의 모순은 지금도 거의 해소되지 못하고 있는 고질적인 무역 불균형 현상에서 잘 드러난다. 이런데도 일본이 '헌신적으로' 한국의 산업화에 기여했다고 자화자찬하는 것은 언어도단에 가깝다.

일본 경제원조의 뿌리는 미국의 대일 원조

더군다나 한국에 대한 일본의 경제협력을 그 기원부터 거슬러 올라가면 더욱 복잡한 국제정치적 맥락을 발견하게 된다. 결론부터 말하면,

일본이 한국에 줬다는 경제협력자금의 뿌리는 미국의 대일 원조자금이었다. 여기서 말하는 미국의 대일 원조자금이란 미국이 패망한 일본을 점령하는 동안 일본에 제공한 이른바 점령지역구제기금(가리오아자금)GARIOA fund: Government Appropriation for Relief in Occupied Areas Fund을 말한다.[3] 전후 초토화된 일본이 경제적으로 안정을 되찾고 재건을 하는 데 주로 사용된 미국의 원조자금은 공짜가 아니었다. 약 20억 달러에 달한 이 원조자금은 샌프란시스코 대일 강화조약 제14조에 '기타 청구권'으로 규정되어 배상 및 전전戰前 채무와 함께 일본이 나중에 미국에 갚아야 할 채무로 책정됐다.

한국에 대한 일본의 경제 지원은 바로 미국의 대일 원조자금에서 비롯된 것이었다. 점령기 미국이 제공한 원조물자를 일본 국민들이 현금으로 구입하고, 일본 정부는 그 판매대금을 나중에 미국에 갚기 위해 이른바 '미카에리자금見返リ資金 특별회계'(한국식으로 표현하면 '대충자금對充資金 특별회계')라는 곳에 적립해뒀다. 이 적립금이 '산업투자 특별회계'로 이름을 바꾼 뒤 1960년 해외경제협력기금의 설립을 위한 자본금으로 충당되었다. 일본이 한국에 제공한 경제원조의 대부분은 이 해외경제협력기금을 통해 이뤄졌다.

약간 도식적으로 말하면, 전후 일본을 점령한 미국이 일본의 전후 복구를 위해 막대한 원조를 제공하고, 그 변제를 위해 일본이 모아둔

---

3) 한국도 미군정기인 1946~1948년에 약 4억 달러 정도의 가리오아(GARIOA) 원조를 받았다. 이 원조물자는 국내에서 매각되었고, 회수된 원화대금은 이른바 대충자금(對充資金)으로 적립, 재정 운영과 경제 부흥을 위해 사용되었다. 이후 가리오아자금은 ECA(경제협조처) 원조자금으로 이월되었다.

자금이 이번에는 한국에 대한 미국의 원조 부담을 덜어주기 위해 일본의 한국 경제 지원용으로 재활용된 셈이다.

사실 해방 후 한국 경제는 미국의 원조에 의존하는 바가 거의 절대적이었다고 해도 과언이 아니었다. 다만 미군정기 이후 적어도 1950년대 중반까지 한국에 대한 미국의 원조정책은 일본의 전후 복구를 측면에서 지원하기 위해 한국을 일본의 상품시장으로 간주하는 경향이 강했다. 미국은 일본의 생산기지로서의 역할을 중시해 한국에 대한 원조물자를 가능하면 일본에서 구매해 조달하려 했다. 때문에 이 문제를 놓고 이승만 정권과 미국은 툭하면 충돌했다. 그러나 한국에 대한 미국의 원조가 경제의 질적 전환에 필수적인 생산재나 자본재보다는 경제 안정과 국방 예산의 확보를 위한 소비재 중심이었다는 점에는 변함이 없었다.

주목할 점은 이 같은 미국의 일본 중시 지역 통합 전략이 일본의 전후 복구가 완료되고, 한국에 대한 미국의 원조 능력이 거의 한계점에 도달하는 1950년대 후반부터 중대한 전환기를 맞았다는 것이다. 즉 이 시기 미국의 동북아시아 전략은 기존의 한국에 대한 직접원조로부터 일본에 의한 한국 지원 형식으로 전환되기 시작했고, 이는 박정희 정권의 대일 청구권 타협으로 구체화된다. 이 과정에서 미국은 일본으로부터 받아낼 예정이었던 가리오아 채권 약 20억 달러를 4분의 3이나 삭감해 4억 9,000만 달러만 갚도록 했다. 더욱이 1961년 1월 미일 간에 체결된 이른바 가리오아 원조금 변제 협정은 이 4억 9,000만 달러조차 "동아시아 각국 경제의 신속하고 균형 있는 발전"을 도모하기 위해 사용되도록 규정됐다. 당시 한국도 이 대목에 주목, 대미 협상 및 대일 협상에 임한 정황이 있다.[4] 요컨대 일본이 한국이 제공했다는 경제원조는 미국의 동아시아 원조 전략과 밀접한 연관이 있다고 말할 수 있다.

일본은 식민지배에 대해선 가해자였고, 한국전쟁이라는 열전熱戰과 이후의 한반도에서 전개된 냉전에 관한 한 최대의 수혜자였다. 한국의 산업화와 관련된 일본의 역할에 대해선 더 많은 논의가 필요하지만 아베 총리가 주장한 것처럼 '헌신적인' 기여자가 아니었던 점만은 분명하다.

---

4) 가령, 「한일회담 청구권 관련 자료: 일본의 대미 GARIOA, EROA 채무변제」(1959~1962), 한국 외교문서, 등록번호 751을 참조.

16

"미해결의 해결"
독도가 분쟁지역이 된 경위

이동원: 이것은 다이너마이트와 같다. 한국의 야당과 대중은 일본의 야당과 비교가 되지 않을 정도로 위협적이다. 독도 문제는 한국 정부의 사명死命과도 관련된다. 우리는 '두 나라 사이에 발생하는 분쟁'과 같이 '발생하는'을 삽입하길 원한다.

사토 에이사쿠: 지금까지 일본이 내놓은 제안도 내가 생각한 이상으로 양보했기 때문에 더 이상의 양보는 불가능하다.

우시로쿠 도라오: '발생하는'이란 표현을 삽입하면 미래의 분쟁에 한정되어 다케시마 문제는 제외된다는 것이 분명해지므로 불가하다.

이동원: 그렇다면 좋다. 일본 측의 최종안을 수용하는 대신 한 가지만 부탁하겠다. 한국 대표단이 귀국해서 여기에는 독도가 포함되지 않는다고 말하더라도 공식적으로 즉각 반박하지 말아주길 바란다. 이것은 우리의 생명과 관련되어 있다. 다만, 일본이 나중에 의회에서 독도가 포함된다는 취지의 답변을 하더라도 이를 자제해달라고 부탁할 생각은

없다.

사토 에이사쿠: 알았다.[1]

1965년 6월 22일 일본 도쿄의 총리관저에서 열린 한일조약 제협정 조인식에서 이동원 외무장관이 사토 에이사쿠 일본 총리(오른쪽)와 환담하고 있다. 두 사람은 조인식 직전에 독도 문제와 관련된 '분쟁 해결에 관한 교환공문'에 대한 막판 문구 조율을 마쳤다. 사토는 아베 신조 일본 총리의 외조부이면서 아베가 존경한다는 기시 노부스케 전 일본 총리의 친동생이다. 왼쪽은 김동조 당시 주일대사. 출처: 국가기록원.

한일협정이 조인되기 25분 전인 1965년 6월 22일 오후 4시 15분부터 20분간 일본 총리관저에서 이동원 당시 외무부장관과 사토 에이사쿠佐藤榮作 일본 총리는 이렇게 독도 문제를 놓고 막판 담판을 벌였다. 이동원이 "일본이 나중에 의회에서 독도가 포함된다는 취지의 답변을 하더라도 이를 자제해달라고 부탁할 생각은 없다"고 말한 대목이 특히 눈에 띈다.

이동원이 일본 측 최종안을 수용하면서 합의, 조인된 이른바 '분쟁 해결에 관한 교환공문'은 아주 짧게 그것도 매우 애매한 문구로 구성됐다.

"양국 간의 분쟁은 우선 외교상의 경로를 통해 해결하고, 해결할 수 없는 경우에는 양국 정부가 합의하는 절차에 따라 조정을 통해 해결하기로 한다."

---

1) 「日韓国交正常化交渉の記録　総説十五」, 일본 외교문서, 문서번호 910, 246~248쪽.

'미해결의 해결'이 남긴 함정

여기에는 우선 일본 측이 집요하게 넣자고 요구했던 '다케시마'라는 단어가 빠져 있어 독도가 분쟁거리인지 여부를 바로 알 수 없다. 더욱이 거의 강제력이 없는 '조정'에 대해서도 "양국 정부가 합의하는 절차에 따라"라는 조건이 붙었다. 다만 한국 측이 당초 주장했던 '양국 간에 발생하는 분쟁'이라는 미래형 문구가 사라진 대신 '양국 간의 분쟁'이라는 현재형 표현으로 귀착되어 독도가 실재하는 분쟁지역으로 해석될 여지가 생겼다. 더욱이 이동원이 독도가 분쟁지역인지 여부에 대해 한일 양측이 각각 해석하고 이에 대해 이의를 제기하지 않기로 제안하고, 이를 사토가 양해함으로써 일본은 한국의 반발을 의식하지 않은 채 독도 영유권을 주장할 수 있게 됐다.

이를 두고 일부 학자는 '미해결의 해결'이라고 말한다. 독도를 사실상 분쟁지역으로 인정할 여지를 남겼음에도, 한국의 실효적 지배라는 현상은 타파할 수 없도록 조치됐기 때문이다. 다시 말하면 "양국 간의 분쟁은 우선 외교상의 경로를 통해 해결하고"라는 조항에 따라 일본은 독도에 대한 한국의 실효 지배를 군사적 행동에 의해 변경

한국전쟁 직후인 1953년 10월 독도를 찾은 한국산악회 울릉도·독도 조사단이 앞서 1년여 전에 일본 측이 박아놓은 일본식 행정구역 표시 나무말뚝을 뽑아내고 한국령을 알리는 표지석과 태극기를 게양했다.

할 수 없게 됐다. 또 "양국 정부가 합의하는 절차에 따라 조정을 통해 해결하기로 한다"는 조항에 의해 한국이 동의하지 않는 한 일본이 주장하는 국제사법재판소[ICJ] 제소를 포함한 '조정'이 불가능하게 됐다.

그럼에도 일본은 이 교환공문을 근거로 독도를 분쟁화할 수 있는 최소한의 명분을 얻게 됐다.

"교환공문에는 다케시마가 분쟁거리가 아니라고는 적혀 있지 않다. 그렇다면 당연히 양국 간의 분쟁 대상이 된다. 한국이 어떻게 설명하더라도 이 사실은 부정할 수 없다. 해결이 안 되면 조정에 건다고 되어 있는 만큼, 조정 자체를 거부한다면 조약 위반이다."[2]

시나 에쓰사부로[椎名悦三郎] 일본 외상은 1965년 10월 25일 열린 중의원의 특별위원회에서 이렇게 말했다. 사실 이 같은 해석에 기초해 일본은 2012년 한국이 ICJ 제소에 동의하지 않으면 일방적 제소도 불사하고 이것도 여의치 않으면 1965년의 교환공문에 따라 '조정'에 회부하자고 목소리를 높였다.[3] 타협의 여지가 없는 영토 문제를 '미해결의 해결'이라는 정치적인 거래로 매듭지은 '1965년 체제'의 후유증을 톡톡히 앓고 있는 셈이다.

---

[2]   「第50回国会衆議院日本国と大韓民国との間の条約および諸協定に関する特別委員会会議録」第2号, 1965年 10月 25日, 일본 국회의사록 검색시스템.(http://kokkai.ndl.go.jp/).

[3]   ICJ는 "제소 없이 소송 없다"(no procedat judex ex officio)가 원칙이다. 독도 문제를 ICJ에 '제소'하기 위해서는 한일 양국 정부의 합의가 필요하다. 그러나 독도를 실효 지배하고 있는 한국이 이에 응할 리가 없으므로 ICJ 부탁(付託)에 의한 해결은 기대하기 어렵다.

김종필의 '독도 폭파' 언급에 대한 진위

당초 독도는 한일회담의 주제가 아니었다. 이승만 정부가 1952년 1월 이른바 '평화선'(이승만 라인)을 선언해 독도를 편입하고 실효 지배하기 시작하자 일본 측은 '불법 점거'라면서 ICJ 제소를 요구하기도 했지만 이를 한일회담의 석상에서는 거론하지 않았다. 이런 독도가 한일회담 석상에 등장한 것은 박정희 정권이 청구권 자금 확보를 위해 정치적 담판을 도모하기 시작한 1962년 이후다.

그해 9월 3일 열린 제6차 한일회담의 제2차 정치회담 예비교섭에서 이세키 유지로伊關佑二郎 일본 외무성 아시아국장은 "국교정상화와 동시에 또는 정상화 후 바로 ICJ에 제소하겠다는 것만 미리 약속해주면 좋겠다"고 제안했다. 이에 대해 배의환 한국 측 수석대표는 "중요하지도 않는 섬인 데다 한일회담의 의제도 아니므로 국교정상화 후에 토의하자"고 비켜나갔다.[4]

김종필 당시 중앙정보부장의 '독도 폭파' 발언도 일본의 분쟁화 시도를 무력화하기 위해 의도적으로 독도의 전략적 가치를 저평가한 것으로 보인다. 김종필 본인은 1962년 오히라 마사요시大平正芳 외상과의 청구권 협상에서 '독도 폭파'를 언급한 것과 관련해 "어떤 경우에도 당신들에게 내줄 수 없다"고 강조하기 위한 비유였다고 주장했다.[5]

하지만 한·미·일 외교문서는 독도 문제에 관한 한 김종필의 타협적인 태도를 곳곳에 적시하고 있다. 우선 1962년 10월 20일 열린 오히

---

4) 이동준 편역, 『일한 국교정상화 교섭의 기록』, 서울: 삼인, 2015년, 1090쪽.

5) 「김종필 증언록 '소이부답(笑而不答)' 〈28〉」, 『중앙일보』, 2015년 5월 6일.

라와의 1차 협상에서 김종필은 "이 문제는 그다지 중요하지 않다는 태도로, 그런 문제는 방치해도 지장이 없다는 말투로" "명시적으로 (ICJ 제소에) 승낙 의사를 표명하지는 않았으나 절대적으로 부정하는 태도가 아니었다"고 일본 외교문서는 전한다.[6] 이어 이틀 후 가진 이케다 하야토池田勇人 총리와의 회담에서 김종필은 두 차례에 걸쳐 농담 반 진담 반으로 문제의 화근을 없애기 위해 이 섬을 폭파해버리자고 말했다. 이에 당황한 이케다가 오히려 "이것은 감정적으로 대응해선 안 된다"면서 국제 재판에 맡기는 것이 최선이라고 거듭 주장했다고 한다.[7] 이어 일주일 후인 10월 29일 가진 딘 러스크David Dean Rusk 미 국무장관과의 회담에서도 김종필이 독도 폭파를 언급했다고 미국 외교문서는 전한다. 김종필은 오히라와의 청구권 협상을 마치고 귀국길에 나선 11월 13일 하네다공항에서도 "농담으로는 독도에서 금이 나오는 것도 아니고 갈매기 똥도 없으니 폭파해버리자고 말한 일이 있다"고 밝혔다고 한국 외교문서가 말한다.[8]

김종필의 '제3국 조정안'과 '독도 밀약설'

더욱이 김종필은 일본이 거듭 독도 문제의 ICJ 제소를 주장하자 '제3국 조정안'을 대안으로 제시해 논란을 불러일으켰다. 이는 박정희 당시 국가재건최고회의 의장의 훈령과도 다른 것이었다. 제2차 김종필-오히라 회담 직전에 통보된 훈령은 "이 문제가 한일회담의 현안 문제

6) 이동준 편역, 『일한 국교정상화 교섭의 기록』, 서울: 삼인, 2015년, 562쪽.
7) 같은 책, 561~566쪽.
8) "김부장 활동보고", 「김종필 특사 일본방문」(1962. 10.~11.), 한국 외교문서, 등록번호 796, 216쪽.

가 아니고, 한국민에게 일본의 한국 침략을 상기시킴으로써 회담 분위기를 경화시킬 우려가 있음을 지적"하라는 것이었다.[9] 그러나 김종필의 행동은 여기서 한 걸음 더 나갔다. 김종필은 1962년 11월 12일 열린 회담에서 처음에는 "이 문제를 ICJ에 제출하면, 가령 2~3년 후라고 하더라도 승패 구별이 분명한 판결이 나와 적당하지 않다"고 일본 측의 ICJ 제소 안에 맞섰으나, 나중에는 "오히려 제3국의 조정에 맡기는 것을 희망한다, 그렇게 함으로써 이 제3국이 한일관계를 고려하면서 조정의 타이밍 및 내용을 탄력적으로 결정할 수 있을 것"이라고 말했다.[10]

독도가 '조정'調停의 대상이라는 점을 인정한 김종필의 이 언급에 대해 당시 배의환 주일대사는 다음과 같이 평가했다.

"김 부장의 의도는 ICJ 제소를 위한 일본 측의 강력한 요구에 대해 몸을 피하고 사실상 독도 문제를 미해결 상태로 유지하기 위한 작전상의 대안으로 시사한 것으로 생각됨."[11]

여기서 "생각됨"이라고 말한 것은 '제3국 조정안'이 정부 훈령을 넘어선 김종필의 단독 제안이었음을 강하게 시사한다. 여하간 김종필이 '조정'을 언급한 이후 일본은 구속력이 있는 ICJ 제소를 추구하되, '제3

9) "대일 절충에 관한 훈령"(1962년 11월 8일), 같은 자료, 154쪽.
10) 이동준 편역, 『일한 국교정상화 교섭의 기록』, 서울: 삼인, 2015년, 579쪽.
11) "제2차 김부장, 오히라 외상 회담록"(1962년 11월 13일), 「김종필 특사 일본방문」(1962. 10.~11.), 한국 외교문서, 등록번호 796, 166쪽.

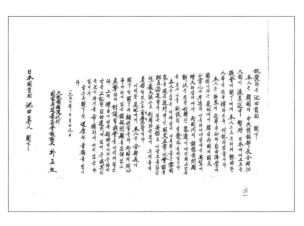

1962년 10월 19일 김종필 중앙정보부장의 방일에 맞춰 박정희 국가재건최고회의 의장이 이케다 하야토 일본 총리에게 보낸 친서. 출처: 「김종필 특사 일본방문」(1962. 10.~11.), 한국 외교문서, 등록번호 796, 136쪽.

국 중재' 등 '조정'보다는 강한 타협안을 도출하겠다는 입장을 굳히고 더욱 달려들게 된다. 이 와중에 김종필과 긴밀한 관계를 맺고 있던 오 노 반보쿠大野伴睦 자민당 부총재는 '독도 공유론'을 제기하기도 했다.[12] 그 결과가 바로 '미해결의 해결'이라는 기치하에 마련된 '분쟁 해결에 관한 교환공문'이었다.

한편, 김종필은 근년 언론과의 인터뷰에서 1964년 말부터 1965년 초에 김종필의 셋째 형인 김종락 한일은행 상무가 정일권 당시 총리 의 대리인으로서 일본을 방문해 독도 문제에 관해 별도의 비밀 합의문 서를 교환했다는 이른바 '독도 밀약설'에 대해선 '헛소문'이라고 일축

---

12) 현대송, 『일본 국회에서의 독도논의에 대한 연구』, 서울: 한국해양수산개발원, 2007년, 44~55쪽.

했다.13) 그러나 일본 측 외교문서를 참조하면 독도 공유론을 주장해온 고노 이치로河野一郎 당시 일본 농림상과 김종락의 극비 라인이 활발하게 가동되어 관련 문서까지 작성됐다는 점은 최소한 분명히 확인이 된다.14) 다만, 박정희 대통령과 사토 총리 등 양국 정상이 이를 승인했는지 여부 등은 불투명하다.15) 일본 외교문서는 "당시 교섭 내용에 대한 기록과 양측이 제시한 문안 등을 보관하고 있다"고 적시하고 있지만 일본 정부는 이를 공개하고 않고 있다. 독도가 일본 땅이라고 주장해온 일본 정부로서도 분쟁의 현상 유지를 골자로 한 '밀약'의 존재를 드러내는 게 국내정치적으로 부담스럽기 때문일 것이다.

---

13) 「우리가 몰랐던 현대사 진실 10장면」, 『중앙일보』, 2015년 12월 5일.

14) 이동준 편역, 『일한 국교정상화 교섭의 기록』, 서울: 삼인, 2015년, 687~691쪽; 노 대니얼, 「한일협정 5개월전 독도밀약 있었다」, 『월간중앙』, 2007년 4월 호, 107~108쪽; ロー・ダニエル, 『竹島密約』, 東京: 草思社, 2008年.

15) 박정희는 김종락에 대해 "은행의 평이사로 이사장도 될 수 없는 놈이 그런 이야기를 할 리가 없다"고 일축했다고 일본 측 외교문서는 전한다. 이동준 편역, 『일한 국교정상화 교섭의 기록』, 서울: 삼인, 2015년, 691쪽.

17

한일 해양레짐 50년
평화선, 전관수역, 중간수역 …

  한일 양국을 가르는 바다가 거칠다. 지금도 어업, 배타적 경제수역 EEZ: Exclusive Economic Zone,1) 해양 조사, 동해 및 해저 지명 문제 등을 둘러싸고 양국은 한 치 양보 없는 긴장을 연출하고 있다. 바다를 둘러싼 한일 간의 마찰과 대립은 어장漁場 및 지하자원 확보라는 국익과 직결되는 데다, 특히 일본의 독도 영유권 주장과도 맞물리면서 매우 격렬하면서도 복잡한 양상을 보여왔다. 그러나 다른 한편으로 한일 양국은 국교정상화 이후 국제적 해양레짐에 어느 정도 순응하면서 지난 50년간 그런대로 안정적인 해양 질서를 구축해온 것 또한 사실이다.

---

1) 자국 연안으로부터 200 해리까지의 모든 자원에 대해 독점적 권리를 행사할 수 있는 유엔 국제해양법상의 수역.

평화선이 던진 '주권'의 무게

바다를 둘러싼 한일 교섭은 국교정상화라는 큰 틀과 연동되어 14년간의 진통 끝에 1965년에 타결됐다. 이때 가장 큰 쟁점으로 대두된 것은 한국의 '평화선'(이승만 라인)을 어떻게 전관수역^{專管水域}으로 대체할 것인가 하는 문제였다. 청구권 문제

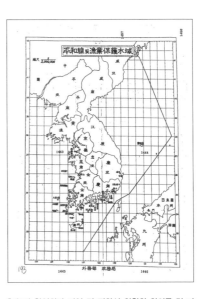

가 1962년의 '김종필-오히라 합의'에 의해 사실상 '봉합'됐음에도 한일협정이 1965년에 가서야 체결된 것은 무엇보다 평화선 해체를 포함한 어업 문제를 둘러싸고 접점을 마련하지 못했기 때문이다. 특히 평화선 문제는 청구권 문제와 더불어 한일 국교정상화를 좌우하는 시한폭탄이었다고 해도 과언이 아니었다.[2]

「제6차 한일회담 어업 및 평화선 위원회 회의록 및 기본정책」(1961 ~ 1962. 3.), 한국 외교문서, 등록번호 729, 193쪽.

평화선은 1952년 이승만 대통령이 선언한 해양주권선[3]을 말하는데, 그 목적에 대해선 여러 해석이 있지만 무엇보다 당시 어업 능력이 월등했던 일본 어선들의 무분별한 남획을 막고 우리 측 연안어

---

2) 김옥렬, 『한국과 미·일관계론』, 서울: 일조각, 1974년, 55쪽.
3) 「1952년 1월18일 국무원 공고 제14호, "인접해양에 대한 주권선언"」, 외무부, 『대한민국 외교부 연표: 부 주요문헌 1948~1961』, 서울: 1962년, 228~229쪽.

장을 보호하기 위한 것이었다.[4] 평화선은 당시 국제법상 영해territorial waters로 인정받았던 3해리를 훨씬 뛰어넘어 평균 60해리, 최대 180해리 떨어진 수역에 설정되었다. 평화선은 선진적인 일본 어업으로부터 낙후된 한국 어업을 보호하는 어업 규제선임과 동시에, 정치적 측면에서는 대일 협상에서 일본을 압박하는 강력한 수단이었다.

이에 맞서 제2차 세계대전 후 태평양의 주요 어장을 상실한 일본의 어선들은 특히 고등어 등 주요 어종의 성어기에 해당하는 9~12월이 되면 나포의 위험을 무릅쓰고 대거 평화선을 침범했다. 한국은 이들 일본 어선을 나포하고 선원을 대거 억류했다. 1965년 어업협정이 체결되기까지 한국이 평화선 수역에서 나포한 일본 어선은 326척(이 가운데 절반 이상은 반환하지 않음), 장기·단기 억류 선원은 3904명(이 가운데 여덟 명은 수감 중 사망)이나 됐다.[5]

이에 대해 일본 측은 분개했지만 속수무책이었다. 평화선에 대항하기 위해 1952년 9월 '일본경비구역선'ABC라인[6]을 선포해 해상보안청의 경비정이 어선 보호를 명목으로 출동하도록 조치했지만 무력 충돌도 불사하겠다는 한국 측의 강수에 맞설 수는 없었다. 특히 당시 미국은 한국

---

4) 지철근, 『평화선』, 서울: 범우사, 1979년, 89~91쪽. 평화선 설정의 경위 등에 대해서는 오제연, 「평화선과 한일협정」, 『역사문제연구』 제14호, 2005년 6월, 11~36쪽 참조.

5) 「日本船舶被た捕状況の推移」, 海上保安庁総務部政務課 編, 『海上保安庁三十年史』, 東京: 財団法人海上保安協会, 1979年, 434쪽; 森田芳夫, 「日韓関係」, 鹿島平和研究所 編, 『日本外交史28 : 講和後の外交(Ⅰ)対列国関係(上)』, 東京: 鹿島研究所出版会, 1973年, 27, 56쪽.

6) 문제는 ABC라인이 동해와 남해에 걸쳐 평화선의 한국 측 수역과 상당 부분 겹칠 뿐만 아니라 특히 한반도와 제주도 사이를 가르고 있었다는 사실이다. 일본 정부가 한반도와 제주도 사이에 이 라인을 설정한 것은 이 수역을 공해(公海)로 규정했기 때문이다. 한반도와 제주도 사이의 수역을 공해로 인식하는 일본 정부의 입장은 이후에도 고수됐고, 평화선 문제와 더불어 1960년대 한일 어업회담의 핵심 쟁점으로 부각된다.

의 평화선 자체를 인정하지는 않았지만 그렇다고 한일 양국이 무력 충돌을 벌이는 것도 용납하지 않았다. 결국 일본이 선택할 수 있는 길은 어떻게든 한국과 관련 협정을 맺어 평화선을 무력화함과 동시에 한국 측 어로수역을 대폭 축소시키는 것이었다. 따라서 한일 국교정상화 협상에서의 어업 문제는 한국이 평화선을 통해 고집스럽게 지키고자 했던 이익을 어떤 방식으로 보전할 것인가에 모아질 수밖에 없었다.

청구권 자금과 맞물리게 된 어업 권익

한일 간의 어업 문제가 크게 움직이기 시작한 것은 아무래도 박정희 정권 때부터였다. 5·16 군사쿠데타로 집권한 박정희는 무엇보다 일본 측으로부터 청구권 자금을 받아내 경제개발에 나서고자 했다. 그 출발점이 바로 1962년 11월 '김종필-오히라 합의'다. 하지만 이 합의가 이행되기 위해선 평화선 문제를 짚고 나가지 않을 수 없었다. 일본 정부

박정희 국가재건최고회의 의장이 1962년 10월 17일 김종필 당시 중앙정보부장에게 보낸 긴급 훈령.
출처: 「김종필 특사 일본방문」(1962. 10.~11.), 한국 외교문서, 등록번호 796, 31쪽, 40쪽.

가 청구권과 평화선을 상쇄하는 것을 청구권 문제 합의 이행의 전제조 건으로 내세웠기 때문이다.

박정희는 청구권 자금을 받아내기 위해서는 평화선 문제에 대한 '후 퇴'가 불가피하다고 보았다. '김종필-오히라 합의'가 성사되기 직전 박 정희는 "청구권 문제에서 일본 측이 성의를 표시하면 평화선 문제에서 융통성 있는 태도로 임할 것"이라는 메시지를 오히라 마사요시大平正芳 일본 외상에게 전하라고 김종필에게 긴급히 훈령을 보냈다.[7]

실제 김종필은 1962년 11월 10일 일본에서 열린 기자회견에서 다 음과 같이 말했다.

"평화선은 어업보다 국방선으로 생각하고 있다. 일본에 대한 선이 아니 므로 일본이 신경을 쓸 필요가 없다. 외화 획득 방법과 어업이 큰 관계 가 있는 것이다. 어업 문제는 청구권에 따라 융통성이 있을 수 있다. 일 본이 청구권에 관해 선을 제시하여 수락하면 급진전하게 될 것이다. 한 국을 강하게 만들기 위해 일본이 1~2억 정도 더 낸다 하더라도 이것은 결국 일본의 이익이 될 것이다."[8]

이승만 정권 이래 거의 일관되게 유지해온 '평화선 고수' 원칙이 청 구권 자금 규모에 따라 파기될 수도 있다고 강력하게 시사한 것이다.

하지만 박정희 정권도 일거에 평화선을 철폐하겠다고 공언하는 정

---

7) 「김종필 특사 일본 방문」(1962. 10.~11.), 한국 외교문서, 등록번호 796, 31~40쪽.
8) 같은 자료, 192~194쪽.

치적 결단은 쉽게 내리지 못했다. 무엇보다 당시 한국인 대부분이 평화선을 영해선으로 간주했고, 평화선 포기를 국토를 팔아먹는 행위로 인식했기 때문이다. 일부 한국인들은 평화선을 잃으면 다시 일본의 식민지가 될 것이라고 우려할 정도였다.

물론 평화선은 주권이 미치는 '영해'가 아니었다. 평화선에 대한 국제사회의 비난이 거세지자 1954년 이승만 정부는 '해양주권선언'이 공해상의 자유항해권을 방해하지 않는다고 밝혔다.[9] 평화선이 '영해'가 아니라고 선을 그은 셈이다. 그럼에도 일본과의 잇단 어업 분쟁을 겪으면서 한국인들은 평화선을 우리 어민의 생명과 국가 존립을 지켜주는 주권선으로 점점 인식하게 됐다. 청구권 자금을 얻기 위해 평화선을 협상 카드로 이용하려던 박정희 정권도 이 같은 '주권'의 무게를 의식하지 않을 수 없었다.[10]

따라서 박정희 정권은 상당 기간 대일 협상에서는 물론이고 공식적으로도 '평화선 고수'라는 기존 입장을 표방하지 않을 수 없었다. 하지만 다른 한편으로 박정희 정권은 내부적으로는 평화선의 대폭적인 축소를 전제로 전관수역을 12해리까지 후퇴시키는 가능성을 모색했다.[11] 그때까지의 한일 어업협상에서 한국 정부가 목표로 삼은 전관수역 범위는 40해리였다.

이 같은 한국 측의 동요를 읽은 것일까. 일본은 1962년 12월 협상

---

9) 외무부 정무국, 『평화선의 이론』, 서울: 1954년, 4~5쪽.
10) 오제연, 「평화선과 한일협정」, 『역사문제연구』 제14호, 2005년 6월, 37쪽.
11) 「제6차 한일회담, 어업 및 평화선 위원회 회의록 및 기본정책」(1961~1962. 3.), 한국 외교문서, 등록번호 729, 234~235쪽.

에서 기존의 공해 자유의 원칙에서 물러나 전격적으로 전관수역 12해리 안을 제안해왔다. 이때 일본이 내놓은 안은 12해리 범위 안에 내측 6해리를 전관수역으로, 외측 6해리를 공동 조업수역을 설정하는 방안이어서 사실상 6해리 전관수역을 의미했기 때문에 한국 측이 이를 그대로 수용할 수는 없었지만, 이후의 협상에서 '12해리'라는 숫자는 일종의 가이드라인이 된다.

평화선 철폐와 전관수역 12해리

일본 현지에서 일본 측과 줄다리기를 하는 협상단에겐 전관수역 40해리 안을 고수하라는 훈령을 지속적으로 하달했지만, 박정희 정권은 1962년 11월 '김종필-오히라 합의'로 청구권 문제의 윤곽이 그려지자 전관수역 12해리 안으로 급속히 기울어지게 된다. 1963년 1월에 제출된 '한일 간 어업 및 평화선 문제 타결을 위한 신방안'은 구체적으로 12해리 안을 기초로 40해리 안을 목표로 할 것을 강조했다.[12] 1963년 5월 22일 열린 대책회의에서 박정희는 외무부장관과 농림부장관의 동의하에 전관수역 12해리 안을 중심으로 한 공동 규제조치 방안을 검토할 것을 지시하기에 이른다.[13]

한국이 전관수역 12해리 안으로 후퇴한 데는 아무래도 일본 측이

---

12) '신방안'은 1안에서 3안까지 제시되었다. 1안과 2안은 전관수역 40해리 안을, 3안은 12해리 안을 기초로 했다. 실제 협상에서는 2안과 3안을 중심에 놓고 40해리 내 자제수역과 규제수역을 협상 과정에서 고수할 것을 강조했다. 「제6차 한일회담 제2차 정치회담 예비절충: 어업관계회의」(1962. 6.~1964. 3., 전5권)(V.2 1963. 2. ~ 5.), 한국 외교문서, 등록번호 742, 5~11쪽.
13) 같은 자료, 321쪽.

어업협정과 전관수역 및 배타적 어업수역. 출처: 한국일보.

사실상 그 '대가'로 제공할 어업차관의 규모와도 관련이 있었다. 당초 박정희 정권은 일본 측에 최대 1억 7,000만 달러에 달하는 어업협력 자금을 정부차관 형식으로 요구했다. 하지만 일본은 민간차관 형식으로 최대 3,000만 달러를 고집했다.[14] 더욱이 일본 측은 어업협력자금 제공을 계기로 평화선의 명백한 철폐를 요구했다. 박정희 정권은 어떻게든 어업협력자금을 많이 확보해 '김종필-오히라 합의'를 통해 일단 그림이 정해진 유입 자금의 숫자를 부풀리기를 원했다.

　1963년 7월 26일 김용식 외무부장관과 오히라 외상의 회담을 전후해 박정희 정권 내에서 전관수역 12해리 안에 대한 입장은 더욱 확고해졌다.[15] 그해 8~9월에 열린 어업회담 관련 대책회의에서는 한일회담의 진전을 위해 전관수역 12해리 안을 받아들이는 것이 불가피하다는 점이 확인됐다. 전관수역 범위에 대한 대일정책 및 국내 대책은 12

---

14) 같은 자료, 52쪽.

15) 당시 한국은 12해리 안을 회담 방침으로 삼았으나 실제로 외무장관 회담에서 12해리 안을 일본에 공식적으로 표명하지는 않았다. 「제6차 한일회담, 제2차 정치회담(김용식-오히라 외상회담)」 (도쿄, 1963. 7. 25.~31.), 한국 외교문서, 등록번호 748, 21~22쪽, 58쪽.

해리 안을 전제로 수립되고 논의됐다.[16] 이후 한국 측은 어업규제 문제, 어업차관의 규모 등 복잡한 현안을 둘러싸고 일본 측과 집요하게 줄다리기를 전개했지만 그것은 어디까지나 평화선이 더 이상 배타적 전관수역이 아니라는 전제하에서 이뤄진 것이었다.[17]

박정희 '대통령 만들기'와 어업 문제

한국 측의 40해리 전관수역 주장이 12해리로 축소되는 과정에는 민정 이양과 1963년 10월 15일 대통령 선거를 앞두고 있던 박정희 군사정권의 정치적 고려가 반영됐다. 당시 대통령 선거의 주요 출마자는 박정희와 윤보선이었다. 박정희 정권은 일찌감치 40해리 전관수역에서 후퇴해 일본 측 안을 수용할 방침이었지만 대통령 선거를 앞두고 여론 악화를 우려했다.

정부 내에서도 전관수역 12해리 방안에 대한 반대 의견이 만만치 않았다. 주무 부서인 농림부는 "40해리 선을 갖고 어민들의 감정을 눌러왔다. 조업구역이 확보돼야 불만이 없어진다. 평화선은 반드시 고수해야 한다"고 목소리를 높였고, 국방부는 "공산주의의 간접 침략을 분쇄하는 게 5·16 혁명의 목적 가운데 하나다. 현재의 해상 경비 능력으로는 평화선이 파기되면 국방상 지대한 악영향을 받는다"고 주장했

---

16) 「제6차 한일회담(1961. 10. 20.~1964. 4.) 한일회담에 관한 대책회의: 어업문제를 중심으로」 (1963. 5.~9.), 한국 외교문서, 등록번호 731, 13~19쪽.

17) 1963년 10월 이후의 한일 어업 협상의 경위에 대해서는 김민석, 「박정희 정권의 한일어업회담」, 『한국근현대사연구』 제53호, 2010년 6월, 217~220쪽; 조윤수, 「1965년 한일어업협상의 정치과정」, 『영토해양연구』 제6호, 2013년 12월, 138~161쪽 등을 참조할 것.

다.[18] 하지만 박정희의 의중을 반영한 외무부와 중앙정보부는 12해리 방안을 기정사실화하고 일방적인 '밀어붙이기'와 '입단속'에 나섰다.

이동원 외무부장관은 1963년 8월 6일 열린 2차 대책회의에서 "한일 국교정상화는 한국의 경제 사정상 꼭 필요하다. 만일 12해리 이상으로 전관수역을 확대하면 국제 여론을 악화시키고 미국의 환영을 받지 못한다"고 못을 박았다. 당시 외무부가 작성한 「신방안(전관수역 12해리)이 국내외에 미칠 영향」이란 보고서는 "선거를 앞두고 이런 중대 문제를 처리하게 되면 야당 측의 공세에 직면해 선거에서 불리해지는 만큼 신방안의 제출 시기는 대선 이후가 좋다"고 말했다.[19] 이 회의에 동석한 국가재건최고회의 관계자는 "국민을 납득시키기 위해 전관수역이란 말을 쓰지 말고 12해리 전관수역을 A 지역, 외측 규제수역을 B 지역으로 할 수도 있다"고 제안하기도 했다.[20] 여론을 호도하면서까지 전관수역 12해리 안을 수용하려 했음을 여실히 보여주는 대목이다. 결국 농림부는 8월 31일 대책회의에서 "12해리 선과 평화선 사이에서 일본의 어로작업을 인정한다"는 최종안을 내놓으며 '백기'를 들었다.

대통령 선거가 임박해오자 이를 의식한 발언이 더욱 기승을 부렸다. 그해 8월 27일 5차 대책회의에서 공보부 문화선전국장은 "국민이 납

---

18) 가령, "평화선의 군사적 정의에 대한 국방부 견해"(1963년 7월 12일), "농림부가 제시한 안", 「제6차 한일회담(1961. 10. 20.~1964. 4.) 한일회담에 관한 대책회의: 어업문제를 중심으로」(1963. 5.~9.), 한국 외교문서, 등록번호 731, 7~12쪽, 20~39쪽.

19) 같은 자료, 121~123쪽.

20) 같은 자료, 16쪽. '전관수역'이라는 말 자체에 대한 국민적 거부감이 컸기 때문에 박정희 정권은 이 용어 대신에 '어족보호선' 혹은 '연안어업 보호선'이라는 명칭을 일본 측에 제의하기도 했다. 가령 「속개, 제6차 한일회담: 농상회담(어업관계)」(도쿄, 1964. 3. 10.~4. 6.)(V.1 사전교섭 및 회의보고), 등록번호 759, 22쪽.

득할 만한 안이 없는 한 대선이 끝날 때까지 그대로 묻어두고 끌고 갈 생각"이라고 말했다.[21] 8월 31일 7차 대책회의에서 중앙정보부는 "이 것을(전관수역을 12해리로 한다는 것을) 비밀로 할 때 어느 정도까지 비밀로 지켜내느냐가 문제다. 야당 측의 공격 자료가 돼선 안 된다"고 강조했다.[22] 이어 9월 11일 9차 대책회의에서도 "문제는 정권이냐 한일 문제냐의 양자택일이다"(중앙정보부), "정권을 먼저 잡아야 한다. 정권을 잡아놓으면 문제는 해결된다"(국가재건최고회의) 같은 발언이 잇달아 나왔다. 이는 어업 문제가 치밀한 대선 플랜 속에서 진행됐음을 말해준다.

평화선 문제에 대한 이른바 대국민 '계도'활동도 본격화했다. 중앙정보부를 중심으로 '12해리 방안' 수용을 위한 여론조작이 시도된 것이다. 가령 1963년 5월 10일 공보부가 작성한 문건 「평화선에 관한 공보 방안 건의」는 "국내 여론이 어업 평화선 문제에 동조적이지 않다"고 지적하면서 "유력 일간지(동아, 한국, 조선) 기자를 평화선 해역과 남해안 어촌에 보내 '평화선의 완벽한 수호는 원래 불가능하다', '경제적 관점에서 평화선의 존치가 반드시 유리하지만은 않다', '농어촌 발전의 전제조건은 평화선 수호가 아니라 농어촌 근대화다' 등의 결론을 내리는 기사를 수차례에 쓰게 해야 한다"고 말했다.[23] 외교부는 "양당 측이 평화선 양보, 성급한 타결로 인한 피해 등을 내세워 총공세를 전개해 선거전에서 우세를 확보하려 할 것"이라면서 이를 막기 위해서는

---

21) 「제6차 한일회담(1961. 10. 20.~1964. 4.) 한일회담에 관한 대책회의: 어업문제를 중심으로」 (1963. 5.~9.), 한국 외교문서, 등록번호 731, 70쪽.
22) 같은 자료, 80쪽.
23) "평화선에 관한 공보 방안 건의"(1963년 5월 10일), 같은 자료, 5쪽.

국내 언론은 물론이고 일본 언론계 및 외신의 논조에 대해서도 "보도 통제를 위한 공작"을 강화할 것을 강조했다.[24]

'이승만 라인', '박정희 라인', '마오쩌둥 라인'

결국 한일 양측이 1965년 최종적으로 합의한 것은 다음과 같다. 첫째, 12해리의 어업 전관수역을 설정하고, 한국의 전관수역에만 그 외측에 공동 규제수역을 설정한다. 둘째, 공동 규제수역 내에서의 어업에 관한 단속 및 재판 관할권은 어선이 속하는 체약국만이 행사하는 '기국주의'旗國主義를 채택한다. 이렇게 평화선 대신에 12해리의 전관수역과 어업 규제수역이 자리하게 됐다. '이승만 라인'이 '박정희 라인'으로 대체된 셈이다. 이를 두고 당시 한국에서는 평화선를 팔아먹었다는 비난과 더불어 일본 어선의 남획을 막을 '단속' 조항이 훼손됐다는 점이 크게 부각되어 협정 반대운동이 격렬히 전개됐다.

일각에서는 당시 국제법상으로는 영해가 3해리에 불과했다는 점 등을 들어 일본으로부터 12해리에 달하는 전관수역을 인정받은 것을 긍정적으로 평가하기도 한다.[25] 사실 일본은 공식적으로 1977년에야 영해 12해리를 받아들였기 때문에 이에 앞서 한국에만 이를 인정해준 것은 일종의 '특혜'라고 볼 수도 있다. 다만, 평화선이 실질적으로 폐기된 점에 대해 평가하려면 한국과 마찬가지로 일본과 연안 어장을 공유하는 중국과 러시아(소련)가 일본과 맺은 어업협정을 참고할 필요가

---

24) 같은 자료, 121~125쪽.
25) 가령, 조윤수, 「한일어업협정과 해양경계 획정 50년」, 『일본비평』 제12호, 2015년 12월.

있을 것 같다.

중국은 1950년 12월 중국 연안으로부터 30~50해리에 이르는 범위에 모든 내외국 어선의 기선機船저인망어업26)을 금지하는 이른바 '마오쩌둥毛澤東 라인'을 선포했다. 일본 어선들이 마오쩌둥 라인을 침범하자 중국은 나포에 나서는 등 강경하게 대응했다. 결국 일본은 일부 수역에서 안전 조업을 보장받는 것을 조건으로 마오쩌둥 라인에 동의할 수밖에 없었다. 이후에도 중국은 끊임없이 전관수역의 확대를 꾀해 수역에 따라 150해리까지 확장했지만 일본은 속수무책이었다. 다른 한편으로 소련은 1956년 3월 북대서양 서북부의 어류자원을 보호한다는 명목으로 이른바 '불가닌 라인'Bulganin Line27)을 일방적으로 선포했다. 사실상 일본 어선의 남획을 막기 위한 것이었다는 점에서 한국의 평화선과 유사했다. 다만, 불가닌 라인이 실제로 기능하기 전에 일본은 소련과 일본 측 어획량을 매년 총 6,000톤으로 제한하되 매년 그 규모를 정하도록 하는 어업협정을 체결했다.

1965년 한일 어업협정은 일본과 중국·소련이 맺은 어업협정과 다음과 같은 차이가 있었다. 첫째, 한국의 경우에는 교섭 대상 수역에서 허용 어획량이 일본과 평등해졌으나(즉, 한국 연안 전관수역 12해리 외측 규제수역 내의 한일 양국의 어획량은 똑같이 16만 5,000톤이었다), 중국과 소련의 경우 어획 제한을 받는 대상이 일본뿐이었다. 둘째, 소련의 경우 매년 규제 어획량을 일본과 협의에 따라 조정할 수 있었다. 반면, 한

---

26) 어군 탐지기로 어군을 발견하고, 발견한 어군만을 둘러쳐서 어획하는 어업.

27) 불가닌은 당시 소련 총리였던 니콜라이 불가닌(Nikolay Aleksandrovich Bulganin)을 말한다.

일 어업협정의 경우 1965년에 규정된 어획량이 이후 어업협정이 파기될 때까지 유효했다. 셋째, 중국과 소련의 경우 일본이 먼저 나서서 교섭에 임했다.[28] 중국과 소련이 강경 대응으로 일관하자 여기에 일본이 타협에 나선 것이다. 결국 1965년 한일 어업협정의 결과 평화선만이 일방적인 최후를 맞은 반면, 마오쩌둥 라인과 불가닌 라인은 일본과의 협정 체결 이후에도 적어도 정치적으로는 그 효력을 유지하게 됐다.

"진한 핑크색을 칠해주세요"

어업협정의 일환으로 한국은 일본으로부터 10년에 걸쳐 9,000만 달러(영세어민용 4,000만 달러는 정부차관 형식으로 이자는 5퍼센트, 그 외 5,000만 달러는 민간차관 형식으로 이자는 5.75퍼센트)의 어업협력자금을 받았다. 한국은 또한 이와는 별도로 선박건조자금 3,000만 달러의 차관도 확보했다. 이렇게 투입된 자금은 어선 개량 및 건조, 육상시설 건설 및 기타 장비 구입, 사업착수금 지급 등에 쓰였다. 선령 5년 미만인 일본의 중고 어선도 값싸게 수입할 수 있었다. 그 결과 소형 무동력선이 90퍼센트나 됐던 한국의 어업은 급속히 대형화 및 현대화를 이뤄냈다. 이렇게 결과에만 주목한다면 성공한 어업 협상이었다. 하지만 어업협력 문제는 좀 더 복잡한 성격을 띠었다.

어업 문제는 당시 한일회담에서 한국이 일본을 압박할 수 있었던 사실상 거의 유일한 수단이었다. 한국은 비록 국제적으로 인정받지 못했지만 평화선이라는 오랫동안 정치적·실체적으로 선점해온 수단을 회

---

28) 김민석, 「박정희 정권의 한일어업회담」, 『한국근현대사연구』 제53호, 2010년 6월, 230~231쪽.

담 전반에 걸쳐 최대한 살려 나갈 필요가 있었다. 하지만 어업 문제는 청구권을 비롯한 기본관계 등 논란이 되었던 다른 사안을 유리하게 이끄는 '마중물'이 되지 못했다. 일본은 박정희 정권이 그토록 희망했던 청구권 문제에 대한 대략의 합의를 해준 이후 어업회담을 통해 평화선의 철폐 없이는 모든 것이 무효로 될 수밖에 없다고 으름장을 놓았다. 일본은 한발 더 나가 제주도 주변의 기선基線29) 문제 등에 협력하지 않을 경우 어업협력자금 논의가 불가하다고 몰아붙였다.30) 어업회담을 통해 한일회담 전반을 주도하기는커녕 대일 자금 확보에 목을 맨 나머지 박정희 정권은 일본의 공세에 휘말리고 말았다. 특히 어업회담은 국내정치와 맞물려 있어 박정희 정권은 안팎의 눈치를 보는 상황이 됐다.

박정희 정권의 관심은 평화선을 희생시키는 대가로 어떻게든 일본으로부터 많은 차관을 확보해, 이로써 '청구권'이라는 명목의 전체 자금 액수를 부풀리는 데 있었다. 당초 1962년 11월 김종필-오히라 합의에서 우리가 청구권으로 받기로 한 금액은 '무상 3억 달러, 유상 2억 달러, 민간신용 1억 달러 이상'이었다. 이 가운데 박정희 장권은 '민간신용 1억 달러 이상'을 더욱 늘려 전체적인 자금 규모를 최대한 늘리는 데 주력했고, 선박건조자금의 경우 그 일환으로 활용됐다. "프로젝트 별로 판단하겠다"는 사토 에이사쿠佐藤榮作 일본 총리에 대해 이동원

---

29) 영해의 바깥쪽 한계를 측정하기 위해 기초가 되는 선. 기선은 접속수역, 배타적 경제수역 및 대륙붕의 한계를 측정하기 위해서도 필요하다.

30) 일본 측은 또 나포 일본 어선의 피해에 대한 보상금으로 4,000만~2,000만 달러를 요구하며 한국 측에 '양보'를 요구했다. 가령 「高杉·金日韓会談主席代表第9回会合」(1965. 3. 17.), 일본 외교문서, 문서번호 1429, 4쪽; 「이동원 외무부장관 일본 방문」(1965), 한국 외교문서, 등록번호 1486, 89쪽.

당시 외무부장관이 "어떻게든 숫자를 키워달라"³¹⁾고 끝까지 매달린 것도 바로 이 때문이다. 한국은 결국 '민간신용 1억 달러 이상'을 '3억 달러 이상'으로 '뻥튀기'하는 데 성공한다.

김동조 주일대사: 말하자면 핑크색을 칠해달라는 것이다. 어업협력자금과 선박자금에 대해서는 그것보다 더 진한 핑크색을 칠해달라.³²⁾

이동원 외무부장관: 오히라-김종필 합의는 한국 내에서 인기가 없다. 뒤에 뭔가 있다는 의혹마저 제기되고 있다. 한국 정부는, 오히라-김종필 합의는 깨끗한 처녀이지 창녀가 아니라고 설명하고 있지만, 지금 와서 선박자금이 여기에 포함됐다고 하면, 창녀는커녕 성병까지 갖고 있는 것이 되어 국민감정을 자극한다.³³⁾

이렇게 한국 측은 선박건조자금 등을 어떻게든 일본으로부터 도입되는 '청구권' 자금과는 별도의 명목으로 책정하려 했다. 일본으로부터 추가적으로 더 많은 '양보'를 얻어냈다고 국민들에게 선전하려 한 것이다. 하지만 일본이 이를 수용할 리가 없었다. 결국 선박차관 3,000만 달러는 '선박 수출을 위해'라는 꼬리표를 붙인 채 '민간신용 3억 달러 이상'에 포함되었다.

---

31) 「佐藤総理・李東元長官会談録」(1965. 3. 11.), 일본 외교문서, 문서번호 735; 「椎名大臣・李長官会談録」(1965. 3. 11.), 일본 외교문서, 문서번호 728, 3~4쪽.
32) 「日韓外相会談第7回会合記録」(1965. 3. 29.), 일본 외교문서, 문서번호 733, 3~4쪽.
33) 「日韓外相会談第1回会合記録」(1965. 3. 24.), 일본 외교문서, 문서번호 729, 8쪽.

'진한 핑크색'이 낳은 역설

1965년 한일 어업협정의 특징 중 하나는 한국의 전관수역 12해리 외연에만 공동 규제수역이 설정됐다는 것이다. 이는 당시 한국에는 일본 연근해까지 진출할 수 있는 동력선이 적어 별도로 규제수역을 설정할 필요가 없다고 일본 측이 판단했기 때문이다. 하지만 일본의 어업차관 등을 토대로 한국의 어업 능력이 크게 성장하자 상황이 반전됐다.

평화선을 없애면 한국 어업이 일본 어업에 종속될 것이라는 어민들의 당초 우려와는 달리, 한국 어업은 오히려 일본의 연근해 어업을 크게 위협할 정도로 급성장했다. 반면, 세계 제일의 수산 선진국인 일본은 1970년 중반 이후 어부 숫자가 급격히 감소하는 등 어업이 사양산업화했다. 마침내 1977년 이후 동해 최대의 황금어장으로 통하는 대화퇴大和堆와 홋카이도 해역에서 한국 어선이 일본 어선보다 더 많이 조업하는, 어업 능력의 역전이 이뤄졌다. 당연히 한일 간에 어업 마찰이 빈발했다. 여기에 1980년대 이후에는 중국 어선마저 가세하면서 일본 주변 수역의 일부 어장은 어장과 어구가 파괴되는 등 황폐화되기에 이르렀다.

과거 한국 연안에서 일본 어민 간의 과다 경쟁으로 어장이 말라붙은 것과 같은 상황이 일본 주변 수역에서 발생한 것이다. 이런 상황은 일본이 어업협정에서 자국 어선을 보호하기 위해 끝까지 고집했던 '기국주의'가 오히려 일본에 단속권을 빼앗는 족쇄가 됐음을 의미했다. 격세지감이라 하지 않을 수 없는 대목이다. 과거 평화선 철폐를 요구하며 공해 자유의 원칙을 주장했던 일본이 1980년대 초반부터 어업협정의 개정을 집요하게 요구한 것도 이 때문이다. 하지만 한국은 절대적으로 유리해진 협정을 굳이 바꿀 이유가 없었다.

국제 해양레짐의 재편과 한일 신어업협정

이런 일본에 반전의 기회가 찾아온 것은 1994년 11월이다. 영해 12해리, 경제수역 200해리를 골자로 하는 유엔해양법협약이 발효된 것이다. 종래의 해양법은 공해 자유의 원칙에 따라 해양을 자유롭게 이용하는 것인 반면, 새로운 해양법은 바다를 나눠 각각의 연안 국가가 해양자원을 보존하고 이용하게 하는 것이다. 바다의 관할권이 12해리에서 200해리까지 확대된 만큼, 거리가 400해리가 채 되지 않은 한일 간에는 별도로 바다 경계선을 정해야 했다. 한국과 일본은 1996년 잇달아 이 협약에 비준했다. 종래의 어업협정 또한 배타적 경제수역 체제를 근간으로 재편될 수밖에 없었다.

일본은 근해의 작은 섬들을 직선으로 연결해 영해기선을 새롭게 설정하고, 1997년 1월 1일을 기해 시행에 들어갔다. 그리고 국내 어업단체와 정치권의 압력을 명목으로 타결 시한까지 제시하며 한국에 어업협정 개정을 거세게 요구했다. 이에 대해 한국은 기존 어업협정을 통해 누려온 이익을 유지하고 특히 독도 영유권에는 어떤 영향도 주지 않으면서 일본 측의 공세에 대응해야 하는 숙제를 안게 됐다.

신新어업협정은 1996년 3월 방콕에서 열린 김영삼 대통령과 하시모토 류타로橋本龍太郎 일본 총리 간의 회담에서 영유권 문제와는 별도로 EEZ 경계 획정과 어업교섭을 진행키로 합의함으로써 진전을 보이는 듯했다. 하지만 실제 교섭이 진행되자 역시 독도에 대한 의견차가 부각되면서 난항을 거듭했다. 교섭이 지지부진하자 일본은 한국 어업의 일본 어장 의존도가 높다는 점을 이용해 국내법을 개정해 한국 어선에 대한 단속과 나포를 대폭 강화했다.

이런 가운데 1997년 3월 일본은 제4차 어업실무자회담에서 EEZ 경계 획정이 이뤄지기 전까지는 어업 문제만을 잠정적으로 해결하자고 제안했다.[34] 한국은 처음에는 반대했으나 EEZ 경계 획정을 명분으로 어업협정 체결마저 미룰 경우 어민 피해가 확대될 것으로 우려, 1997년 8월 울릉도와 오키隱岐 군도[35]의 중간선을 경계선으로 하는 방안을 제시했다. 그러나 일본 측 수석대표인 야부나카 미토지藪中三十二 외무성 아시아대양주 국장은 울릉도와 오키 섬의 중간선을 어업 경계선으로 할 경우 독도가 한국 측 수역에 포함되므로 수용할 수 없다고 맞섰다.

이렇게 양측이 독도를 둘러싼 원칙론에서 벗어나지 못하고 있을 때 1965년 어업협정상의 '공동 규제수역 선'을 이용하자는 일본 측 제안과 함께, 독도는 12해리의 영해만 갖고 양국 모두 EEZ를 주장하지 않으면서 그 주변 수역을 중간수역(일본명 잠정수역)으로 설정하는 안이 급부상했다.[36] 이 과정에서 일본 정부는 대화퇴大和堆 어장[37]의 50퍼센트를 사실상 한국에 내줬다는 일본 국민들의 비판에 직면, 일방적으로

---

34) 외무부 아시아·태평양국, 「한일어업협정 개정 교섭일지」, 1998년 1월, 3쪽.

35) 일본 시마네 현 북쪽 약 50킬로미터의 동해상에 있는 제도(諸島).

36) 1997년 10월 22일 일본 측은 독도 주변 수역을 제외하고 신어업협정을 타결하자는 의견을 한국 측에 보내왔다. 『동아일보』, 1997년 10월 22일.

37) 독도 인근 해역에 위치한 어류 서식지. 동해안의 평균 수심은 1,400미터로 깊지만, 대화퇴 어장은 평균 수심이 500~300미터로 얕다. 면적은 106만 제곱킬로미터 정도며, 남하하는 리만(Rieman) 한류와 북상하는 쿠로시오(Kuroshio) 난류가 만나 퇴적물이 쌓이고 영양염류와 식물플랑크톤이 증식된다. 오징어, 꽁치, 방어, 연어, 송어, 돌돔, 뱅에돔, 개볼락, 전복, 소라, 해삼, 문어, 방어 등 수산자원이 풍부한 어장이다.

2005년 일본의 배타적 경제수역(EEZ)에서 불법 조업을 했다는 혐의로 동해상에서 39시간이나 오도 가도 못했던 통영선적 장어잡이 통발어선 신풍호가 우여곡절 끝에 가까스로 귀환하고 있다. 이에 앞서 일본 순시정과 우리 해경 경비정은 울산 울주군 간절곶 동방 16마일(약 28.8킬로미터) 지점에서 신풍호를 각각 밧줄로 묶은 채 한 치의 양보도 없는 대치 국면을 전개했다. 한일 간의 어업 경쟁은 1998년 EEZ 체제를 근간으로 한 신어업협정이 체결된 이후 더욱 치열해졌다. 출처: 한국일보.

1965년 어업협정의 파기를 선언하는 강수를 두기도 했다.[38] 결국 양국이 독도를 불문에 부치고 중간수역을 설정하는 방향으로 합의하면서 1998년 11월 새로운 어업협정이 탄생했다.[39]

---

[38] 일본 측은 일방적인 1965년 어업협정 파기 선언으로 종료 통고일로부터 1년 후인 1999년 1월 23일까지 새로운 어업협정이 타결되지 않을 경우 무(無)협정 상태에 직면하게 됐다. 무협정 상태가 되면 일본 연근해에서 한국 어선이 조업을 할 수 없게 되어 막대한 피해가 예상됐다. 일본 측은 이 점을 이용해 한국 측의 양보를 얻어내고자 했던 것으로 관측된다. 백진현, 「脫冷戰·民主化 시대의 外交協商의 분석과 평가: 한일어업협정 체결협상을 중심으로」, 『분쟁해결연구』 제2권 2호, 2004년, 61~62쪽; 김태기, 「新 韓日漁業協定을 둘러싼 兩國 외교의 虛와 實」, 『한일민족문제연구』 제9호, 2005년 12월, 239쪽.

[39] 협상 타결 경위에 대해서는 위에서 인용한 김태기의 논문이 자세하다.

독도와 한일 해양 경계

신어업협정 체결 이후 한국 내에서는 이를 두고 '실패한 교섭'이라는 비난이 쏟아졌다. "을사보호조약 이래 가장 굴욕적이고 저자세인 무능 외교"라고 지적한 이도 있었다. 역시 비판의 초점은 중간수역 내에 위치한 독도였다. 독도 주변의 12해리의 영해가 중간수역으로 둘러싸여 있어 신어업협정이 독도 영유권을 훼손했다는 것이다. 즉, 어업권 또한 주권적 영유권에서 연유하므로 독도의 법적 지위에도 영향을 줄 수 있다는 주장이다.[40] 사실 일본의 눈으로 보면 독도 주변 12해리는 '다케시마'의 영해인 12해리가 되는데, 신어업협정 어디에도 일본이 독도를 자국의 영토라고 주장하는 것을 배제하지 않았다. 더욱이 일본이 독도를 자국의 EEZ로 선포했는데도 한국이 EEZ의 기점을 독도로 하지 않고 울릉도로 삼은 것은 한국이 독도 영유권을 포기한 것으로 해석될 수 있다는 지적도 제기됐다.

이에 대해 한국 외교부는 신어업협정은 그야말로 어업에 한정된 협정으로 영유권 문제와는 전혀 무관하다는 입장이다. 1965년 어업협정에서 독도 주변 수역이 공해였음에도 독도의 법적·실효적 지위에는 아무런 변화가 없었던 것처럼 신어업협정에서도 마찬가지라는 말이다. 이와 관련, 헌법재판소는 2001년과 2009년 각각 신어업협정이 EEZ 경계 획정이나 영토 문제에는 영향을 미치지 않는다는 점을 거듭 확인했다. 사실 신어업협정상의 독도 및 중간선은 앞서 체결된 중

---

40) 가령, 이상면, 「신한일 어업협정상 중간수역 문제」, 『국제법학회논총』 제43권 제2호, 1998년 12월 참조.

일 어업협정에서의 센카쿠^{尖閣}(중국명 댜오위다오^{釣魚島}) 및 주변 수역의 예와 유사하게 처리됐다. 만약 당시 일본이 주변 수역의 공동 관리가 센카쿠 열도의 영유권에 영향을 준다고 생각했다면 중국과의 협정은 불가능했을 것이다.

2006년 일본과의 EEZ 경계 획정 교섭을 앞두고 한국 정부는 공식적으로 EEZ의 동쪽 한계선의 기점을 울릉도에서 독도로 변경한다고 발표했다. 이렇게 한일 모두 독도를 기점으로 EEZ를 주장하면서 EEZ 교섭은 2010년 이후 중단된 상태다. EEZ 경계 교섭은 어업협정과는 차원이 다른 문제여서 독도 문제를 피해갈 방법이 없어 보인다. 일본이 독도에 대한 한국의 영유권을 인정하면 문제는 사라지지만 가까운 시일 내에 이러한 가능성은 없다. 해방 70년을 맞았는데도 한일 간 바다의 '분리'는 아직 마무리되지 않은 셈이다.

18

'반환'되지 못한 문화재
청구권 급물살에 생색내기용 장식물로 전락

일본 측: 일본 정부가 자연적으로 발생하는 권리인 사유재산에 대해 이러저런 구속을 가하는 것은 헌법상 불가능하다.

한국 측: 잘 알고 있다.

일본 측: 그렇다면 여기에 적혀 있는 '권장할 것'이라는 문구는 일본 정부에는 '좋을 대로 생각하라'는 의미일 뿐이다. 이 문구에 의해 일본 정부가 어떤 조치를 취할 일은 없을 것이고, 또 취할 수도 없다.

한국 측: 그래도 괜찮다. 한국 측도 '기증되길 희망한다'고 말하고 있으므로 그것을 꼭 받지 않으면 안 된다고 요구하지는 않을 것이다.[1]

한일협정의 조인을 나흘 앞둔 1965년 6월 18일 밤 일본 도쿄 힐튼호텔에서 열린 문화재 반환을 둘러싼 막바지 조문 협상에서 일본 측의

---

1) 「日韓国交正常化交渉の記録　総説十三」, 일본 외교문서, 문서번호 1316, 622~623쪽

마쓰나가 노부오^{松永信雄} 당시 외무성 조약과장은 한국 측의 방희 주일대표부 공사에게 협정문에 적시된 '권장'이 법적·정치적으로 아무런 의미가 없다는 점을 거듭 확인했다. 그 결과 체결된 '대한민국과 일본국 간의 문화재 및 문화협력에 관한 협정에

한일 문화재 협정에 따라 1966년 5월 28일 일본이 '인도'한 한국 문화재를 한국 측 관계자들이 살펴보고 있다. 출처: 국가기록원.

대한 합의의사록'에서 일본 측은 일본인 개인이 소유 중인 한국 문화재를 자발적으로 한국에 기증하는 것에 대해 "이를 권장할 것"이라고 말했다.

'권장사항'이 된 문화재 '반환' 문제

한일회담의 최대 쟁점 중 하나였던 일본인 개인이 소장한 우리나라 문화재의 반환 문제는 이렇게 아무런 구속력이 없는 '권장사항'이 됐다. 더욱이 이 문제는 '문화협력'이라는 지극히 추상적인 명목에 압도되어 외교 쟁점에서 완전히 배제되었다. 실제 한일협정 체결 이후 일본 정부가 자국 국민에게 문화재의 한국 반환을 '권장'한 일은 전혀 없다. 한국 정부 역시 일본인 개인이 소장한 한국 문화재를 자발적으로 '기증'하라고 촉구 혹은 요구한 적이 없다. 국외소재문화재재단에 따르면 해외에 소재한 한국 문화재 15만 6,000여 점 가운데 6만 6,000여 점이 일본에 있지만, 이는 어디까지나 공공기관 보유분을 의미하며 일본

인 개인이 갖고 있는 한국 문화재의 경우는 현황 파악조차 불가능한 형편이다.

문화재 문제는 1951년 한일회담이 시작된 이후 한국이 가장 자신 감을 보여온 분야 중 하나였다. 이승만 정부가 1949년 작성한 600쪽 에 이르는『대일배상요구조서』가운데 3분의 1인 190쪽이 고서적, 미 술품 등 문화재 반환 요구 목록이었다. 더욱이 당시 한국 정부가 반환 을 요구한 문화재는 일본 내의 소재지와 소유자 정보까지 매우 상세하 고 정확했다.[2] 1960년대 문화재 문제 관련 한국 측 대표를 역임한 서 지학자 이홍직(당시 고려대 교수)이 "소재지가 분명하므로 다른 어떤 안 건보다도 확실한 이야기가 될 것"이라고 말할 정도였다.[3] 물론 여기서 말하는 한국 문화재도 일본의 민간 소장품이 아니라 일본 정부 등 공 공기관이 보유하고 있던 것을 말한다.

일본 자료를 토대로 작성된 문화재 '반환' 요구 목록

갓 독립한 한국이 그런대로 상세한 '약탈' 문화재 목록을 제시할 수 있었던 것은 해방 직후 활동을 재개한 진단학회가 일본에 소재한 우 리 문화재의 목록을 대거 확보했기 때문이다.[4] 송석하, 이병기, 김두 현, 이인영 등은 과거 조선총독부나 조선사편수회, 경성제국대학 등에 서 활동한 경력과 인맥을 살려, 일본의 패전으로 한국을 떠난 일본인

---

2) 長澤裕子,「日韓会談と韓国文化財の返還問題再考」, 李鍾元·木宮正史·浅野豊美 編著,『歴史とし ての日韓国交正常化Ⅱ: 脱植民地化編』, 東京: 法政大学出版局, 2011年, 206쪽.

3) 李弘稙,「韓日會談과 文化財返還問題: 그 經緯의 眞相과 日側의 野心」,『新世界』, 1963年, 202쪽.

4) 같은 논문, 211쪽.

조선사 연구자들로부터 관련 자료를 입수했다. 가령『대일배상요구조서』의 고서적 반환 요구에 관한 설명을 보면 일본 서지학의 연구 성과를 거의 그대로 수용하고 있다.[5] 일본의 서지학 연구자 스에마쓰 야스카즈末松保和는 1945년 일본에 귀국하는 과정에서 사학자 이상백을 통해 조선의 서적을 '진단학회'에 대거 기증했는데, 이것이 현재 서울대 규장각에 희귀 도서로 보관돼 있다.[6] 역설적이지만 과거 친일 및 식민사관 형성에 직간접적으로 관여한 인사들이 해방 이후 '반일'의 물결 속에서 우리 문화재 지키기에 어떻게든 기여한 셈이다.

한국 측은 이렇게 확보한 막대한 분량의 일본 소재 문화재 목록을 1953년 제2차 한일회담에서 일본 측에 처음으로 내놓았다. 여기에는 임진왜란 때 일본으로 유출된 것으로 알려진 도쿠가와德川 집안의 '호사蓬佐문고'에 소장된 조선 서적 142종도 포함되어 있었다.[7] 한국 측은 "고서적, 미술품, 골동품 등은 한국의 국보인 만큼 법적으로 따지기보다는 정치적인 견지에서 반환하라"면서 "특히 이승만 대통령이 고서적에 애착을 갖고 있다"고 일본 측을 강하게 압박했다.

이에 대해 일본 측도 '약간의 성의'를 보임으로써 재산 청구권 문제

---

5) 『대일배상요구조서』는 가령 가와세 가즈마(川瀬 一馬), 기미야 야스히코(木宮泰彦), 도쿠토미 이이치로(德富猪一郎) 등 일본의 유명 서지학자들의 연구 성과를 거의 전적으로 인용하고 있다.

6) 「彙報」, 진단학회, 『진단학보』 제16호, 1949년, 177쪽(서울대 중앙도서관 고문헌자료실 소장); 末松保和, 『朝鮮史と資料: 末松保和朝鮮史著作集6』, 東京: 吉川弘文館, 1997年, 202~203쪽. 한편, 스에마쓰가 제기한 임나일본부설은 한반도 남부에 고대 일본의 식민지가 존재했다는 주장으로 대표적인 식민사관으로 통한다. 경성제국대학 법문학부 교수를 역임한 그는 조선사편수회에 관여하면서『조선사』등의 편찬에 참여했다.

7) 일본 소재 한국 문화재의 실상에 관한 기초 연구로는 황수영 편, 『일제기 문화재 피해자료』, 서울: 한국미술사학회, 1973년 초판, 2015년 증보; 李弘稙, 「在日韓國文化財備忘錄: 最近半世紀間에 있어서」, 『사학연구』 18호, 1964년 9월, 191~808쪽 등을 참조.

로 팽팽하던 회담 분위기를 완화하고자 했다. 일본의 식민지배가 한반도의 근대화에 기여했다는 이른바 '구보타 망언'의 당사자인 구보타 간이치로久保田貫一郎 일본 측 수석대표조차 1953년 10월 15일 열린 제3차 한일회담 청구권위원회에서 "특히 이승만 대통령이 관심을 가지고 있는 것쯤은 증정의 형식으로 한다면 별도로 고려하겠다"고 말했다.[8] 그러나 일본 외무성이 밝히고 있듯이 일본이 생각한 '약간의 양도'는 약탈 문화재의 '반환'이라는 의무사항이 아니라 어디까지나 "한국의 독립을 축하하기 위한" 선물이었고, '양도'의 범위도 "일본 정부가 보유 중인 것 가운데 선별해 일부만을 증여"하는 것이었다.[9] 그리고 이마저도 '구보타 망언'으로 한일회담 자체가 장기간 중단되면서 없던 일이 됐다.

문화재 문제가 진전을 보인 것은 일본 측이 '구보타 망언'과 한국에 대한 이른바 '역청구권' 주장을 철회함으로써 1958년 재개된 제4차 한일회담 때였다. 이때 일본 측은 과거 조선총독부가 발굴해 도쿄국립박물관에 기증한 삼국시대 고분1기(경남 창녕군 교동 소재) 유물 106점을 한국에 반환했다. 한일 간 최초의 문화재 반환인 셈이다. 이와 관련, 고고학자 황수영은 "창녕군에 소재했던 고분 수백 기가 일제 때 전부 도굴되어 일본인의 수중에 들어가 산일散逸된 상황에서 얻어낸 일괄 유물"이라고 그 가치를 인정하면서도 "106점 전부에 대한 금전적 가치는 일본 도쿄에서 매매되는 고려자기 우량품 1개의 시가인 20만 엔 내지

---

8) 「제3차 한일회담(1953. 10. 6.~21.) 청구권위원회 회의록」(제1~2차, 1953. 10. 9. ~ 15.), 한국 외교문서, 등록번호 97, 23~24쪽.

9) 이동준 편역, 『일한 국교정상화 교섭의 기록』, 서울: 삼인, 2015년, 242쪽을 참조.

30만 엔 정도에 불과하다"고 저평가했다고 한다.[10]

"이토 히로부미처럼 훌륭한 분이 훔쳐오지는 않았을 것이다"

이후 문화재 문제를 둘러싼 한일회담에서는 일본 소재 한국 문화재의 실체에 대한 논의도 있었지만, 결국 '반환'의 법적 해석을 둘러싸고 한 치 양보 없는 줄다리기가 이어졌다. 우선 일본 측은 한국 문화재가 일본에 건너온 것은 정상적인 상행위에 의한 것이 대부분으로 합법적이었다는 입장을 끝까지 고수했다. 이는 식민지배에 대한 일본 측의 기본적인 시각과도 관련되는데, 근대적인 법령이 정비되고 양호한 치안이 유지된 총독부 치하에서 전근대적인 탈취나 약탈 등은 없었다는 것이다. 이와 관련, 이세키 유지로伊關祐二郎 당시 일본 외무성 아시아국장은 "조선통감을 지낸 이토 히로부미伊藤博文나 데라우치 마사타케寺內正毅[11]는 훌륭한 분들이므로 (문화재를) 그냥 훔쳐오지는 않았을 것이며, 기증받았거나 구입했을 것"이라면서 "문화재 문제에 관해서는 국제법적 관례도 없다"고 말했다.[12]

이에 맞서 한국 측은 문화재 유출이 도굴, 탈취에 의한 것이며 상거래라고 하더라도 위압적인 사회 분위기하에서 터무니없는 가격으로

---

10) 박훈, 「한일회담 문화재 '반환'교섭의 전개과정과 쟁점」, 국민대 일본학연구소 편, 『의제로 본 한일회담: 외교문서 공개와 한일회담의 재조명 2』, 서울: 선인, 2010년, 362쪽.

11) 이토 히로부미(1841~1909)는 대한제국 시절 초대 조선통감을, 데라우치 마사타케(1852~1919)는 제3대 조선통감 및 초대 조선총독(일제 육군대신 겸임)을 각각 역임했다. 특히 총독 취임사에서 "조선인은 일본 통치에 복종하든지 죽든지 하나를 택해야 한다"고 말하기도 한 데라우치는 헌병이 경찰 임무까지 맡는 무단통치로 악명이 높았다.

12) "문화재 소위원회 제2차 회의록"(1961년 11월 7일), 「제6차 한일회담 문화재 소위원회」(1962~1964), 한국 외교문서, 등록번호 723, 16쪽.

2006년 7월 도쿄대가 '조선왕조실록'(오대산 사고본) 47권을 서울대에 '기증'하고 있다. 도쿄대가 '기증'이라고 말한 것도 1965년 한일 문화재협정에 기인한다. 한편, 소장 경위에 대해 당시 도쿄대는 "자존심을 걸고 조사했지만 알 수 없었다"고 말했다. 그러나 과거 도쿄대 교수였던 시라토리 구라키치(白鳥庫吉)는 초대 조선총독이었던 데라우치 마사타케에게 요청해 1912년 실록을 도쿄대에 반입했다고 밝힌 바 있다. 출처: 한국일보.

매매됐다고 주장했다. 이홍직은 "문화재 관련 법령이 갖춰지지 않았던 1905년부터 1915년까지 대규모 도굴이 이뤄졌다. 한국에는 무덤을 파헤치는 관습이 없으므로 그 대부분은 일본인이 자행했다"고 목소리를 높였다. 황수영은 고대古代 분묘 매장물, 지상의 석조물, 사찰 전래 문화재 등의 경우 전통적으로 모두 국유물이었으므로 매매 자체가 불가능했다고 지적했다.

'반환'도 '기증'도 아닌 '인도'

한국 측은 불법적으로 유출된 것인 만큼 '반환'이라는 명목으로 문화재를 돌려받아야 한다는 입장을 견지했다. 반면, 일본 측은 불법적으로 유출된 것이 아닌 데다 적어도 불법성을 입증할 수도 없으므로 반환이 아니라 문화협력의 차원에서 일본이 한국의 문화 발전을 위해

'기증'하는 형식이 돼야 한다고 주장했다. 이렇게 양측의 입장 차가 전혀 좁혀지지 않은 가운데 결국 중립적 용어인 '인도'引渡라는 단어로 타협을 보게 됐다. '인도'란 단지 물건을 건네줘 지배권을 이전한다는 의미로 법적 관계가 드러나지 않는 개념이다.

일본 측은 일본 정부가 보유 중이던 한국 문화재에 대해선 원칙적으로 돌려준다는 입장을 취했으나 이는 주로 도쿄국립박물관이 소장하고 있던 품목에 한정됐다. 한일협정의 결과 한국이 돌려받은 문화재 1,432점도 대부분 이것들이다. 한국 측은 당초 도쿄대, 교토대 등 일본 국립대학 소장품도 반환할 것을 요구했으나 일본 측이 난색을 표하자 결국 포기하고 말았다. 청구권 자금 규모를 둘러싼 협상이 급진전된 상황에서 박정희 정권에 문화재 문제는 그야말로 생색내기용 '장식물'에 불과했던 것이다.

1965년 8월 15일 이동원 당시 외무부장관은 한일협정의 비준국회에서 "일본이 가져간 귀중한 문화재, 특히 그중에서도 과거 일본 통감부 및 총독부가 수탈한 것을 전부 돌려받았다"고 강변했으나, 한국은 이승만 정권 말기 '평화선'을 넘어온 일본인 어부를 석방하는 조건으로 일본 측으로부터 겨우 목록을 받아낸 경남 양산 부부총의 출토품조차 끝내 챙기지 못했다. 한국은 일본 궁내청 도서료圖書寮 및 내각문고에 소장된 한반도 유래의 고서적 본체가 아니라 그 마이크로필름을 건네받는 데 만족해야 했다. 게다가 북한지역에서 출토된 문화재 역시 대부분 반환 대상에서 제외됐다.

1970년 유네스코는 '문화재의 불법적인 반출·반입 및 소유권 양도의 금지와 예방수단에 관한 협약'에서 식민지기 문화재를 "관련 당사국으로 복귀시키기 위해 노력해야 한다"고 말했다. 이 협약은 실질적으로 큰 효력을 발휘하진 못했지만, 식민지 문화재 반환에 대한 보편적 근거를 제시하고 있다. 한일회담에서 돌려받지 못한 일본 소재 한국 문화재 문제 역시 지나치게 민족주의적인 대결 구도에 집착하기보다는 이러한 보편적 흐름에 기초해 해결하는 지혜를 발휘해야 할 것이다.

19

다시 돌아오지 못한 북송 '귀국선'
"인도주의를 빙자한 비인도주의"

1959년 12월 4일 일본 경시청은 니가타新潟 현의 어느 고즈넉한 술집에서 밀담을 나누던 한국인 두 명을 임의동행했다. 이들이 신고 있던 구두 밑창에 소형 다이너마이트 열두 개가 나왔고, 니가타 기차역에서는 가솔린 네 통을 담은 위스키 박스가 발견됐다. 이승만 정권이 일본에 밀파한 '북송北送 저지 공작대'가 시도한 이른바 '니가타 일본적십자 센터 폭파 미수 사건'이 드러나는 순간이었다. 더군다나 이 사건에는 주일 한국대표부의 김영환 3등서기관 등 한국 공무원이 관여한 사실도 밝혀졌다.[1]

 일본이 재일조선인 북송을 기정사실화하자 이승만 정권은 그해 7월 국무회의 결정에 따라 경찰시험 합격자, 재일학도의용대 등 66명으로 구성된 공작대를 급조해 재일본조선인총연합회(조총련) 및 북한 측

---

1) 金贊汀, 『在日義勇兵帰還せず―朝鮮戦争秘史』, 東京: 岩波書店, 2007年, 234~235쪽.

1959년 일본 니가타 항에서 재일조선인을 가득 태운 '귀국선'이 북한으로 떠날 채비를 하고 있다. 초기 '귀국선'은 소련 군함을 개조한 화물선이었으나 1971년 8월 이후 만경봉호로 대체됐다.

책임자에 대한 테러, 수송열차 폭파 등을 통한 물리적 저지를 기도했다. 김구 암살범인 안두희도 일본으로 밀항해 이 공작에 가세했다. 2011년 4월 29일 우리 국회는 당시 북송 저지 공작에 동원되어 희생됐거나 일본 형무소에 수감됐던 특수임무 수행자의 보상에 관한 법률안을 통해 공작원과 그 자손 들에게 104억 원의 위로금을 지급하는 것을 승인했다.

하지만 테러조차 불사했던 이승만 정권의 북송 저지는 무참히 실패했다. 일본이 '구보타 망언'과 한국에 대한 이른바 '역逆청구권'을 철회함으로써 겨우 재개된 제4차 한일회담을 중단했는가 하면, '이승만 라인'(평화선)을 넘어온 일본 어선에 대한 단속 강화, 대일 무역 단교 선언(1959년 6월 15일), 미국에의 중재 요청, 국제사법재판소ICJ 제소 등 온갖 수단을 썼지만 아무 소용이 없었다. 국내에서는 여야를 아우르는 북송 반대 국민총궐기대회가 연일 열려 반일反日의 기운이 넘쳐났다.

이는 어디까지나 한국만의 외로운 울부짖음이었다. 당시 일본에서는 '감격과 희망의 북한행'이라는 슬로건이 아무런 위화감 없이 통용되고 있었다. 당사자였던 재일조선인은 차치하더라도 수많은 일본인이 좌우를 불문하고 이를 지지했다. 국제사회도 북송을 인도주의의 실천이라며 거의 이의를 제기하지 않았다.

이렇게 1959년 12월 14일 재일조선인 975명이 북한으로 건너간 이래 1984년까지 니가타발 '귀국선'은 187회에 걸쳐 9만 3,340명을 북한 청진항으로 실어 날랐다.

1959년 서울에서 열린 북송 반대 국민대회에서 참가자들이 머리띠를 매고 일본의 재일교포 북한 '추방'을 규탄하고 있다. 출처: 한국일보.

대부분이 '조선'이라는 오래전에 사라진 나라의 국적을 가진 재일조선인이었지만, 여기에는 일본인 아내(혹은 남편)와 자식 등 일본 국적자도 적어도 6,839명 포함되어 있었다.[2] 나중에 김정은 북한 노동당 위원장을 낳은 고영희도 아버지 고경택의 손을 잡고 1962년 10월 21일 '귀국선'에 올랐다. 당시 열 살이었다. 전대미문의 집단 이주, 그것도 냉전이 맹위를 떨치던 시절에 자본주의 사회에서 사회주의권으로의 대규

---

2) 高崎宗司·朴正鎭 編著,『帰国運動とは何だったのか: 封印された日朝関係史』, 東京: 平凡社, 2005年, 50쪽. 재일조선인 '북송' 문제에 대한 구체적 분석은 朴正鎭,『日朝冷戦構造の誕生 1945~65』, 東京: 平凡社, 2012年, 223~336쪽; 테쓰 · 모-리스 · 스즈키(田代泰子訳),『北朝鮮 へのエクソダス:「帰国事業」の影をたどる』, 東京: 朝日新聞社, 2007年을 참조.

모 인구 이동이 눈앞에서 펼쳐졌다.

'북한 탈출'이 대세를 이루고 있는 요즘의 잣대로는 재일조선인의 북한행을 도저히 이해할 수 없다. 그만큼 북송 사건은 복잡다기하다. 따라서 명칭도 관련국의 엇갈린 이해관계를 반영하듯이 제각각이다. 우선 일본에서 북송을 실질적으로 주도한 조총련은 조국의 품으로 돌아간다는 의미에서 '귀국운동'이라고, 북한 당국은 '귀국사업'이라고 각각 불렀다. 인도주의라는 명목을 내세우며 북송을 적극 지원한 일본 정부와 일본적십자에는 단지 '귀환업무'였다.[3] 반면, 우리 국민을 '추방'해 '북괴'를 도와준다고 펄펄 뛰었던 한국 정부는 비판적 입장에서 '북송'이라고 부른다. 그러나 당시 북한으로 건너간 재일조선인의 대부분이 일제 식민지기에 한반도 남부에서 일본으로 건너왔거나 이후 일본에서 태어난 전후 세대였던 점을 상기하면, 이들의 '자발적인' 북한행은 북송이나 귀국이라기보다는 오히려 집단 해외이주에 가까웠다.

재일조선인의 북송은 형식적으로는 일본 정부와 북한 정부의 양해하에 일본적십자사와 북한적십자회가 1959년 8월 맺은 이른바 '캘커타협정'과 1971년 2월의 추가 합의에 의해 추진됐고, 이를 국제적십자위원회ICRC가 추인했다. 다만, 당시 일본과 북한, 국제적십자가 내세운 거주지 선택의 자유와 인도주의라는 거창한 명분의 이면에는 냉전의 논리조차 무색케 하는 살벌한 이해관계가 존재했다.

일본 정부는 어디까지나 재일조선인의 귀환 의사를 존중한다는 입

---

3) 高崎宗司 · 朴正鎭 編著, 『帰国運動とは何だったのか: 封印された日朝関係史』, 東京: 平凡社, 2005年, 6쪽.

장을 취했다. 그러나 다른 한편으로 인도주의를 빌미로 귀찮은 재일조선인을 일본에서 쫓아내겠다는 게 일본 측의 속내였다. '귀환업무'를 실질적으로 주도한 이노우에 마스타로井上益太郎 일본적십자사 외사부장은 1956년 8월에 발간한 『재일조선인 귀국문제의 진상眞相』이라는 제목의 책에서 "재일조선인의 생활이 점점 곤궁해지고 있어 귀환 이외에는 방법이 없다"면서 "귀찮은 조선인을 일본에서 일소一掃하는 것이 이득"이라고 말했다.[4] 일본 측이 재일조선인을 귀찮은 존재로 간주한 이유는 무엇보다 그들 가운데 생활보호대상자와 범죄자가 많다고 여겼기 때문이다. 일본 외무성 정보문화국이 발행하는 『세계의 움직임世界の動き』은 1959년 북송 관련 특집호에서 "1958년 10월 현재 생활보호 수혜자가 1만 9,000세대, 8만 1,000명으로 이에 따른 경비가 연간 16억 9,000만 엔", "범죄율은 1,000명당 37.3명(일본인은 6.7명)"이라고 지적했다.[5] 이와 관련해 어느 일본 법학자는 이들에 대한 지원 예산을 고려하면 북송에 소요되는 비용은 "낭비가 아니"라고 일본 정부의 속내를 털어놓기도 했다.[6] 여기에 1955년 결성된 조총련의 영향으로 재일조선인 사회의 좌경화가 확대되자 일본 당국은 치안 유지를 위해서라도 아예 이들을 북한으로 보내버리자고 생각했다.[7]

---

4) 金英達·高柳俊男 編, 『北朝鮮帰国事業関連資料集』, 東京: 新幹社, 1998年, 18~19쪽.
5) 같은 책, 110~111쪽.
6) 같은 책, 144쪽.
7) 재일조선인 상당수는 특히 1951~1955년의 '민전'(民戰, '재일조선통일민주전선') 시기에 일본공산당과 연계해 한국전쟁을 '조국 해방 전쟁'으로 간주, 폭력적인 반정부 활동을 전개했다. 그러나 1955년 일본공산당이 군사노선을 철회함에 따라 일본 국내의 혁명운동과는 격리되어 '조총련'(재일본조선인총연합회)을 중심으로 북한의 사회주의 국가 건설을 지지, 지원하는 운동을 펼쳤다.

일본의 여야 정치권은 각각 서로 다른 이유로 북송을 지지했다. 북송을 지원하기 위해 조직된 '재일조선인 귀국협력회'에는 집권 자민당의 이와모토 노부유키岩本信行 의원이 대표위원으로 활동했고, 전직 총리인 하토야마 이치로鳩山一郎 등이 가세했다. 기시 노부스케岸信介 총리도 "돌아가고 싶어 하는 자는 돌려보내는 게 좋다"며 북송을 승인했다.[8] 골칫거리인 재일조선인은 숫자라도 줄이는 게 좋다고 생각한 것이다. 여기에 사회당과 공산당 등 좌파 계열은 인도주의라는 대의명분은 차치하더라도 북한을 도와주는 것이 일본 국내의 사회주의 지지세력 확산에 도움이 된다고 여겼다.

북한이 '귀국사업'에 적극적이었던 것은 우선 이를 계기로 한일 국교정상화를 저지하는 한편, 나아가 한국에 앞서 일본과 국교를 맺으려고 했기 때문이다. 북한은 1955년 2월 남일 외상이 대일 국교정상화를 촉구한 이래 지속적으로 한일회담을 견제하며 '북일회담'을 모색했다. 이때 재일조선인의 집단 수용은 북한이 한반도를 대표할 뿐 아니라 북한식 사회주의가 우월하다는 것을 국제적으로 각인시킬 절호의 기회였다. 여기에 북한은 일본 내의 '귀국운동'을 지도하는 과정에서 조총련을 장악한 데다 일본의 좌익세력에 대한 영향력을 확장했고, 심지어 자민당 내에서도 지지세력을 확보할 수 있었다. '귀국선'의 대명사인 만경봉호는 이후 오랫동안 일본 물자 반입이나 공작원 투입 등 북한이 일본과 관계를 이어가는 수단으로도 활용됐다.

---

8) 高崎宗司·朴正鎮 編著, 『帰国運動とは何だったのか: 封印された日朝関係史』, 東京: 平凡社, 2005年, 28쪽; 岸信介, 『岸信介回顧録: 保守合同と安保改定』, 東京: 広済堂, 1983年, 461쪽.

일각에서는 북한이 1958년 중국군이 완전 철수하면서 가중된 노동력 부족을 보완하기 위해 재일조선인의 유입에 적극적이었다는 설이 있다. 하지만 조총련이 발간한 자료에 따르면 북송 재일조선인은 18세 이하, 55세 이상이 62퍼센트 이상을 차지하는 등 "가동력이 없는 사람들"이 대부분이었다.[9] 또한 그 자료는 제11차 '귀국선'까지 송환자 1만 1,022명의 83퍼센트가 '무일푼'이었던 데다 일본적십자의 니가타 센터 체재 중에는 2,400명이나 건강이 좋지 않아 진료를 받았다고 말한다.[10] 북한이 재일조선인을 받아들여 경제적으로 득을 봤을 가능성은 그다지 없다는 것이다. 1961년 이후 북한 측은 당초 환영해온 일본인 부인의 귀국도 거부하기에 이르렀다.[11] 이들에게 생활 여건을 제공하는 것이 북한 경제에 오히려 부담이 된다고 판단했기 때문이다.

그렇다면 다수의 재일조선인은 왜 '귀국선'에 올랐을까. 무엇보다 생활고 때문이었던 것으로 보인다. 1958년 9월 재일조선인들은 기시 총리에게 보낸 요청서에서 "하루하루 끼니조차 때우기 어려운 많은 동포들이 융성·발전 중인 조국에 돌아가고 싶어 한다"고 말했다.[12] 당시 『아사히신문』은 재일조선인의 4분의 1이 생활보호대상자이고 8할이 실업자라면서 "일본에서는 먹고살기 어렵다"는 불만이 속출했다고 전했다.[13] 이때 극도의 정치 혼란과 경제 침체에서 헤어나지 못하고 있

---

9) 『朝鮮総連』, 1958年 10月 21日.

10) 『朝鮮総連』, 1960年 3月 14日.

11) 李洋秀,「凍土の北朝鮮に殺到した在日朝鮮人」,『生命と人権』, 1997年 夏号, 22쪽.

12) 高崎宗司·朴正鎮 編著,『帰国運動とは何だったのか: 封印された日朝関係史』, 東京: 平凡社, 2005年, 31쪽.

13) 『朝日新聞』, 1959年 2月 5日.

던 남한과는 대조적으로 천리마운동으로 대변되는 노력 동원과 소련을 비롯한 사회주의권의 원조를 통해 급속도로 전후 복구를 이루는 것으로 비춰졌던 북한은 동경의 대상으로 떠올랐다.

재일조선인에게 이 같은 '환상'을 심어준 데는 일본의 진보적 지식인들이 한몫했다. 유명 사진작가 다무라 시게루田村茂가 1959년 1월에 개최한 사진전 〈새로운 중국과 조선〉에는 수많은 재일조선인들이 몰렸다. 특히 좌익 계열의 역사학자인 데라오 고로寺尾五郎의 북한 방문기 『38도선의 북쪽38度線の北』은 북한을 그야말로 '지상낙원'으로 그려 그렇지 않아도 일본 생활에 염증을 느끼고 있던 재일조선인들의 마음을 흔들었다.[14] 이 같은 일본 지식인의 일방적인 북한 예찬은 북한이 일본을 상대로 전개했던 '인민 외교' 혹은 '초청 외교'의 결과이기도 했다. 북한에 대한 정보가 지극히 제한되어 있던 시절 수많은 재일조선인들은 민족차별과 생활고에서 벗어나지 못했던 일본이나 매우 불안해 보였던 남한보다는 차라리 북한에 이주해 자식들의 미래를 보장받고자 한 것이다.

최종적으로 북한행을 선택한 것은 물론 재일조선인 본인들이다. 그러나 이들을 차별하고 곤궁한 상태로 내몬 끝에 '귀찮은 것들을 해치운' 일본의 책임을 묻지 않을 수 없다. 여기에 재일조선인은 모두 '우리 국민'이라고 핏대를 올리면서도 이들의 생활과 권리 향상 등에는 무관심했던 한국 정부의 책임 또한 막중하다. 북송 '귀국선'에 올라탄

---

14) 高崎宗司·朴正鎭 編著, 『帰国運動とは何だったのか: 封印された日朝関係史』, 東京: 平凡社, 2005年, 272쪽.

재일조선인과 이들의 일본인 아내 등은 북한에서 '동요계층'으로 분류되고 '째포'라는 비속어로 불리며 또 다른 차별을 겪은 것으로 전해진다. 거주지 선택의 자유와 인도주의라는 거창한 슬로건하에 북한으로 내몰렸던 이들에게 다시는 자유 왕래의 기회가 주어지지 않았다.

20

'한국 밀약'과 한일 안보관계
"미국을 매개로 한 유사 동맹"

2010년 3월 일본 외무성은 과거 미국 정부와 체결한 이른바 '한국 밀약密約'을 전격적으로 공개했다.[1] 1960년 1월 미일안보조약이 개정된 날 미국과 일본이 별도로 비밀리에 합의한 '한반도 유사시 미군의 전투작전행동에 관한 의사록'이 바로 그것이다. 여기서 후지야마 아이이치로藤山愛一郎 당시 일본 외상은 한반도 유사시 유엔군의 즉각적인 대응을 위한 일본 내 기지의 작전 사용 여부를 묻는 더글러스 맥아더 2세

---

[1] 당시 일본 외무성과 산하 유식자위원회(有識者委員會)[좌장: 기타오카 신이치(北岡伸一)]가 검토한 밀약은 ① 1960년 미일안보조약 개정 협상 시 핵 반입에 관한 밀약, ② 동 조약 개정 협상 시 한반도 유사시의 전투작전행동에 관한 밀약, ③1972년 오키나와(沖縄) 반환 협상 시 핵 반입에 관한 밀약, ④ 동 반환 협상 시 원상회복 비용의 대납에 관한 밀약 이렇게 네 가지였다. 이에 대해 유식자위원회는 ①은 '광의(廣義)의 밀약', 이른바 '한국 밀약'(Korea Minute)으로 통하는 ②는 '협의의 밀약', ③은 밀약으로 단정하기 어려우며, ④는 '광의의 밀약'으로 규정했다. 「いわゆる『密約』問題に関する有識者委員会報告書」(2010. 3. 9.) 이하, 이 장에서 인용하는 '한국 밀약'과 관련된 일본 외교문서는 외무성 인터넷 홈페이지의 게시되어 있는 자료에 의거한다(http://www.mofa.go.jp/mofaj/gaiko/mitsuyaku.html).

Douglas MacArthur II 주일 미국대사에게 다음과 같이 말했다.[2]

"주한 유엔군에 대한 공격으로 인한 긴급사태가 발생할 시에는 예외적 조치로서 (중략) 유엔군사령부 산하의 주일미군이 즉각 (중략) 일본의 시설 및 구역을 사용할 수 있다는 것이 일본 정부의 입장이며, 이를 기시 노부스케岸信介 총리의 허가를 받아 밝힌다."

요컨대 한반도 유사시 주일미군은 일본 정부와 협의하지 않은

일본인 시위대가 1960년 6월 미일안보조약의 비준에 반대하기 위해 일본 국회를 에워싸고 있다. 이때 미일 간에 교환, 서명된 17건의 조약 중에는 한반도 유사시 주일미군에게 '행동의 자유'를 보장하는 '한국 밀약'도 포함됐다. 기시 노부스케 총리는 새로운 미일안보조약이 성립된 직후 사임했다.

채 '즉각' 일본 내의 군사기지를 활용해 한국에 출동할 수 있다는 것이다. '한국 밀약'은 한반도 유사시 주일미군을 한미연합군의 증원 전력으로서 신속하게 투입하기 위한 법적 장치인 만큼 우리 안보에도 매우 중요하지만,[3] 일본은 왜 주권의 제약을 감수하며 주일미군에게 이러한 '행동의

---

2) 「議事録」(1960. 1. 6.), 보고대상문서 2-2.

3) 『2014 국방백서』에 따르면 유사시 한국의 방위를 지원하기 위해 위기 상황에 따라 투입되는 미 증원 전력은 육군·해군·공군 및 해병대를 포함해 병력 69만여 명, 함정 160여 척, 항공기 2,000여 대 규모다. 이 증원 전력의 대부분이 주일미군 기지를 이용하거나 일본의 후방지원을 전제로

일본 외무성이 2013년 기밀 해제한 이른바 '한국 밀약' 가운데 후지야마 아이이치로가 답변한 부분.
'한국 밀약'의 기안문서는 모두 일곱 통이 공개됐다. 출처: 「1960年1月の安保条約改定時の朝鮮半島有事
の際の戦闘作戦行動に関する「密約」問題関連」, 보고대상문서 2-3, 30쪽(http://www.mofa.go.jp/mofaj/
gaiko/mitsuyaku/taisho_bunsho.html).

자유'를 부여한 것일까. '한국 밀약'을 둘러싼 미일동맹, 나아가 미국을
주축으로 하는 한일 안보관계의 동학과 역사적 기원을 살펴보자.[4]

'유엔의 권위'와 한·미·일 삼각관계의 형성

앞서 인용한 '한국 밀약'에도 명시되어 있듯이 한반도 유사시 일본 정
부가 '예외적 조치'로서 '행동의 자유'를 인정한 군대는 단순한 미군
이 아니라 '유엔군사령부 산하의 주일미군'이다. 이는 한국 안보와 관
련된 미일동맹 체제가 유엔군사령부로 대표되는 '유엔의 권위'를 통해

하고, 특히 주일미군이 한반도에 우선적으로 투입되는 초기 증응 전력을 구성한다는 것은 주지의
사실이다. 국방부, 『2014 국방백서』, 2014년 12월, 48쪽.
4) 이 장의 주요 내용은 이동준, 「1960년 미일 '한국 밀약'의 성립과 전개」, 외교안보연구원, 『외교안
보연구』 제6권 2호, 2010년 12월, 138~165쪽을 토대로 작성됐다.

관리, 유지된다는 점을 강하게 시사한다.[5]

한국 안보에 일본의 존재가 부각된 최초의 결정적 계기는 '유엔 모자'를 쓴 미국의 한국전쟁 개입이었다. 주지하듯이 미국은 유엔결의(특히 안보리결의 S/1511, S/1588)를 근거로 한국전쟁에 뛰어들었다. 그 결과 패전국 일본을 점령하고 있던 주일미군이 유엔군 자격으로 한반도 전선에 우선적으로 투입됐다. 당연히 유엔군에 대한 후방지원기지로서 일본의 역할이 중시되었다.

한국전쟁이 한창이었던 1951년 9월 8일, 일본의 주권 회복을 인정한 대일 강화조약에 이어 체결된 미일안보조약은 '유엔의 권위'를 매개로 한 미국의 한반도 및 동아시아 군사정책의 결정판이었다. 이 조약은 전문에서 주권국가의 집단적·개별적 자위권 행사를 명시한 유엔헌장을 인용한 뒤 극동지역의 평화와 안전에 기여하고 일본 내 내란 및 소요 사태의 진압을 위해 미군의 일본 주둔을 정당화했다(제1조). 이로써 일본은 미국의 동아시아 지역 방위의 병참 및 후방지원기지, 출격기지가 되었다.

같은 날 딘 애치슨Dean G. Acheson 미 국무장관과 요시다 시게루吉田茂 일본 총리는 추가적으로 이른바 '애치슨-요시다 교환공문'을 주고받았다.[6] 여기서 애치슨은 이미 행해지고 있던 유엔군에 대한 일본의 후

---

5) 유엔군사령부를 중심으로 한 한·미·일 안보 삼각관계의 역사적 전개에 대해서는 이동준, 「韓米日安保体制の歴史的展開と『国連の権能』: 1950~70年代における米国の対日政策及び国連軍司令部政策を中心にして」, 現代日本学会, 『日本研究論叢』 28호, 2008년 12월, 83~113쪽을 참조할 것.

6) 「日本国とアメリカ合衆国との間の安全保障条約の署名に際し吉田内閣総理大臣とアチソン国務長官との間に交換された公文」, 細谷千博·有賀貞·石井修⊠佐々木卓也 編, 『日米関係資料集一九四五~九七』, 東京: 東京大学出版会, 1999年, 139~140쪽.

방지원을 추인함과 동시에, 강화조약 발효(일본의 독립) 이후에도 일본이 유엔군의 "모든 행동"을 "일본 국내 및 ꞁ 주변 지역에서 지지하고, 용이하게 할 것"을 요구했다. 이에 대해 요시다는 교환공문의 수령 사실을 확인함으로써 미국 측의 요구를 그대로 수용했다. 당시 유엔군사령관이 미 극동군사령관을 겸했고, 더욱이 유엔군의 주력 부대가 미 극동군사령부 소속의 미군이었던 점을 상기하면, 이 교환공문에 적시된 '일본이 지원할 유엔군'이란 주일미군을 의미함을 쉽게 알 수 있다.

'기지국가' 일본과 한국 안보

미일안보조약을 통해 미군의 일본 주둔과 일본 내 기지 사용권을 확보했음에도 미국은 왜 추가적으로 '애치슨-요시다 교환공문'을 맺은 것일까. 미일안보조약상의 주일미군은 '극동지역의 평화와 안전'을 위해 일본에 주둔하는 문자 그대로의 주일미군이지만, 교환공문상의 주일미군은 유엔군사령부 산하의 '유엔군'이기 때문이다. 유엔군을 지휘하는 미군은 유엔이라는 보다 강력한 정통성을 내세움으로써 일본 내의 기지 사용과 일본의 후방지원을 보다 확실히 요구할 수 있었던 것이다.

'애치슨-요시다 교환공문'은 1960년 1월 19일 미일안보조약이 개정될 때 기시 총리와 드와이트 아이젠하워Dwight D. Eisenhower 정부의 크리스천 허터Christian A. Herter 국무장관이 서명, 교환한 '애치슨-요시다 교환공문 등에 관한 교환공문'을 통해 재확인되었다. 이후 미일 간에 이 교환공문의 변경에 관한 논의가 없었고, 일본 정부 또한 이 교환공문의 효력을 부인한 적이 없기 때문에 한국을 방위하는 유엔군에 대한

유엔군후방사령부가 설치된 도쿄의 요코타 비행장. 2007년 캠프 자마에서 이곳으로 이전된 사령부에
는 한국전쟁 당시 유엔군 소속 국가의 주일대사관 무관 등 20여 명이 상주, 한국 안보와 관련된 일본의
의무를 환기하고 있다.

일본의 지원 의무는 지금도 유효하다. 요컨대 '애치슨-요시다 교환공
문'은 '유엔의 권위'를 매개로 한 한·미·일 삼각 안보관계의 출발점이
자 근간인 셈이다.

　다만, 이 교환공문은 어디까지나 미일 간의 조약이었기 때문에 미군
이외의 유엔군사령부 소속 군대가 일본 내 기지를 이용하는 데는 법적
인 한계가 있었다. 이에 따라 유엔군 소속 16개국은 정전협정 체결 직
후인 1953년 8월 제2의 한국전쟁 발발 시에 즉각 단결, 대응한다는 내
용의 '워싱턴선언'을 채택하고, 이를 반영해 이듬해 2월 19일 미국을
포함한 유엔군사령부 소속국과 일본 간에 별도로 이른바 '유엔군지위
협정'을 체결했다.

　총 25조에 이르는 이 협정과 부속문서인 '합의된 공식 의사록'의 내
용을 언급할 여유는 없으나, 의사록에는 기지의 안전을 위해 유엔군에
게 범인 체포권을 부여하는 등 일본에는 굴욕적인 규정도 포함돼 있
다. 여하간 이 협정에 서명한 캐나다, 뉴질랜드, 영국, 남아프리카공화

국, 오스트리아, 필리핀, 프랑스, 이탈리아 7개국은 주일미군 기지 가운데 캠프 자마, 요코타 비행장, 요코스카 해군기지, 사세보 해군기지, 가데나 비행장, 후텐마 해병대 항공기지, 화이트비치 해군기지, 이렇게 일본 내 일곱 개 기지를 사실상 무제한으로 사용하는 권리를 갖게 됐다.

주목할 대목은 '애치슨-요시다 교환공문'의 효력 기간이다. 이 교환공문을 재확인한 '애치슨-요시다 교환공문 등에 관한 교환공문'은 "일본에 있는 유엔군의 지위에 관한 협정이 효력을 유지하는 동안 계속해서 효력을 유지한다"(제1항)고 명시, '애치슨-요시다 교환공문'의 효력 기간을 유엔군지위협정과 연동되도록 설정해놓았다. 이와 관련해 유엔군지위협정은 "모든 유엔군은 한반도에서 철수하는 날로부터 90일 이내에 (일본에서도) 철수할 것"(제24조)이라고 전제한 후, 이 협정은 "모든 유엔군이 제24조의 규정에 따라 일본으로부터 철수하는 날 종료된다"(제25조)고 밝히고 있다. 환언하면 유엔군이 한국과 일본으로부터 철수하면 유엔군지위협정이 실효됨과 더불어 '애치슨-요시다 교환공문'의 법적 효력이 상실, 주일미군은 유엔군으로서의 지위를 잃고 유엔군에 대한 일본의 '아낌없는 지원' 의무를 보장받지 못하게 된다.

미국은 한국전쟁 후에도 한반도 유사시 주일미군의 작전행동의 자유와 이에 대한 일본의 지원 의무를 지속적으로 확보하고자 했다. 이를 위해선 무엇보다 '유엔의 권위'를 상징하는 유엔군사령부가 한국과 일본 모두에서 법적으로나마 그 기능을 지키는 것이 긴요했다. 때문에 미국은 정전협정 체결 후 제3국 군대의 이탈로 인해 유엔군사령부 자체가 급속히 형해화形骸化하고 있었음에도 어떻게든 사령부의 기능을 유지하고자 했다. 가령 미국은 철수하는 제3국에 연락장교라도 남길 것을 요구함으로써 유엔군사령부의 골격을 유지했다.

특히 미국이 1957년 7월, 유엔군사령부를 도쿄에서 서울로 이전할 때[7] 굳이 일본에 유엔군후방사령부^{UNC Rear}를 설치한 것은 '요시다-애치슨 교환공문' 등이 주일미군에 제공하는 유엔군으로서의 지위를 계속 유지하겠다는 의도를 반영한다. 한국전쟁 후 유엔군후방사령부는 유엔군사령부 구성국 간의 연락 등 그 역할이 제한됐지만, 법적 기능만큼은 유지되고 있다(2007년 재외미군 재편의 일환으로 유엔군후방사령부는 캠프 자마에서 후텐마 기지로 이전했다). 요컨대 '애치슨-요시다 교환공문'과 유엔군지위협정은 한국전쟁을 계기로 형성된 군사적 의미의 한·미·일 삼각관계를 입증하는 국제법적 실체이며, 이는 '유엔의 권위', 구체적으로는 유엔군사령부의 존재를 근거로 성립, 유지되었다고 말할 수 있다.

이 같은 '유엔의 권위'를 매개로 한 한·미·일 삼각관계의 성립은 실질적으로는 '기지基地국가'[8]이면서도 표면적으로 '평화국가'를 지향한 전후 일본의 정체성에도 부합하는 것이었다. 일본 정부가 국방 및 외교 정책의 핵심 방침으로 '유엔중심주의'를 표방하는 이상,[9] '유엔의

---

7) 유엔군사령부의 서울 이전은 1956년 7월 2일 미 국무부와 국방부의 합동회의에서 결정됐다. 이 회의에서는 지휘 체계상 중복되는 극동군사령부와 태평양사령부를 태평양사령부로 일원화하는 결정이 동시에 내려졌다. 이와 관련된 미국의 정책 결정 과정에 대해서는 李鍾元, 『東アジア冷戦と韓米日関係』, 東京: 東京大学出版会, 1996年, 69쪽을 참조.

8) 전후 일본의 '기지국가'로서의 성립 경위에 대해서는 南基正, 「朝鮮戦争と日本 : 『基地国家』における戦争と平和」, 東京大学博士号請求未公刊論文, 2000年을 참조할 것.

9) 일본의 '유엔중심주의'는 일본의 유엔 가입 후인 1957년 9월, 맥아더 주일 미국대사와 후지야마 일본 외상이 서명, 교환한 '안보조약과 유엔헌장의 관계에 관한 교환공문'을 통해 명확히 재확인

권위'를 등에 업은 미국의 대일정책, 특히 한국 안보를 위해 유엔군으로서의 주일미군에 대한 일본의 지원 의무가 국제법적으로도 보장되었던 것이다.

미국은 군사적인 '행동의 자유'를 추구

그러나 다른 한편으로 1951년 미일안보조약은 일본의 주권을 침해할 요소가 많은 불평등 조약이라는 불만이 일본 내에 팽배했다. 전술한 바와 같이 이 조약에 의거해 주일미군은 일본 내의 내란이나 소요 사태에 개입할 수 있었고, '극동지역의 평화와 안전'을 명목으로 일본의 동의 없이 일본 내 기지를 자유롭게 사용할 수 있었다. 때문에 요시다의 대미 추종주의를 비난해온 하토야마 이치로鳩山一郎가 집권한 이래 일본 정부는 미일안보조약의 개정을 중요한 외교 목표로 추구했다. 당초 미국은 조약상의 '의무의 상호성'과 이에 대한 일본의 준비 부족을 지적하며 조약 개정에 반대했다. 그러나 1956년 10월 일본이 소련과 수교하고, 설상가상으로 주일미군 범죄 등으로 인해 일본 국내에 반미 감정이 고조되자, 미국은 일본의 중립화를 억제하고 미일동맹의 공고화를 도모하기 위해 조약 개정 협상에 임하게 된다. 이렇게 일본 내의 '불만사항'을 반영해 반란 진압 조항 등을 삭제하고 주일미군의 작전 행동에 대한 일본의 발언권을 인정하는 차원에서 이른바 '사전협의제'

됐다. 이 교환공문에서 후지야마는 미일 양국 간에 존재하는 권리와 의무가 국제 평화와 안전을 유지하고자 하는 유엔의 책임에 영향을 미쳐서는 안 된다고 밝혔다. 「旧安保条約と国連憲章との関係に関する交換公文」, 細谷千博·有賀貞·石井修·佐々木卓也 編, 『日米関係資料集 一九四五~九七』, 東京: 東京大学出版会, 1999年, 412~413쪽.

를 도입한 것이 바로 1960년 개정되어 지금껏 유지되고 있는 새로운 미일안보조약이다.

주목되는 점은 이때도 미국은 한국 방어에 소요되는 유엔군사령부 산하 주일미군의 군사행동만큼은 일본과의 사전협의라는 거추장스러운 절차를 받는 것을 원하지 않았다는 것이다. 그래서 별도로 미국의 요구에 의해 체결한 것이 바로 모두에서 언급한 '한국 밀약'이다. 이는 일본과의 사전협의를 명시한 개정된 미일안보조약 제6조와, 이를 구체화한 '조약 6조의 실시에 관한 교환공문'(일명 '기시-허터 교환공문')의 내용과는 상반되므로 그야말로 '밀약'의 형식을 취할 수밖에 없었다.

일본 외무성의 '회고'에 따르면 일본 정부는 미국 측의 '한국 밀약' 체결 요구에 대해 "사전협의제의 국내적 효과를 반감시키는 것으로 받아들이기 어렵다"는 입장을 견지했다.[10] 미국 측 외교문서도 일본 측이 한반도 유사시 사전협의가 면제되는 것에 대해 '마지못해'albeit reluc-tantly 수용했다는 점을 분명히 적시하고 있다.[11] 일본 외무성의 유식자 위원회의 조사보고서가 지적한 대로 '한국 밀약'의 문안 작성 과정에서 후지야마 외상은 유엔군의 전투작전 행동을 위한 일본 내 기지 사용에 대해 '사용할 수 있을 것'may be used이라는 완곡한 표현을 사용하는 등 사전협의제 적용 제외로 인한 부담을 최대한 완화하고자 했다.[12]

여기서 주목되는 점은 미국이 '한국 밀약'의 체결을 일본에 요구하면

---

10) 「日米相互協力及び安全保障条約交渉経緯」(1960년 6월, 東郷安全保障課長作成の調書), 보고대상문서 1-2.

11) 「いわゆる『密約』問題に関する有識者委員会報告書」(2010. 3. 9.), 51~52쪽.

12) 같은 자료, 51쪽.

서 내세운 명분 또한 '유엔의 권위'였다는 사실이다. 맥아더 주일대사는 1959년 7월 6일 기시 총리와의 협상에서 "유엔에 대한 의무 및 다른 유엔 가맹국에 대한 약속을 지키기 위해" 유엔군에 대한 일본의 조건 없는 지원이 필요하며, 이는 침략 행위에 대한 억지력이 될 것이라고 주장했다.[13] 요컨대 미국은 최소한 명목적으로라도 대등성이 요구되는 동맹 조약을 통해서는 확보할 수 없었던 한반도 유사시의 주일미군 및 기지에 대한 '행동의 자유'를 '유엔의 권위'를 앞세워 얻어낸 셈이다.

이상과 같은 대일 교섭의 결과를 반영해 미국 정부는 1960년 6월 11일, 'NSC-6008/1'을 통해 한반도 유사시 주일미군의 군사행동이 일본 정부와의 사전협의 대상이 되지 않는다는 점을 정책 지침으로 확정했다. NSC-6008/1의 제41절 (b)항 및 (c)항은 다음과 같이 적시하고 있다.

b. (사전협의는) 일본이 당사자가 아닌 역외 지역에서 발생한 분쟁에 대해 미군이 일본 내 기지로부터 전투작전을 개시할 때 행해진다. 다만, 이하 c의 경우는 제외된다.

c. 주한 유엔군에 대한 공격 행위와 같은 긴급사태가 발생할 경우, 유엔군 사령부 산하의 주일미군은 정전협정을 위반한 무력 공격을 주한 유엔군이 격퇴할 수 있도록 일본 내 시설 및 구역을 즉각immediately 사용한다.[14]

---

13) 「七月六日総理, 外務大臣, 在京米大使会談録」(1959年 7月 6日), 보고대상문서 2-1.

14) 細谷千博·有賀貞·石井修·佐々木卓也 編, 『日米関係資料集 一九四五~九七』, 東京: 東京大学出版会, 1999年, 507~518쪽. 'NSC-6008/1'은 미 국가안전보장회의(NSC)가 결정한 대일정책 문서를 말한다.

1969년 '한국 조항'은 '한국 밀약'에 대한 무력화 시도

그러나 공개된 미일안보조약과는 별도로 밀약 형식으로 한반도 유사시에 대한 미군의 군사행동에 대해서만 예외적으로 '행동의 자유'를 부여한 것은 일본으로서도 국내정치적으로 커다란 부담이었다. '한국 밀약'을 무력화할 기회는 1960년대 후반 오키나와 반환 교섭이 본격화하면서 찾아왔다. 이때 일본은 오키나와 주둔 미군의 작전행동에 대해서도 개정된 미일안보조약을 적용해 전면적인 사전협의제의 적용을 요구하는 한편, '한국 밀약'의 폐기를 주장했다.[15] 하지만 한반도 유사시에 관한 한 무제한적인 군사행동의 자유를 계속적으로 누리길 원했던 미국은 일본의 요구를 수용하지 않았다.

이에 대해 일본이 거의 '일방적으로' 취한 행동이 바로 유명한 1969년 사토 에이사쿠佐藤榮作 총리의 '한국 조항' 발언이다. 1969년 11월 미일정상회담 결과 채택된 공동성명 제4조에서 사토는 "한국의 안전은 일본의 안전에 긴요하다"고 밝혀 일본 총리로는 처음으로 한국 안보에 대한 일본의 관심을 표명했다.[16] 지금껏 '한국 조항'은 일본이 오키나와를 돌려받기 위해 지불한 대가였다는 해석이 주류를 이뤘지만, 새롭게 공개된 일본 외교문서에 따르면 이는 일본 측이 '한국 밀약'의 폐기에 실패하자 일방적으로 발표한 성명unilateral statement에 가까웠다. 공개

---

15) 「沖縄返還問題 (ポジション · ペイパ_案) 」(1969. 4. 22.), 관련 문서 2-142.

16) 사토는 이어 내셔널프레스클럽 연설에서 보다 구체적으로 "만일 한국에 대한 무력 공격이 발생, 이에 대응하기 위해 미군이 일본 국내의 시설, 구역을 전투작전행동의 발진기지로서 사용하지 않으면 안 되는 사태가 일어날 경우에는, 일본 정부로서는 사전협의에 대해 긍정적으로 또 신속하게(positively and promptly) 태도를 결정할 방침"이라고 말했다. 佐藤栄作, 『佐藤内閣総理大臣演説集』, 東京: 内閣総理大臣官房, 1970年, 32~38쪽.

사토 에이사쿠 일본 총리가 1965년 8월 오키나와를 방문해 시민과 악수하고 있다. 사토는 이후 미국과의 오키나와 반환 협상 과정에서 친형인 기시 노부스케 전 총리가 체결한 '한국 밀약'을 무력화할 목적으로 "한국의 안전은 일본의 안전에 긴요하다"는 '한국 조항'을 일방적으로 발표했다.

되면 더 이상 밀약이 아닌 만큼 성명을 통해 무력화를 도모한 것이다. 이런 의미에서 2013년 일본 외무성이 '한국 밀약'을 전격 공개한 것 또한 밀약의 내용을 무효화하기 위한 시도로 볼 수 있다.[17]

약간 과장해서 말하면 현실주의가 지배하는 국제정치에서 국가 간 약속은 어느 한쪽의 일방적 행동에 의해 한순간에 휴짓조각이 될 수 있다. 공개된 조약은 물론이고, 밀약 문서에 적혀 있는 권리와 의무가 이행되는 경우는 조약 당사국 간에 신뢰와 공통의 이익이 존재할 때로 한정된다. 아베 신조安倍晋三 일본 총리의 외할아버지인 기시가 '한국 밀약'을 만들고 또 다른 외할아버지인 사토는 밀약의 무력화를 시도했지만, 보다 중요한 교훈은 한일 간에 안보 문제에 대한 이해관계와 신뢰가 존재했다면 미국이 이런 희한한 밀약을 일본에 강요하는 일이 애초부터

---

17) 사실, 일본 정부의 '한국 밀약' 공개는 밀약의 또 다른 일방인 미국의 입장을 무시한 다분히 일방적 행동이었다. 이와 관련, 유식자위원회 조사보고서는 민주주의의 원칙으로 볼 때 밀약 공개는 타당하다는 입장을 피력했다. 「いわゆる『密約』問題に関する有識者委員会報告書」(2010. 3. 9.), 5쪽. 한편, 유엔헌장 제102조는 유엔 가맹국을 당사자로 하는 조약의 일체는 사무국에 등록하고 공개할 것을 요구, 국가 간의 밀약 체결을 터부시하고 있다.

없었을 것이라는 점이다.

'한국 밀약'은 1960년 미일안보조약 개정 시 미일 간에 서명, 교환된 17건의 조약, 협정문, 교환공문, 의사록 가운데 하나로 미국의 대한반도 군사정책의 국제법적 메커니즘을 구성하고 있다. '애치슨-요시다 교환공문'과 유엔군지위협정이 한반도 유사시 일본의 후방지원을 위한 것인데 반해, '한국 밀약'은 주일미군이 일본 정부와 사전협의 없이 작전행동을 할 수 있다는 규정이다. 따라서 이 세 가지는 한반도 유사시 주일미군의 증원 체제를 유지하고자 하는 미국의 한반도 군사 전략상 쉽게 포기할 수 없는 것이다. '한국 밀약'의 폐기는 1960년 미일안보조약 체제의 전면 재편으로 이어질 가능성도 배제할 수 없다.

더욱 중요한 것은 '한국 밀약' 등이 유엔군사령부를 법적 근거로 유지된다는 사실이다. 유엔군사령부가 존속하는 한 주일미군은 유엔안보리의 결의나 권고 결정 등 외교적 절차나 일본 정부와의 사전협의 없이 한반도 유사시 신속한 작전행동이 가능하다. 그러나 유엔군사령부가 해체될 경우 한반도 유사시 주일미군의 작전행동은 미일안보조약 제6조 및 '조약 제6조의 실시에 관한 교환공문,' 일본 국내법의 제약을 받을 가능성이 높아진다. 이 같은 관점에서 볼 때 향후 한국 안보와 관련된 주일미군의 운용 문제는 유엔군사령부의 역할 및 위상을 둘러싼 논의와 미일동맹 관계의 변화 양상과 밀접하게 관련되어 있다고 할 수 있다.

21

한일기본조약과 '유일합법성' 문제
"북한은 백지로 남았다"

> "대한민국 정부가 유엔총회 결의 제195(Ⅲ)에서 명시된 바와 같이 한반도에 있어서의 유일한 합법정부임을 확인한다."

1965년 6월 22일 체결된 '대한민국과 일본국 간의 기본관계에 관한 조약'(기본조약) 제3조에 해당하는 이른바 '관할권 조항'이다. 이에 대해 1965년 8월 13일 열린 국회 비준 동의안 설명에서 이동원 당시 외무부장관은 "대한민국 정부가 한반도에서 유일한 합법정부임을 일본으로 하여금 명확하게 확인시킴으로써 …… 일본의 외교에서 양면兩面 정책을 펼칠 가능성을 봉쇄했습니다"라고 말했다.[1] 이러한 논리에 따르면 북한은 '불법 단체'가 되고, 기본조약이 존재하는 한 일본이 북한과 국교를 맺는 것이 불가능하며, 설혹 국교를 맺더라도 유일한 합법

---

1) 이동준 편역, 『일한 국교정상화 교섭의 기록』, 서울: 삼인, 2015년, 987쪽.

1965년 2월 17일 한국을 방문한 시나 에쓰사부로 일본 외상(왼쪽)이 이동원 외무부장관의 영접을 받고 있다. 이때 이들의 정치적 담판에 의해 한일기본조약이 합의됐다고 한일 양국의 외교문서는 전하고 있다. 출처: 국가기록원.

정부인 한국의 동의 혹은 이해가 필요하게 된다. 하지만 이동원의 설명이 분단 체제하에서 북한과 정통성을 다투던 시대상을 반영한 견강부회牽强附會, 지록위마指鹿爲馬였다는 것은 해당 조문의 내용을 보더라도, 이후의 북일관계나 한국 정부의 재해석을 보더라도 명백하다.

"북일 교섭의 싹을 잘라라"

한국의 유일합법성 문제가 본격적으로 대두된 것은 1962년 11월 12일 도쿄의 일본 외무성에서 열린 김종필 당시 중앙정보부장과 오히라 마사요시大平正芳 외상 간의 회담 이후다. 일본의 경제 지원 자금으로 청구권 문제를 봉인한 것으로 유명한 이 자리에서 김종필은 기본조약을 통해 한일 간의 '과거 사태'를 청산함과 동시에 한국이 유일한 합법정권임을 분명히 밝혀두자고 제안했다.[2] 이어 그해 12월 속개된 제6차 한일회담 제2차 정치회담에서 한국 측은 영토 조항을 별도로 설정해 현재 행정적 지배하에 있는 지역(남한)은 물론이고 '앞으로 행정적 지배에 들어올 지역'에도 기본조약이 효력을 미치도록 하자고 주장했다. 후자는 당연히 북한을 의미한다. 한국 측이 이런 주장을 한 것은 물론 한국이 전체 한반도를 대표하는 유일한 합법정부라는 점을 부각해 향후에 이뤄질지도 모를 북일 교섭의 싹을 아예 잘라버리려 했기 때문이다.

그러나 이 문제에 대한 일본의 생각은 확고했다. 정치적 권위가 엄연히 존재하는 북한을 부정한 채 한반도 전체를 대상으로 하는 조약을 한국과 맺을 수는 없다는 것이었다. 일본은 1952년 중화민국과 강화조약을 맺을 때도 교환공문을 통해 조약이 대만 정부의 지배하에 있는 영역에서만 적용된다고 규정해 중국 대륙에 대해선 조약을 '백지' 상태로 남겨둔 전례가 있다. 일본 정부는 특히 국내정치적으로도 한국의 요구를 수용할 수 없었다. 당시 야당이었던 사회당과 공산당 그리고 혁신 계열의 시민단체 등은 남한과의 단독 수교가 남북 분단을 고착화할 뿐 아니라 한국만의 군사력을 강화시켜 결과적으로 한국의 대북 강경책에 일본이 말려들 수 있다며 반대했다.

북한을 '백지' 상태로 남겨둬야 한다는 일본 측 입장은 청구권이나 재일조선인의 법적 지위 문제에도 반영됐다. 한국의 대일 청구권 요구액을 계산하면서 일본 외무성과 대장성은 가령 우편저금에 대해서는 남북한의 인구 비례를 기준으로 70 대 30을, 징용노무자에 대해서는

---

2) 같은 책, 569쪽.

대부분이 남한 출신이었다는 역사적 사실에 근거해 한국에 95퍼센트, 북한에 5퍼센트를 각각 부여하는 산출 방법을 적용했다.[3] 일본 측은 또 휴전선을 경계로 정치적 권력이 양존하는 데다 남북한을 각각 지지하는 재일조선인이 있다는 현실을 지적하며, 재일조선인을 모두 대한민국 국민으로 간주해야 한다는 한국 측의 요구를 거부했다.

'백지'로 남은 북한

유일합법성 문제를 둘러싼 정치적 절충은 1964년 말부터 시작되는 기본조약 조문 교섭에서 본격화된다. 이때 일본 측이 들고 나온 것이 바로 1948년 12월 12일 유엔총회가 채택한 결의안 제195호(Ⅲ)다. 일본 측이 유엔결의의 명기를 요구한 것은 물론, 한국이 유엔의 감시하에 이뤄진 선거를 거쳐 수립된 합법정부임은 틀림없으나 한국 정부의 영향권이 선거가 실시된 한반도의 남측에 한정된다는 점을 분명히 하기 위해서였다.

사실 2000년 이전까지의 모든 교과서와, 2013년 "38도선 이남"이라는 표현을 삭제하라는 교육부의 권고를 수용한 최근의 근현대사 교과서에서는, 유엔총회 결의안 제195호(Ⅲ)를 근거로 "대한민국은 한반도에서 유일한 합법정부"라고 정의해왔다. 하지만 결의안에서 유엔이 승인한 대한민국은 유엔임시위원단의 감시하에서 선거가 실시된 '그 지역'that part에서 관할권을 갖는 정부였다는 것은 결의안의 영문 표현을 보면 명백한 사실이다. 이는 우리 헌법 제3조("대한민국의 영토는 한반도와 부속도서로 한다")와 충돌하지만, 한국 정부는 거두절미하고 결의안에 언급된

---

3) 「日韓国交正常の記録 總説八」, 일본 외교문서, 문서번호 506을 참조.

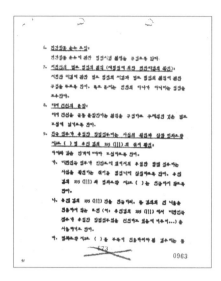

한일 기본관계조약에서 유엔결의 195호(Ⅲ) 내용의 일부만을 인용할 것을 지시한 1965년 1월 25일
자 훈령. 출처: 「제7차 한일회담 기본관계위원회 회의록 및 훈령」(1964. 12.~1965. 2.), 한국 외교문서, 등
록번호 1455, 91쪽.

'유일'과 '합법'만을 강조하며 대한민국의 정통성을 추구해온 것이다.

한국은 유엔결의안을 중요시해온 만큼 기본조약에 이를 명시하자는
일본 측의 요구를 마냥 거부할 수 없었다. 이에 따라 1965년 1월 25일
박정희 정부가 협상단에 내린 훈령은 "유엔총회 결의안 제195호(Ⅲ)
만 언급하되 그 결의안의 모든 내용을 인용하지 않는 표현"을 사용하
라는 것이었다.[4] 국민들이 영어로 된 유엔결의안을 꼼꼼하게 살펴보
지 않는 한 유일합법성의 실제 범위를 알 수 없기에 당장 내용을 알

---

4) "기본관계 문제에 관한 훈령"(1965년 1월 25일), 「제7차 한일회담 기본관계위원회 회의록 및 훈
령」(1964. 12. ~ 1965. 2.), 한국 외교문서, 등록번호 1455, 91쪽.

수 없는 결의안의 제목만 언급해 일본 측의 요구를 수용하면서, 동시에 조문상으로는 한국의 유일합법성이 돋보이도록 하겠다는 속셈이었다. 이에 대해 일본 측도 유엔결의안만 명시된다면 실질적으로 한국의 관할권을 남한으로 제한하는 효과가 발생한다고 판단, 한국 측 제안을 받아들였다. 여기에 유일합법성을 조금이라도 부각하려는 한국 측과 이를 무마하려는 일본 측 간에 추가적으로 정치적인 '물타기' 과정을 거친 끝에 기본조약 제3조가 완성된 것이다.

당연히 이 조항에 대한 한일 양국의 해석은 천양지차였다. 한국 정부는 당시 이동원 외교부장관의 말처럼 이 조항이 대한민국의 유일합법성을 확인한 것으로 설명한 반면, 일본 정부는 유엔총회 결의안 제195호(Ⅲ)를 명시함으로써 기본조약의 적용 범위를 한반도 이남으로 분명히 제한했다고 인식했다. 1965년 10월에 열린 일본 국회의 한일조약 특별위원회에서 일본 정부는 이 조항으로 "북한 부분에 대해서는 아무것도 정하지 않았다는 점이 보다 확실해졌다"는 공식 입장을 내놨다. 더욱이 시나 에쓰사부로 椎名悅三郎 외상은 "한국의 대일 청구권 혹은 재산이라는 것은 (한일 청구권 협정에서) 명백히 한국 및 한국민이라고 쓰고 있다. 따라서 청구권 문제에서 북한은 제외되어 있다"고 밝혀 북일 간에 청구권 문제

1965년 12월 일본 참의원에서 집권 자민당이 한일조약에 대한 동의 절차를 강행하자 야당 의원들이 연단으로 몰려가 몸싸움을 벌이고 있다. 당시 '굴욕외교, 대일 저자세 외교'를 주장하며 한일조약 체결에 반대했던 한국 내의 분위기와는 달리, 그들은 주로 냉전적 관점에서 북한을 제외하고 한국과 단독으로 수교하는 데 대해 반대한다는 입장을 취했다.

가 남아 있다는 견해를 분명히 밝혔다.[5]

이렇게 볼 때 한일조약의 체결이 일본 정부에게 한반도에 존재하는 또 하나의 국가, 즉 북한의 존재를 부정하거나 또는 북한과의 관계를 먼 장래까지 구속하는 것은 결코 아니었다. 일본 정부의 의도는 한일 기본조약의 적용 범위를 38도선 이남의 한국에 한정시켜 북한과의 관계를 '백지' 상태로 유지하는 것이었고, 이는 조약 내용을 통해 실질적으로 확인된 것이다. 더욱이 한국 정부가 주장한 '유일합법성'은 "우방국이 북한과 관계를 개선하는 경우 이에 협력하겠다"고 밝힌 1988년 노태우 대통의 7·7 선언과 1990년대 초반 남북 기본합의서의 채택에 이어, 1991년 9월 제46차 유엔총회에서 대한민국과 조선민주주의인민공화국이 159개 회원국의 만장일치로 유엔에 가입하면서 원천적으로 붕괴됐다고 볼 수 있다.

'하나의 코리아'와 일본

북한 또한 기본조약 제3조의 의미를 평가절하하기는 마찬가지였다.

"남조선 괴뢰정권을 가리켜 조선에 있어서의 무슨 '유일한 합법정부'라고 운운하며 자기들의 범죄적 흑막 외교에 합법성의 외피를 씌워보려고 시도하였다. 그 주장의 논거로서 유엔총회의 결정까지 들고 나왔지만 그것은 미제의 강요에 의해 조작된 것이며, 유엔은 어느 한 정권의 합법성 여부를 승인하거나 판결하는 결제기관이 아니다."

---

5) 이동준 편역, 『일한 국교정상화 교섭의 기록』, 서울: 삼인, 2015년, 1004쪽.

1965년 2월 23일 발표한 '정부 성명'에서 북한은 이렇게 기본조약의 '관할권 조항'을 맹비난했다.

흥미로운 것은 1991년 일본과 북한이 국교정상화를 추진하는 와중에 한국 정부의 국제법적 지위가 다시 논쟁거리가 됐다는 사실이다. 여기서 일본은 한일조약과의 정합성을 확보한다는 관점에서 북한의 관할권 범위를 휴전선 이북으로 제한하는 규정을 둬야 한다고 강하게 주장했다. 일본으로선 이렇게 해야 한반도 전체와의 관계정상화를 완성하는 것이 되기 때문이다. 이에 대해 북한은 '조선은 하나'이고 '통일을 지향하는 과정에서 잠정적으로 형성된 특수한 관계'인 만큼 분단국가를 전제로 하는 표현은 곤란하다고 맞섰다. 속사정이야 어떻든 한반도에서의 정통성이 자국에 있고 스스로가 통일의 주체가 돼야 한다는 입장을 견지해온 북한으로선 현재의 관할권이 명시되어 자존심에 상처를 입기를 원치 않았을 것이다.

여하간 분명한 점은 기본조약에서 한국은 실질적으로 한반도에서의 '유일합법성'을 인정받지 못했으며 한반도 전체를 대표하지도 못했다는 사실이다. 뒤집어서 말하면 일본은 1951년 샌프란시스코 강화조약에 규정된 '코리아'의 절반인 한국과만 화해를 한 셈이어서 나머지 절반인 북한에 대해서도 국교정상화를 통해 청구권 문제 등을 해결해야 할 '의무'를 안고 있다.

22

전범기업 미쓰비시와 '한강의 기적'
정경유착의 뒤안길

당인리발전소(현 서울화력발전소) 건설, 경인선 전철화 사업, 동양 최대 규모인 쌍용시멘트 공장 건설, 수출공업단지 조성, 포항종합제철소 건설, 서울지하철 사업, 대한조선공사 확장 공사, 신진자동차 기술 제공, 엘리베이터 제조 기술 제공……. 일본 대기업 미쓰비시三菱가 1965년 한일 국교정상화 이후 박정희 정권과 손을 잡고 한국에 남긴 족적의 일부다. 단일 기업 집단이 이처럼 굵직굵직한 실적을 남길 만큼, 박정희 정권의 성공적인 산업화를 상징하는 '한강의 기적'에는 한국인의 피땀만이 아니라 미쓰비시를 필두로 한 일본 기업의 기여도 적지 않게 들어 있다. 미쓰비시는 박정희 전 대통령과의 '특별한' 인연을 바탕으로 한국 경제와 불가분의 관계를 엮어 나갔다.

전범기업 미쓰비시의 '개과천선'
미쓰비시 그룹의 핵심 계열사로 한국 시장 개척의 선봉에 선 미쓰비시

상사商事의 사사社史는 이 시기 한
국과의 경제협력에 대해 다음
과 같이 기록하고 있다.

"1960년대 후반 이후 다수의
대규모 계약을 따내 이를 이행
하느라 정신이 없었다. 서울지
하철 건설 프로젝트나 포항종
합제철소 건설에 협력했는가
하면, 1974년부터는 제병製甁공

일본이 '메이지 일본의 산업혁명 유산'으로서 유네스코
세계문화유산 등록을 추진 중인 미쓰비시중공업의 나가
사키조선소. 과거 80여 척의 군함이 건조된 이 조선소
에는 조선인 징용자가 대거 동원되어 혹사당했지만, 조
선소 자료관은 이를 전혀 언급하지 않고 있다.

장에 플랜트를 납입하고 식품회사에는 병 채우기 및 병 세척 기계 등을
팔았다. 한국의 비료회사에는 비료를 팔았다. 더욱이 당시 외화 부족에
허덕이던 한국을 돕기 위해 우리 회사가 직접 한국 상품을 샀는가 하
면, 한국 상품의 제3국 수출을 촉진하기 위한 사절단을 파견해 커다란
성과를 거뒀다."[1]

한국 시장에서 이윤만 챙긴 게 아니라 한국을 키워내기 위해 한국 상
품을 사주고 해외 진출마저 지원했다니, 웬만한 상거래에선 상상하기
어려운 '희생정신'까지 발휘한 것이다.
　'전범기업' 미쓰비시가 돌연 개과천선이라도 한 것일까. 일제는 미
쓰비시의 첨단무기로 무장한 채 한반도와 중국, 동남아를 침략했다.

---

1) 　三菱商事株式会社 編, 『三菱商社史』 下巻, 東京 : 1986年, 870~871쪽.

태평양에선 미쓰비시가 만든 제로센 전투기와 전함을 앞세워 미국과 전면전을 벌였다. 일본 시민운동가들이 펴낸『전쟁 책임 연구』라는 자료에 따르면 미쓰비시 그룹은 일본의 전범기업 가운데 가장 많은 10만여 명의 조선인 징용자를 데려다 혹사시켰다. 징용 피해자들은 세 개의 마름모로 이뤄진 미쓰비시의 깃발이 휘날리던 나가사키^{長崎}조선소나 하시마^{端島}해저탄광 등에서 중노동에 시달리다 무수히 죽어 나갔다. 전쟁 말기에는 수천 명의 10대 초중반 미성년 여성들마저 '근로정신대'라는 희한한 이름으로 끌려와 미쓰비시의 군수공장에서 각종 무기 제작에 동원됐다. 더욱이 미군이 히로시마^{廣島}와 나가사키에 소재한 미쓰비시의 군수공장들을 핵심 타깃으로 삼아 잇달아 원자폭탄을 투하하면서 수많은 징용자들이 희생됐거나 이후에도 심각한 후유증을 앓았다. 이런 미쓰비시가 일본 패전 후 '전범'으로 간주돼 해체되는가 싶더니 이후 슬그머니 재결합해 한국 시장에 화려하게 다시 등장한 것이다.

"과거 미쓰비시에서 만든 군함과 잠수함에 감동했습니다"

미쓰비시가 한국에 재진출하고 한국의 국가사업을 거의 독점하게 된 계기는 박정희 전 대통령과 후지노 주지로^{藤野忠次郎} 미쓰비시상사 사장의 사적인 유대관계에서 출발한다. 후지노는 수시로 박 대통령과 만나 한국의 산업화 전략에 대해 조언하면서 적극적으로 관련 프로젝트를 챙겼다. 미쓰비시와 군사정부 간의 연결고리 역할을 한 인물은 신문기자 출신인 박제욱(전 영진흥산 사장)으로, 그는 김재춘, 이후락 등 정권 핵심세력과 가까웠다. 박제욱의 회고를 토대로 한 자료에 따르면 박 전 대통령과 후지노는 한일협정 체결 4개월 전인 1965년 2월 청와대에서 처음 만났다고 한다.

> **후지노**: 김포공항에 내려 밖을 보니 컴컴했습니다. 불을 밝히지 않으면 국민들이 희망을 가질 수 없습니다. 미쓰비시는 앞으로 한국의 경제개발5개년계획과 중공업 입국立國을 위해 어떠한 협력도 불사할 각오가 되어 있습니다.
>
> **박정희**: 지금 한국은 돈도, 시장도, 아무것도 없습니다. 후지이 씨와 같이 청렴하고 경륜이 있는 분이 저희를 지도해주면 좋겠습니다. 일본 육군사관학교에 재학 중일 때 미쓰비시중공업을 방문한 적이 있습니다. 거기서 만든 군함과 잠수함을 보고 감동했습니다.[2]

이렇게 둘은 의기투합했다. 박 전 대통령은 이 자리에서 한국 지도를 펼쳐놓고 고속도로, 발전소 건설 등 국가 개조 계획을 설명하면서 미쓰비시의 지원을 호소했다. 이에 대해 후지노는 "미쓰비시는 앞으로 박 대통령과만 상의하겠다"고 굳게 약속했다. 이후 후지노는 박 전 대통령에게 직접 전화 통화가 가능할 정도의 관계를 만들어갔다고 한다.[3]

미쓰비시의 한국 진출은 거침이 없었다. 1967년 미쓰비시은행(현 미쓰비시도쿄UFJ은행)이 일본의 은행 가운데 가장 먼저 서울에 지점 개설을 허가받았을 뿐 아니라, 미쓰비시는 한국 정부가 추진한 대형 프로

---

2) 八木大介, 『三菱商事を変革した男, 藤野忠次郎』, 東京: ダイヤモンド社, 1987年, 44~45쪽; 金然極, 『朴正熙政権の近代化と藤野忠次郎' 朴斉都の韓日経協』, 출판지 불명: 비매품, 1998年; 『한겨레신문』, 2015년 8월 15일.

3) 永野慎一郎, 『相互依存の日韓経済関係』, 東京: 勁草書房, 2008年, 356~360쪽.

젝트를 독점이라는 말이 무색할 정도로 독차지했다. 이 가운데 가장 대표적인 사업이 포항제철 건설사업이다. 이 사업은 당초 미국 중심의 국제제철차관단KISA과 계약까지 맺은 상태였으나 세계은행과 미국수출입은행 등이 차관 공여에 난색을 보여 난관에 봉착했다. 이때 미쓰비시가 대안으로 급부상했다. 박정희는 1968년 2월 9일 청와대를 찾은 후지노에게 "나는 포철 사업을 일본과 하기를 바란다"면서 일본 제철소들의 지원을 간곡히 요청했다. 후지노는 미쓰비시 그룹 내에서조차 반대가 많았음에도 결국 일본 제철업계의 동의를 얻어냈다. 이로써 미쓰비시상사는 일본 정부의 차관이 대거 투입된 포항제철 건설사업의 간사幹事회사로서 한국만이 아니라 일본 재계에도 막강한 영향력을 발휘하게 된다.[4]

국가 경제가 일본 재벌의 하청업체화?

물론 일본의 전쟁 기간에도 무기를 팔아 막대한 부를 축적하고 전후에도 뉘우치기는커녕 문어발식 확장을 거듭해온 미쓰비시가 순수하게 한국의 산업화에 기여하기 위해 박 전 대통령과 손을 잡은 것은 아니었다. 미쓰비시상사 출신으로 일본 참의원 국회의원을 역임한 야기 다이스케八木大介의 회고에 따르면 미쓰비시는 최대 장점인 중화학 관련 계열사를 앞세워 한국의 산업을 하청업체 혹은 가공기지로 육성한다는 전략적 구상을 갖고 있었다.[5] 다시 말하면 미쓰비시는 3국 간 무

---

4) 같은 책, 362~363쪽.
5) 八木大介, 『三菱商事を変革した男, 藤野忠次郎』, 東京: ダイヤモンド社, 1987年.

역의 수단으로서, 특히 대미 수출의 하청기지로서 한국을 활용한 것이다. 이는 좋게 말하면 한국이라는 국가와 미쓰비시라는 일개 기업 간 상호 의존 관계의 형성이며, 나쁘게 말하면 미쓰비시 그룹 산하에 한국의 주요 산업이 수직적으로 계열화되는 황당한 관계가 구축되는 것을 의미했다.

이런 미쓰비시의 사업 구상은 박정희 정권의 산업화 전략과 맞물려 막대한 이익을 챙겼다. 미쓰비시상사의 거래량은 1963년 1조 엔대였으나 1967년 2조 엔, 1969년 3조 엔, 1970년에는 4조 엔을 각각 돌파했다. 이는 1960년대 일본의 평균 경제성장률 10퍼센트와 비교하더라도 거의 두세 배나 높은 것으로, 일본의 대형 상사 중에서도 압도적인 성장세였다. 더욱이 미쓰비시는 이후에도 한국에 투입한 자본재와 기술을 토대로 지속적으로 '상호 의존'을 통한 이익 확장을 도모할 수 있었다.

미쓰비시와 한국 간의 '독점적' 관계는 박정희와 후지노 간의 '의기투합'만으로 유지된 것은 아니었다. 여전히 많은 부분이 베일에 가려 있지만, 여기에도 어김없이 '검은' 뒷거래가 활개를 쳤다. 1965년 한일협정 이전부터 미쓰비시는 군사정부에 정치자금을 제공해왔다. 사실상 미쓰비시의 한국 대리인 역할을 해온 박제욱은 "1963년 대선을 앞두고 미쓰비시로부터 100만 달러를 빌려 대선자금으로 사용했다"고 주장한 바 있다. 여기서 박제욱이 '빌렸다'고 말한 것은 몇 년 뒤 당인리발전소 프로젝트를 미쓰비시에 주는 형식으로 갚았기 때문이었다. 1963년 10월에야 '민정 이양'의 약속을 지키기 위해 군복을 벗고 직접 대통령이 되기 위해 선거에 나선 민주공화당의 박정희 후보는 46.6

퍼센트를 획득, 45.1퍼센트를 얻은 윤보선(민정당) 후보에게 15만여 표
(1.5퍼센트)라는 그야말로 박빙의 차이로 승리했다.

더욱이 박제욱은 1967년 6대 대선 때도 박정희를 위해 500만 달러
(현재 가치로는 3,500억 원 추정)를 조달했다고 회고했다. 이 돈 역시 미쓰
비시에서 빌려왔다고 한다.

> "홍콩상하이은행에서 인출한 돈을 김형욱 중앙정보부장이 책임지고 국
> 내로 들여왔다. 대신 김 부장은 공식 환율과 암시장 시세 간의 차액 10
> 퍼센트를 챙겼다."[6]

진동하는 검은 돈 냄새 … "그러나 근로정신대에는 한 푼도 줄 수 없다"

일본 정계에서도 미쓰비시와 박정희 정권과의 '검은' 유착이 추궁될 될
정도였다. 가령 1977년 12월 일본 중의원 예산위원회에서는 미쓰비시
상사가 서울지하철 건설 공사와 관련해 한국 정계에 제공한 정치헌금
이 논란이 됐다. 미쓰비시상사를 창구로 한 '일본 연합'은 1973~1974
년 총액 185억 엔 규모의 서울지하철 공사를 수주했는데, 이 과정에서
미국 내 한국 기업의 예금 구좌에 상당액의 리베이트가 송금됐다는 것
이다. 이와 관련, 당시 참고인으로 출두한 미쓰비시상사의 다나베 분
이치로田部文一郎 사장은 '특별한 중개료'가 존재했음을 공식적으로 인정했
다.[7] 총사업비의 7~8퍼센트가 리베이트였는데, 현지 대리점의 중개수

---

6)   『한겨레신문』, 2015년 8월 15일.
7)   「第83回衆議院予算委員会」 第2号, 1977年 12月 17日, 일본 국회의사록 검색시스템.

수료인 2퍼센트를 제외한 5~6퍼센트는 한국 정치권 등에 '윤활유'로서 흘러들어 갔다는 것이었다. 박정희 정권과 미쓰비시가 만든 한일 경제협력 '신화'의 이면에는 이렇게 시커먼 정경유착의 그림자가 어른거렸다.

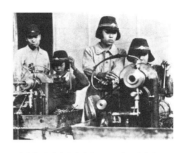

일제의 태평양전쟁기에 주로 미쓰비시의 군수공장 등에 동원된 10대 초중반의 여성 근로정신대. 출처: 미 국립문서기록청.

강점기 미쓰비시중공업 등에 동원된 피해자들이 이들 회사를 상대로 제기한 손해배상 상고심에서 1965년 '청구권 협정'으로는 강제징용 문제를 포함한 '식민지 지배 책임 일반'이 해결되지 않았다고 적시하고, '배상' 판결 취지로 이를 항소심 재판부로 되돌린 바 있다. 이후 미쓰비시를 상대로 한 강제동원 피해자들의 소송이 봇물처럼 터져 나왔다. 그러나 미쓰비시 측은 "청구권 협정으로 모든 보상이 끝났다"는 입장을 취하면서 잇달아 소장을 반송하는 등 다분히 의도적으로 소송을 기피하고 있다.

여기서 오히려 심각하게 추궁해야 할 것은 대법원 판결을 수용해 정부 차원의 외교적 보호권을 행사할 것인지, 아니면 포기할 것인지, 입을 닫은 한국 정부의 태도다. 한국 정부의 '직무유기'가 미쓰비시의 '나쁜 용기'를 부추긴다는 피해자 측의 주장에 귀를 기울일 필요가 있다. 이 문제는 언제까지든 깔아뭉갤 수 없는 사안이며, 더욱이 한국 정부가 침묵한다고 과거의 어두운 유착관계가 없던 일이 되지는 않기 때문이다.

23

전두환 정권과 한일 '안보경협' 40억 달러
"안보 분담금 요구가 읍소로…"

"한국은 국가 예산의 35퍼센트를 국방 분야에 쓰고 있다. 이는 한국만을 위한 것이 아니라 자유진영의 여러 국가들, 그중에서도 일본을 위해서다. 더군다나 박정희 대통령이 돌아가신 후 한국은 여러 곤란한 상황을 맞고 있다. 이때 부유한 이웃나라로서 역사적으로도 인연이 깊은 일본에 과감한 방위·경제 협력을 부탁하고자 한다. 구체적으로는 현행 한국에 대한 일본의 협력금액을 열 배로 늘려 연간 20억 달러, 이를 향후 5년간 총 100억 달러를 제공해달라."

전두환 정권이 막 들어선 1981년 4월 23일 노신영 외무부장관은 일주일 후 이임 예정이었던 스노베 료조須之部量三 주한 일본대사를 갑자기 불러 이렇게 사실상 '통보'했다. 한국이 대규모 군사력을 유지해 일본을 지켜주고 있으니 일본은 그 대가를 지불해야 한다는, 이른바 '안보경협론'을 불쑥 제기한 것이다. 이로써 무상 3억 달러, 유상 2억 달러

로 결론이 난 1965년 청구권
협정에 이은 대규모 경제협력
논쟁이 한일 간에 불이 붙었다.

"젊은 군인들, 미친 것 아닌가"

"일국의 외무부장관이 갑자기
주재국 대사를 불러 100억 달
러를 내놔라, 그것도 국방예산
을 분담하라는 명목으로 윽박
지르다니 (중략) 한국 정부가
미친 것 아닌가."

전두환 전 대통령이 1983년 1월 11일 일본 총리로는 처
음으로 한국을 방문한 나카소네 야스히로(中曾根康弘)
총리와 악수하고 있다. 양측은 이때 40억 달러에 달하는
경제협력에 합의했다. 출처: 한국일보.

서울에서 날아온 급전을 접한
기우치 아키타네木內昭胤 일본 외
무성 아시아국장은 격앙되어 소리를 질렀다. 오구라 가즈오小倉和夫 당시
북동아시아 과장(현 일본국제교류기금 고문)의 회고다.[1]

더욱이 당시 스즈키 젠코鈴木善幸 내각은 1979년 12·12 군사쿠데타
에 이어 1980년 광주 민주화운동을 유혈 진압한 후 집권한 전두환 정
권의 정통성에 대해서 의문을 갖고 있었다. 일본 측은 1981년 3월 전
두환 대통령 취임식에 이토 마사요시伊東正義 외상을 파견했지만, 이토

---

1) 小倉和夫, 『秘録 日韓1兆円資金』, 東京: 講談社, 2013年, 18쪽.

는 '북한 위협'을 강조하며 쿠데타의 정당성을 호도하는 한국 측 주장에 전혀 동조하지 않았다. 특히 당시 일본에서는 전두환 정권이 이른바 '5·7 내란 음모 사건'으로 체포된 김대중에게 국가반역죄를 적용해 사형선고를 내린 데 이어 그 판결문조차 공개하지 않자 한국에 대한 여론이 극도로 악화되어 있었다. 더욱이 1970년대 후반부터 한국에 대한 일본의 경제협력은 종래의 정부 베이스에서 민간 베이스로 이행되고 있었고, 이른바 무상 경제협력은 1978년도를 기점으로 마무리됐다. 이런 와중에 한국 측이 대규모 경협을 안보를 빌미로 요구하다니 일본 측은 '주제넘고 당돌한' 신군부에 당혹감을 떨칠 수 없었다.

하지만 한국 신군부 정권에 이런 대일 요구는 거의 확신에 찬 행동이었다. 이들은 일본의 식민지 교육이 아니라 이승만 정권 이후의 반일 교육을 받으며 성장했고, 특히 1965년 한일 국교정상화에 대한 한국 국민들의 맹렬한 반대운동을 생생히 기억하고 있었다. 따라서 이들은 박정희 정권 시절의 한일관계를 '검은' 정경유착으로 점철된 부패의 온상이라고 간주, 이를 반드시 청산해 바로잡아야 한다고 생각하고 있는 듯했다. 이런 한국의 신군부 지도층을 일본 측은 한일관계의 '신세대'라고 불렀다. 실제 허문도를 비롯한 전두환 정권의 실세들은 과거처럼 정情이나 의리를 내세우며 읍소하기는커녕 일본에 대해 마치 당연한 것을 요구해 받아내겠다는 태도를 분명히 했다고 한다.

"일본을 지켜주는 은혜를 갚아라"
공로명 당시 외무차관보가 1981년 8월 일본 측에 밝힌 경협 요구의 이유는 다음과 같다.[2] 첫째, 한국은 현재 국민총생산GNP의 6퍼센트, 예산의 36퍼센트를 군비로 소비하고 있으며 앞으로도 국가 생존을 위해 거액의 군사비를 지출하지 않으면 안 된다. 둘째, 새롭게 경제5개년계획을 추진할 예정인데 과대한 군사비 부담 때문에 차질이 생겼다. 셋째, 1965년 국교정상화 이후 15년간 거의 200억 달러나 쌓인 대일 무역적자를 구조적으로 해결해야 한다. 공로명의 말을 빌리면, "과거 3년간의 대일 무역적자 95억 달러는 중동에서 한국인 노동자가 밤낮으로 땀을 흘린 것을 일본이 전부 챙긴 것과 같다." 달리 말하면 일본은 안전 보장의 측면에서 '무임승차'를 해오면서 한국과의 무역에서 막대한 이익을 챙겨온 만큼, 한국이 군사비 부담을 줄여 경제 발전에 집중할 수 있도록 돈을 내놔야 한다는 말이다. 그러나 일본 측 분석에 따르면 1981년 5월 한국 정부가 수정, 발표한 제5차 경제사회발전5개년계획을 완수하는 데는 추가적인 대규모 외자 도입이 전혀 필요치 않았다.[3] 요컨대 한국 측의 주장은 쿠데타로 집권한 세력이 국내 안정을 도모하기 위해 기획한 정치경제적 요구였던 셈이다.

전두환 정권의 대일 요구는 소련의 아프가니스탄 침공으로 격화된 신新냉전과 맞물리면서 미국으로부터도 측면 지원을 받았다. 1981년 2월 대통령 당선자 자격으로 미국을 방문한 전두환은 막 대통령에 취임한 로널드 레이건Ronald Reagan과의 회담에서 한국이 태평양에서 미국 방위의 방호벽 역할을 수행하려면 역할 분담이 필요하고 이를 위해

---

[2] 같은 책, 63~64쪽.
[3] 같은 책, 46쪽.

선 일본이 한국에 거액의 원조를 해야 한다고 주장했다. 이에 대해 레이건은 한반도와 동북아시아의 평화를 유지기 위해선 무엇보다 안전보장 체제의 구축이 중요하다고 말해 전두환의 구상을 사실상 지지했다.[4] 이를 토대로 전두환 정권은 안보 분담금을 내놓으라고 일본 측에 들이댄 것이다.

그러나 역대 일본의 자민당 정권 중에서 가장 리버럴한 축에 속했던 스즈키 정권은 한국 측이 내세운 '안보경협'의 논리를 전혀 수용하지 않았다.

"일본은 주일미군의 주둔비용을 부담하는 형식으로 미군을 지원하고 있고 이는 한국 방위에도 도움을 준다. 다시 말하면 한국과 일본은 미군을 매개로 공동으로 동북아시아의 안보를 위해 노력하고 있는 셈인데, 일본이 일방적으로 한국으로부터 안보 혜택을 받고 있다는 것은 말이 안 된다."

1981년 8월 일본 측은 공로명 외무차관보에게 이렇게 통보하면서, 더욱이 한국에 대한 경제협력을 안보의 논리로 포장하는 것은 일본의 헌법정신, 즉 전수방위專守防衛에도 반한다고 지적했다.[5] 그렇다고 일본 측으로선 미국이 후원하는 전두환 정권의 요구를 마냥 무시해 한일관계를 파탄 낼 수도 없었다. 신군부의 쿠데타를 계기로 박정희 정권 시절 한일관계의 윤활유 역할을 했던 정치적 인맥마저 완전히 단절된 터였다.

---

4) 『朝日新聞』, 1981年 2月 4日; 李庭植 著, 小此木政夫·古田博司 訳, 『戦後日韓関係史』, 東京: 中央公論社, 1989年, 155~156쪽.

5) 小倉和夫, 『秘録 日韓1兆円資金』, 東京: 講談社, 2013年, 69쪽.

"40억 달러 이하가 되면 제가 죽습니다"

일본 측이 시큰둥한 반응을 보이자 언제까지나 당당할 것 같았던 전두환 정권이 먼저 달아올랐다. 전두환은 1981년 8월 15일 광복절 기념식 연설에서 "우리는 나라를 잃은 민족의 치욕을 둘러싸고 일본의 제국주의를 꾸짖어야 하는 것이 아니고, 당시의 정세, 국내적인 단결, 국력의 약함 등 자책하는 자세가 필요하다"고 말해 한국 대통령으로는 처음으로 공식석상에서 한국에도 국권 피탈의 책임이 있다고 인정했다. 이는 당시 일본 언론에도 크게 보도되어 한국 측의 '전향적인' 대일 자세가 주목되었다.

한국 측은 1981년 8월 20~21일 도쿄에서 열린 외무장관 회담을 통해 당초의 100억 달러보다 40억 달러 삭감된 60억 달러의 차관 공여를 공식적으로 요청했다. 그러나 이마저도 일본 측은 수용하지 않았다. 소노다 스나오園田直 일본 외상은 금액에 대해선 가타부타 언급하지 않은 채 먼저 자금 사용 계획을 제출할 것을 요구했다. 이 과정에서 노신영 외무부장관은 회담 중에 급히 프로젝트 목록을 만들어 일본 측에 제출하는 촌극을 연출하기도 했다.[6] 더욱이 한국 측이 내놓은 프로젝트 내용에는 일본 측이 알레르기 반응을 보일 것 같은 '안보' 관련 내용은 일절 포함되지 않았다. 과거 청구권 협상에서 청구권자인 한국이 총액에 목을 매면서 스스로 교섭상의 을의 지위를 자초했던 것처럼 전두환 정권 또한 당초의 '안보경협'이라는 명분은 어느덧 잊어버린 채 '채권국' 일본에 성의를 호소하는 신세가 된 것이다.

---

[6] 같은 책, 100~101쪽.

"40억 달러 이하가 되면 제가 죽습니다. 대통령도 정권을 유지하지 못할 수 있습니다."

한국 측의 요구 수준은 어느덧 40억 달러로 내려앉아 있었다. 노신영 외교부장관은 1981년 9월 10~11일 제11회 한일 각료회의 참석차 서울을 방문한 소노다 일본 외상에게 "5년간 40억 달러도 안 되겠습니까"라며 매달렸다고 한다.[7] 더욱이 노신영 장관은 같은 해 10월 19일 국회 외무위원회에서 헌법상 제약으로 일본의 엔화 차관 협력은 군사비로 사용되는 것이 아니라 제5차 경제사회발전5개년계획의 추진에 충당될 것이라고 밝혀 '안보'경협을 사실상 부인했다.[8]

하지만 한국 측의 읍소와 '안보'경협 부정에도 불구하고 일본 측은 명쾌한 답을 줄 수 없었다. 당시 와타나베 미치오渡邊美智雄 일본 대장상이 전두환과의 면담에서 말한 것처럼 "겉보기와는 달리 일본 정부는 가난했을" 뿐만 아니라 매년도 프로젝트 방식이 아닌 다년간에 걸친 총액 방식 지원은 일본 국내법상 애초부터 불가능했다. 스즈키 총리는 1981년 10월 3일 중의원 예산위원회 답변에서 한국의 '안보'경협 요청에는 응하지 않을 것이라고 명언했다.[9] 하지만 한국 측이 '안보'경협이라는 명목마저 포기한 채 마지노선으로 정한 40억 달러를 일본 측이 어떻게든 충족하지 않고선 한일관계는 회복하기 어려운 상황이 되어버렸다.

---

7) 같은 책, 126~127쪽.
8) 「제108회 국회 외무위원회 회의록」 제3호, 1981년 10월 19일, 20쪽, 한국 국회의사록 검색시스템 (http://likms.assembly.go.kr/record/).
9) 「第95回衆議院予算委員会」 第1号, 1981年 10月 3日, 일본 국회의사록 검색시스템.

만주군 장교 출신이 거간꾼으로 재등장하다

이때 일본 측 밀사로서 한일관계의 거간꾼으로 맹활약한 인물이 세지마 류조瀨島龍三다. 일제 대본영의 작전참모 신분으로 당시 만주군 장교였던 박정희 전 대통령의 직속상관이기도 했던 세지마는 일제 패망 후 시베리아에 포로로 11년간 억류됐다가 돌아온 후 이토추伊藤忠상사 회장 등을 역임했다. 자서전 『수많은 산과 강을 지나』幾山河[10]에서 대동아 전쟁을 '자위自衛전쟁'으로 규정했는가 하면, '새로운 역사 교과서를 만드는 모임'의 후원자이기도 했던 일본의 대표적인 우익이다. 이런 세지마가 전두환은 물론이고 노태우, 권익현 등 한국의 '신세대' 정치인과 일본의 '구세력'을 다시 이어주는 구원투수로서 등판한 것이다.

세지마는 한때 삼성물산 상무를 겸임하면서 인연이 있었던 권익현 민정당 사무총장과 함께 한일 간의 '40억 달러 총액 맞추기' 작업을 막후에서 추진한다.[11] 세지마의 '특사' 역할에 대해 당시 일본 외무성 사무차관이던 스노베는 "외무성은 세지마가 예전부터 알고 있는 한국의 대통령 측근을 통해 이것이 일본이 할 수 있는 최종

오랫동안 한일관계의 막후 거간꾼으로 활약한 세지마 류조(1911~2007). 출처: 한국일보.

---

10) 瀨島龍三, 『瀨島龍三回想錄: 幾山河』, 東京: 産経新聞ニュースサービス, 1995年.

11) 같은 책, 420~424쪽. 세지마는 박정희 정권 이후의 한국 군부정권에 두루 실력을 과시했고, 일본 상공회의소 특별고문 등의 직함으로 청와대를 무려 열다섯 번이나 방문했다고 한다.

1984년 9월 6일 한국 국가원수로는 처음으로 일본을 공식 방문한 전두환 전 대통령이 히로히토 일본 왕이 주최한 궁중 만찬회에서 건배하고 있다. 히로히토는 이 자리에서 "금세기 한 시기에 양국 간에 불행한 과거가 있었던 것은 진심으로 유감이며 반복돼서는 안 된다고 생각한다"고 말했다. 출처: 한국일보.

마지노선임을 대통령에게 직접 설명했다, 정부 입장에서 보면 외무성 머리 위로 외교 안건이 결정되는 것은 바람직하지 않지만, 결과적으로는 우리가 말하는 내용의 요지를 특사가 잘 추진해 실현시켰다"고 회고했다.[12]

"그림자를 연모하며"
이 과정에서 일제의 한반도 침략을 '진출'로, 3·1 운동을 '폭동'으로 표

---

[12] 須之部量三·小此木政夫, 「対談 : 最近の日韓関係を考える」, 日本国際問題研究所, 『国際問題』第 281号, 1983年 8月.

현한 1982년 제1차 일본 교과서 파동 때문에 '40억 달러' 논의는 일시적으로 중단되기도 했으나, 결국 1983년 1월 나카소네 야스히로中曾根康弘 총리가 일본 총리로는 처음으로 한국을 방문하면서 결착을 봤다. 1989년까지 7년간에 걸쳐 제공된 일본 정부차관 18억 5,000만 달러, 일본 수출입은행 융자 21억 5,000만 달러를 합한 총액 40억 달러 (평균 금리 6퍼센트대)는 전두환 및 노태우 정권 시절 각종 사회기반시설 확충에 투여돼, 일본 측 표현을 빌리면 한국 '신세대' 정권의 '새로운 나라 만들기'에 기여했다.

전두환이 "(한일관계를) 실질적으로 동맹관계까지 끌어올려야 한다"고 말하자 나카소네는 "과거를 반성한다"고 일본 총리로는 처음으로 과거사에 대한 입장을 밝혔다. 예정에 없던 가라오케 대회에서 나카소네가 한국 트로트 〈노란 샤쓰의 사나이〉를 부르자 전두환은 일본의 엔카 〈그림자를 연모하여影を慕いて〉를 부르며 화답했다.[13] 둘은 얼싸안았다. 과거 박정희 정권 시절의 청구권 협정 때도 한일 양국이 '청구권' 개념을 완전히 다르게 설명했듯이, '안보협력'이라는 거창한 명분에 대해서도 양국이 각각 편한 대로 해석하면 될 일이었다. 이렇게 한일 관계는 한국의 군부정권에 의해 종래의 정치경제적 상호 의존성을 이어갔다.

---

13) 小倉和夫, 『秘録 日韓1兆円資金』, 東京: 講談社, 2013年, 293쪽.

24

"완전히 그리고 최종적으로 해결된 것"의 의미
"숲을 모두 불살라라"

"양 체약국은 양 체약국 및 그 국민(법인을 포함함)의 재산, 권리 및
이익과 양 체약국 및 그 국민 간의 청구권에 관한 문제가 (중략) 완
전히 그리고 최종적으로 해결된 것이 됐음을 확인한다."

1965년의 한일 청구권 협정 제2조 1항이다. 일본 측이 '위안부'나 강
제동원 피해에 대한 보상을 부인할 때마다 상투적으로 흔들어대는 국
제법적 근거다. 50년 전 국교를 맺으면서 양국 간의 재산, 권리 및 이
익과 청구권을 '완전히 그리고 최종적으로 해결된 것'으로 하기로 약
속해놓고선 이제 와서 왜 딴소리냐는 것이다. 그렇다면 도대체 무엇
이 '완전히 그리고 최종적으로 해결된 것'일까. 한일 양국의 외교 기록
을 통해 그 실체를 되짚어본다.

공항 창고에서 서명된 청구권 합의의사록

1965년 4월 3일 도쿄에서 이동원 당시 외무부장관과 시나 에쓰사부로椎名悦三郎 일본 외상은 앞서 언급한 청구권 협정에 가조인했다. 하지만 이때 일본 정부, 특히 대장성은 '완전히 그리고 최종적으로 해결된 것'의 의미가 너무 추상적이라면서 그 내용을 구체적으로 못 박아두지 않으면 나중에 무슨 일이 일어날지 모른다고 우려했다. 이렇게 일본 측이 별도로 준비하고 한국 측이 서명한 부속 합의의사록은 당초 외부에 공표되지 않았기에 사실상 밀약의 형식을 취했다.

"완전히 그리고 최종적으로 해결된 것이 되는 한일 양국 및 양 국민의 재산, 양국 및 양 국민 간의 청구권에 관한 문제에는 한일회담에서 한국 측이 제출한 '한국의 대일 청구 요강'(이른바 8항목)의 범위에 속한 모든 청구권이 포함되어 있고, 따라서 관련 협정의 발효에 의해 이 대일 청구권 요강에 관해서는 어떠한 주장도 할 수 없게 된다는 것이 확인되었다."[1]

요컨대 청구권 협정에서 '완전히 그리고 최종적으로 해결된 것'이 되는 것은 이승만 정권이 1951년 2월 제1차 한일회담 때 일본 측에 제출한 '한국의 대일 청구 요강'을 가리킨다는 것이다. 여덟 개 항목으로 구성된 '한국의 대일 청구 요강'(별칭 '대일 8항목 요구')은 식민지 피

---

[1] '財産および請求権に関する問題の解決並びに経済協力に関する日本国と大韓民国との間の協定についての合意された議事録', 「日韓国交正常化交渉の記録　総説十三(付録)」, 일본 외교문서, 문서번호 391, 892~893쪽.

해에 대한 배상 요구는 제외한 반면, 한국의 분리·독립에 따라 청산해야 할 채권채무 관계는 망라했다.[2] 특히 제5항은 일본국 및 일본 국민에 대한 한국 법인 및 개인의 청구권의 변제를 요구하고 있는데, 여기에는 일제의 태평양전쟁 중에 강제동원된 징용 피해자 등에 대한 미수금, 위자료 등이 포함됐다. 다시 말하면 청구권 협정의 부속 합의를 통해 한국 정부는 오늘날 논란이 되고 있는 강제동원 피해자 문제도 '완전히 그리고 최종적으로 해결된 것'으로 하기로 약속한 셈이다.

다만, 당시 박정희 정부도 포기할 청구권을 구체적으로 적시하는 데는 어느 정도 부담을 느꼈던 것 같다. 일본 외교문서에 따르면 이동원 장관을 포함한 한국 대표단은 1965년 4월 23일 청구권 협정에는 가조인했지만 추가적으로 일본 측이 합의의사록을 들이대자 서명하지 않은 채 공항으로 떠나버렸다.

"한국 측은 도망치려는 마음이었던 것 같았지만 우시로쿠 도라오後宮虎郎 외무성 아시아국장이 공항까지 쫓아가 연하구 외무부 아주국장을 창고와 같은 승무원 대기실로 불러내 결국 서명을 받아냈다."

마쓰나가 노부오松永信雄 당시 일본 외무성 조약과장은 이렇게 회고하며 "이로써 사라지는 한국 측 청구권이 무엇인지 분명해졌다"고 말했다.[3]

2) 한국 정부도 한일국교정상화에 즈음해 발간한 백서에서 청구권의 성격에 대해 "영토의 分離 分割에서 오는 財政上 및 民事上의 請求權 解決 問題"라고 말했다. 대한민국정부, 『한일회담백서』, 서울, 1965년, 41쪽.

3) 「日韓国交正常化交渉の記録 総説十二」, 일본 외교문서, 문서번호 1128, 241~242쪽.

'개 죽이기' 논쟁이 된 개인청구권 문제

> **한국 측**: 숲으로 도망친 개는 밖으로 나오면 죽이면 된다.
> **일본 측**: 아니다. 아예 숲을 불살라버려야 한다.[4]

한일 양측은 청구권 협정의 가조인 후인 1965년 6월 11일부터 시작된 막판 조문 작업에서 또다시 맞섰다. 여기서 '개'는 다름 아닌 한국 측의 개인청구권을 의미했다.[5] 일본 측은 미래의 특별한 상황에 만에 하나 튀어나올지도 모를 개인청구권의 싹마저 원천적으로 잘라버리길 원했다. 그 구체적인 조치가 청구권 협정 제2조 3항에 규정된 "타방 체약국의 관할하에 있는 것에 대한 조치에 관해서는 …… 어떠한 주장도 할 수 없는 것으로 한다"는 문구였다. 결국 한국 정부는 일본의 이런 희망사항을 받아들였다.

개인청구권을 '숲으로 도망친 개'로 취급해온 한국 정부가 지금껏 강제징용 피해에 대한 어떠한 보상도 부인해온 일본 측에 볼멘소리조차 못하는 이유다. 이 조항으로 인해 한국 정부는 일본 당국이 일본 내에 남아 있는 강제징용자의 미수금 등 한국인의 채권이나 재산을 어떻게 처분하든 이에 대해 어떤 주장도 할 수 없게 된 것이다. 일본 정부가 근로정신대 피해 할머니들의 후생연금 탈퇴수당으로 99엔을 지불하든, 안하든, 이는 어디까지나 일본 측 소관사항이 되어버렸다.

---

4) 「日韓国交正常化交渉の記録 総説十二」, 일본 외교문서, 문서번호 1316, 174~175쪽.
5) 吉澤文寿, 『日韓会談: 戦後日韓関係の原点を検証する』, 東京: 高文研, 2015年, 116쪽.

한일조약의 국회 비준에 앞서 박정희 정부와 민주공화당은 전국을 순회하며 한일회담 대국민설명회를 열었다. 여기서는 일본에서 들어올 정체불명의 유상·무상 자금이 "우리의 '청구권'에 의한 정당한 권리 행사"로 포장됐고, 과거사를 팔아버렸다는 씻을 수 없는 과오를 반성하기는커녕 산업화와 경제 성장이 라는 '장밋빛' 희망만이 강조됐다. 출처: 국가기록원.

그러나 일본 측이 '도망친 개를 잡기 위해 숲을 불태우듯이' 이중·
삼중으로 개인청구권을 소멸시키려 했지만 모든 것을 '완전히 그리
고 최종적으로 해결된 것'으로 완결 짓지는 못한 것으로 보인다. 첫째,
1965년 청구권 협정은 한국이 한일회담에서 제기한 여덟 개 항목의
대일 청구권만 포기한다고 규정했을 뿐 전쟁범죄에 의한 피해는 전혀
반영하지 못했다. 청구권 협정은 그야말로 재정적·민사적 채권채무
관계를 해결하기 위한 것이었지, 일제가 전쟁 중에 저지른 강제와 폭
력, 이로 인한 피해에 대해선 일절 따지지 않은 것이다.

일본이 '강제'노동을 부인하는 이유

최근 아베 신조安倍晋三 총리 등 일본 측이 한국과 일본의 합의하에 유네
스코 세계문화유산에 등재된 산업시설들에서 조선인 강제노동이 있었

다는 사실을 잇달아 부인하는 것도 이와 무관하지 않다. 명백한 역사 왜곡임에도 일본 측이 '강제'라는 말에 알레르기 반응을 보이는 것은 무엇보다 한일 청구권 협정에 언급되지 않은 전쟁범죄 문제가 부각되는 것을 우려하기 때문이다. 일본 정부가 국가폭력이 가미된 '강제노동'이나 '위안부' 문제처럼 인도에 반하는 불법행위를 인정하게 되면 그 논리적 귀결로서 이런 심각한 문제를 모두 불문에 붙였던 1965년 한일 청구권협정을 개정해야 한다는 압력에 직면할 수도 있다.

둘째, 한일 양국이 청구권 협정에서 '완전히 그리고 최종적으로 해결된 것'으로 하기로 했던 이른바 '대일 8항목 요구'에는 포함되지 않았던 피해가 1990년대 이후 속속 드러났다. '위안부', 원폭 피해자, 사할린 동포 세 문제가 대표적이다. 2005년 노무현 정부가 한일 국교정상화 관련 외교문서를 공개하면서 '민관공동위원회'를 통해 강제징용 문제는 추가 배상의 법적 책임을 묻기 어렵다면서도 이 세 가지 피해에 대해선 '해결됐다고 보기 어렵다'고 결론지은 것은 무엇보다 '완전히 그리고 최종적으로 해결된 것'이 되는 '대일 8항목 요구'에 이들 문제가 빠져 있다고 봤기 때문이다. 하지만 이에 대해 일본 측은 청구권 협정을 통해 모든 청구권이 '완전히, 최종적으로' 해결됐다는 입장을 고수하고 있다.

청구권 협정이 내재한 보다 근본적인 결함은 셋째, 일제 식민지 지배가 사실상 합법적이었다고 전제하고 있다는 데 있다. 이는 '대일 8항목 요구'의 내용과도 밀접한 관계를 갖는데, 여기서 한국 정부는 일제의 식민지 지배로 인한 인적·물적·정신적 배상 요구는 배제한 채 일제의 전쟁 기간 중에 발생한 피해의 보상과 국가의 분리에 따른 채권

채무 관계의 청산만을 요구했다. 다시 말하면 한국은 일제 식민지기의 법체계를 토대로 한 재산 및 청구권만을 문제 삼았다.

당연히 일본은 이러한 한국 측의 법적 인식을 얼씨구나 하고 받아들였다. 이는 일본 측이 공개한 공문서 가운데 노동성, 대장성, 후생성 등 관련 부처가 한국 측의 개인청구권을 소멸시키기 위한 법적 근거를 정리해놓은 자료에도 분명히 드러난다. 여기서는 한결같이 과거 일제가 만든 노동법, 은급법 등이 적용되었다. 일본 법원이 '위안부', 강제징용 등 한국인 피해자의 소송에서 패소 결정을 내린 주요한 이유 중 하나도 과거 일제의 헌법에는 국가배상의 의무가 없었다는 것이었다. 최근 아베 총리가 '강제노동'이 없었다고 주장하면서 내세운 근거도 다름 아닌 일제가 전시 동원 및 통제를 위해 만든 국가총동원법(1938년)과 국민징용령(1939년) 등이다. 여기서 국민은 조선인도 포함된다. 식민지 지배가 합법적이었다는 일본의 눈으로 보면 조선인에 대한 강제노역도 어디까지나 일제의 법체계하에서 이뤄진 만큼 어떤 강제성도 있을 수 없게 된다. 이런 황당한 주장을 한국 정부도 1965년 청구권 협정을 통해 실질적으로 묵인한 것이다.

한일 양국 정부가 이렇게 식민지 지배와 개인청구권 문제에 대해 사실상 '공범' 관계를 구축해온 가운데 현재 이와 직접적으로 관련된 대법원의 최종심(재상고심)이 진행 중이다. 이에 앞서 2012년 대법원은 강제징용 피해자들의 손해배상 청구 소송에서 "(청구권 협정 협상 과정에서) 한일 정부는 일제의 한반도 지배의 성격에 관해 합의에 이르지 못했는데, 이런 상황에서 일본의 국가권력이 관여한 반인도적 불법행위나 식민지배와 직결된 불법행위로 인한 손해배상 청구권이 청구권 협정의 적용 대상에 포함됐다고 보기는 어렵다"고 판시하고 사건을 파기, 환송한 바 있다. 대법원에서 판결이 확정되고 손해배상 단계로 들어가면 일본 기업과 한국인 피해자 간의 민사소송을 넘어 한일 양국 간 전면적 외교 충돌이 벌어질 가능성이 농후하다.

청구권 협정 제3조 1항은 "본 협정의 해석 및 실시에 관한 양 체약국 간의 분쟁은 우선 외교상의 경로를 통하여 해결한다"고 되어 있다. 청구권 협정을 맺은 지도 50주년이 지났는데, 이제는 한일 정부가 어긋난 역사 인식과 권리·의무 관계의 괴리를 좁히는 외교력을 어떻게든 발휘해야 한다는 지적이 많다.

25

한일관계의 '인계철선'
식민지배 합법/불법 논쟁

2015년 7월 일본 대기업 미쓰비시三菱머티리얼은 제2차 세계대전 기간 중에 이 회사 소속 공장과 탄광 등에서 강제노역에 시달린 영국, 네덜란드, 호주 등의 전쟁포로에게 공식적으로 사과한 데 이어 중국인 피해자 3,765명에게 1인당 200만 엔(약 2,000만 원)의 보상금을 지급하겠다고 밝혔다. 미쓰비시 그룹 산하 금속·시멘트 생산업체인 미쓰비시머티리얼은 또 실종된 중국인 강제노역자 등을 조사하는 데 2억 엔, 기념비 건설과 위령 행사 등에 1억 엔을 내놓기로 했다. 일본 기업이 중국인 전쟁 희생자에게 사과하고 금전적 배상을 하겠다고 나선 첫 사례여서 세계적으로 큰 주목을 받았다.

하지만 미쓰비시는 한국인 강제징용 피해자에 대한 배상과 사과는 철저히 외면했다. 이에 대해 미쓰비시를 포함한 일본 재계는 "한국의 경우는 법적인 상황이 다르다"는 입장을 되풀이하고 있다. 한국인 징용은 일제의 '국민총동원령'이라는 국가적 조치에 따른 '합법적인' 것이었으므로 '강제'coercion가 아니라는 것이다. 일본 정부 역시 일제의 식민지배가 합법적이었다는 전제하에 모든 개인청구권이 1965년 청구권 협정으로 "완전히 그리고 최종적으로 해결된 것"이라는 주장을 반복해왔다.

식민지배 합법론을 철회할 생각이 없는 일본

일본 정부가 식민지배 합법설에서 한 치도 물러서지 않고 있는 만큼, 2015년 메이지明治유신 산업시설의 유네스코 세계문화유산 등록 과정에서 불거진 '강제노동' 해석 논란을 포함해 한일관계를 막고 있는 거의 모든 과거사 현안은 1910년 8월에 체결된 한일 병합조약의 해석을 둘러싼 '근본 문제'로 귀결될 수밖에 없다. 즉, 일본의 주장대로 병합조약이 합법이었다면 일본의 한반도 병합과 그에 따른 식민지배 역시 적어도 법적으

초대 주일대사로 부임한 김동조 전 외교부장관이 한일 국교정상화 직후인 1966년 히로히토 일본 천황을 만나기 위해 일본 황실이 제공한 '황금마차'에서 내리고 있다. 출처: 국가기록원.

로는 정상적인 행정권의 행사로 간주되어 '강제노동'은 애초부터 존재하지 않게 된다. 반대로 병합조약이 원천적으로 무효였다면 일본의 한반도 강점 자체가 법적 근거를 상실하기 때문에 식민통치 행위 또한 법적 근거를 잃게 된다. 이 경우 당연히 한국 측은 불법행위인 일제의 식민지배 과정에서 발생한 모든 피해에 대한 보상을 요구할 권리를 갖게 된다.

이런 의미에서 병합조약 및 식민지배 무효 문제는 역사 인식 및 과거사 현안을 둘러싼 한일관계의 근본 문제이자 '인계철선'이랄 수 있다. 인계철선이란 폭발물에 연결되어 건드리면 자동으로 터지게 되는 가느다란 철선을 말한다. 병합조약 및 식민지배 합법설로 직결되는 인계철선 자체를 잘라버리지 않는 한 한일관계는 아주 작은 자극에도 언제든지 폭발할 수 있는 시한폭탄 신세를 면하기 어렵다.

이 책 제4장 「한일 과거사 인식의 분기점: 병합조약 '이미' 무효」에서 구체적으로 지적한 바와 같이 한일 양국은 1965년 6월 22일 체결된 '대한민국과 일본국 간의 기본관계에 관한 조약'(기본관계조약)의 제2조, 이른바 '구舊 조약 무효' 조항을 통해 이 문제를 일단 봉합했다. 즉, 이 조항의 말미에 언급된 '이미'already의 의미에 대해 한국은 "처음부터 무효", 일본은 "1948년 8월 대한민국 정부 성립 시에 효력을 상실했다"고 각기 다르게 해석하며 완전히 다른 과거사를 그리기로 한 것이다.

물론 1990년대 이후 일본 정부는 식민지배에 대해 공식적으로 사과를 한 바 있다. 대표적으로 무라야마 도미이치村山富市 총리는 패전 50주년에 해당하는 1995년 8월 15일 담화를 통해 "잘못된 국책으로 인한 식민지 지배와 침략으로 인해 특히 아시아 국가들에 다대한 손해와 고통을 줬다"고 말했다. 여기에 1998년 10월 8일 오부치 게이조小淵惠三 총리는 김

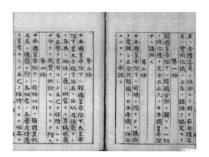
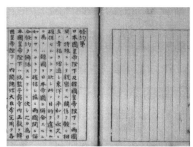

"제1조, 한국 황제 폐하는 한국 전부에 관한 일체의 통치권을 완전히 또 영구히 일본국 황제 폐하에게 양여(讓與)한다. 제2조, 일본국 황제 폐하는 전조(前條)에 게재된 양여를 수락하고, 또 완전히 한국을 일본국에 병합함을 승인한다." 1910년 한일 병합조약의 조문은 이렇게 한국이 자발적으로 한국 전체를 '완전히 또 영구히' 일본에 바치고 일본이 이를 수락한다는 내용으로 되어 있다. 사진은 '동양평화'를 운운하며 한일병합을 정당화한 병합조약의 전문(前文).

대중 전 대통령과 정상회담 후 발표한 '21세기 새로운 한일 파트너십 공동선언'에서 "우리나라가 과거 한 시기 한국 국민에 대해 식민지 지배로 인해 다대한 손해와 고통을 주었다"고 한국을 적시해 사과했다.

하지만 이러한 사과는 결코 한반도 강점의 불법성을 인정한 것이 아니었다. 한일병합은 정당했으나 그 후의 식민통치에 여러 문제가 드러나 미안하다는 수준의 언급이다. 한발 더 나가 한일병합 100주년을 맞은 2010년 8월 10일 간 나오토菅直人 총리는 담화에서 "3·1 독립운동 같은 거센 저항에도 나타났듯이 정치적·군사적 배경하에 당시 한국 사람들은 그 뜻에 반해 행해진 식민지 지배로 인해 나라와 문화를 빼앗겨 민족의 자부심에 깊은 상처를 받았다"고 말했다. 이 담화는 일제 식민지배의 성격을 가장 진실에 가깝게 술회하고 사과한 것으로 평가할 수 있다. 그러나 '간 담화' 역시 일종의 합법부당론, 즉 한일병합 및 식민지배가 부당했지만 합법이었다는 인식에서 결코 벗어나지 않았다.

병합조약 불법부당론 논쟁은 덮어두길 원하는 한국 정부

그렇다면 이러한 일본 정부의 병합조약 합법론에 대해 한국 정부는 어떻게 대응했을까. 단적으로 말하면 이에 대한 한국 정부의 태도는 처음부터 불투명했고, 지금도 애매하긴 마찬가지다. 1950년 주일대표부가 딱 한 차례 병합조약의 원천 무효를 전제로 한 대일 교섭을 건의한 적이 있었으나, 한국 정부가 이 건의를 수용했다는 외교 기록은 존재하지 않는다. 한국 정부는 병합조약 및 식민지배에 대한 일본의 입장이 완강한 만큼, 결과적으로는 해석의 차이를 남길 수밖에 없을 것으로 예상하고 처음부터 다분히 타협적인 태도를 취한 것이다. 이에 대해 당시 유진오 고려대 총장과 함께 이 문제에 깊숙이 개입한 김동조 외교부 정무국장은 이렇게 회고했다.

"우리가 한일 병합조약의 무효 확인을 기본조약에 굳이 명문화하려는 것은 실리實利 때문이 아니라 그것이 바로 국민적 자존심을 응축하고 있기 때문이었다. 비록 일본 제국주의에 의해 '합방'이라는 민족적 수모를 겪기는 했지만 이제 양국 관계를 새롭게 설정하는 마당에서 문서상으로나마 그러한 치욕의 역사를 씻어버려야겠다는 의지를 나타낸 것이었다."[1]

---

1) 김동조, 『回想 30年 韓日會談』, 서울: 중앙일보사, 1986년, 41쪽. 한편, 이승만 정권 이후 줄곧 한일회담에 실질적으로 관여해온 김동조에 대해 김동춘은 다음과 같이 적었다. "1965년 당시 한일회담을 담당한 한국 측 대사를 일제강점기에 경찰로 부역하면서 징용자들의 저항을 밀고한 김동조가 맡았다. 그는 이 협상에 기여한 공로로 초대 주일 한국대사로 부임한 이후 일본 정치가들에게 뇌물을 준 매수꾼으로 재일조선인들 사이에서 악명을 떨쳤다." 김동춘, 『대한민국은 왜? 1945~2015』, 서울: 사계절출판사, 2015년, 198쪽.

270

요컨대 한국 정부가 생각한 병합조약 무효의 범위는 국민적 '자존심'을 고려해 '문서상으로나마' 치욕의 역사를 씻는 일종의 '자기만족'이었지, 그 불법성을 따지면서 일본에 식민지배의 책임을 추궁하려는 것이 아니었다. 이렇게 '물타기'를 거듭한 끝에 한일 양국이 합의를 본 것이 1965년 기본관계조약에 명시된 병합조약 '이미 무효'라는 애매한 문구다.

더욱 희한한 일은 이렇게 '코에 걸면 코걸이' 식으로 봉합된 병합조약 및 식민지배 문제가 이후 단 한 차례도 한일 정부 간에 재론된 일이 없었다는 사실이다. 아베 신조安倍晋三 일본 총리가 식민지배가 합법적이었기 때문에 강제노동이 아니라고 '당당하게' 주장해왔는데도 이에 대해 한국 정부는 적극적으로 반박하거나 이의를 제기하지 않았다. 일본 측이 어떻게 말하든 한국 정부는 '이미 무효'를 통해 병합조약과 식민지배가 원천적으로 무효화됐다는 그야말로 한국만의 해석만을 국내적으로 되풀이해온 것이다.

무엇보다 여론의 비난을 비켜가기 위한 것으로 보이는 이러한 '궁색한' 태도는 당장의 한일관계를 어떻게든 유지하는 데는 어느 정도 보탬이 될지 모르겠지만, 한일관계를 문자 그대로 '정상화'하는 데는 결정적인 제약 조건으로 작용할 수밖에 없다. 왜냐하면 한국 정부가 나서서 병합조약 및 식민지배의 해석을 둘러싼 논란이 완전히 해결됐다고 주장함으로써 외교 문제화하는 것을 원천적으로 차단하고 있기 때문이다. 다시 말하면 일본 정부가 식민지배가 합법이라면서 '강제노동'을 원천적으로 부인하고 있는데도 오히려 한국 정부는 이 문제가 더 이상 문제가 아니라고 목소리를 높이는, 주객이 전도된 황당한 형국을 한국 스스로 전개하고 있는 것이다.

'과거사' 직시하고 '인계철선'을 끊어야

한일 간에 병합조약과 식민지배를 둘러싼 해석 차이가 존재하는 한 '위안부' 문제건, 강제징용 문제건 한일관계를 가로막고 있는 여러 현안은 결코 제대로 해결될 수 없다. 물론 한일 양국은 과거에 능숙하게 해왔던 것처럼 이들 문제에 대해서도 각각 다르게 해석하는 방식으로 '적절히' 봉합하는 수완을 발휘할 수 있다. 하지만 이는 언젠가는 다시 터질 수밖에 없는 임시방편에 그칠 공산이 크다. 일본은 '식민지배는 합법'이라는 신념을 버리지 않을 테고 한국은 일본 측이 사태 무마용으로 제공할 '성의'를 마치 불법을 인정한 것이라고 선전하며 자기 합리화를 도모할 것이기 때문이다.

결국 한일관계를 가로막고 있는 '인계철선'은 한국 스스로 끊어야 한다. 일본이 자발적으로 병합조약과 식민지배의 불법성을 인정할 가능성은 현재로선 거의 제로(0)에 가깝다. 이를 위해선 한국 정부는 먼저 1965년 이후 지금껏 유지해온 '이미 무효'에 대한 어설픈 해석을 솔직히 인정하고 이를 외교 문제화할 필요가 있다. 이는 물론 한국 정부로선 고통스러운 자기반성이자 일본과의 역사전쟁을 불사하는 모험일 것이다. 그러나 이미 사법부(특히 대법원)의 명령에 의해 마지못해 '인계철선'을 끊지 않을 수 없는 상황이 점점 다가오고 있다. 역사 왜곡을 운운하며 '반성하지 않는' 일본 탓만 하기 전에 한국 정부 스스로 과거를 부정해온 '궁색한' 과거사를 직시하지 않는 한 한일관계의 진정한 '정상화'는 요원할 것이다. 막스 베버가 말했듯이 국가와 민족의 존엄과 명예를 지키는 것이야말로 정치와 외교의 소명이자 역할이다.[2]

---

2) 막스 베버, 전성우 옮김, 『직업으로서의 정치』, 서울: 나남, 2007년.

일본이 공문서에 먹칠을 한 이유
"불리한 내용은 공개하지 않는다"

일본 정부가 공개한 한일회담(1951~1965년) 관련 외교문서를 둘러보면 곳곳에 시커멓게 먹칠된 부분을 확인할 수 있다. 이는 내용적으로는 다소 결락缺落이 있더라도 관련 자료를 모두 공개한 한국 정부의 태도와는 크게 대비된다. 수교 50주년이 경과한 오늘날도 일본 정부는 올

일본 정부는 한일 회담 관련 외교문서 가운데 민감한 내용을 가린 채 공개했다.

반면, 한국 정부는 내용적으로 다소 부실하더라도 있는 그대로 모두 공개했다. 한국 열람자가 외교사료관에서 한일회담 관련 외교문서가 저장된 마이크로필름을 살펴보고 있다. 출처: 한국일보.

바른 역사 인식의 전제가 되는 역사적 사실의 민감한 부분을 '먹칠'로써 숨기고 있는 것이다.

오랫동안 일본 정부를 상대로 외교문서 공개를 위한 법정 소송을 전개해온 시민단체 '일한회담 문서 전면 공개를 요구하는 모임'에 따르면,1) 일본 정부는 2006년 8월 이후 비밀 해제한 약 6만 매의 문서 가운데 20퍼센트 이상을 비공개하거나 혹은 일부 삭제(먹칠) 후 공개했다. 일본이 먹칠을 한 채 내놓은 외교사료에는 인명人名 등 이른바 개인정보도 있지만, 그 대부분은 한일관계 및 북일관계, 일본 국내정치에 미묘한 파장을 일으킬 수 있거나, 결과적으로 일본 정부에 불리한 영향을 미칠 것으로 추정되는 내용이다.

한국인 개인청구권 근거 자료를 공개하지 않은 일본

먹칠이 된 일본 공문서 가운데 우선 눈에 띄는 대목은 한국의 대일 청구권에 대한 일본 정부의 실사實査 내용이다. 1961년 11월 11일 박정희 당시 국가재건최고회의 의장이 이케다 하야토池田勇人 일본 총리와의 회담에서 청구권이라는 명목은 아무래도 좋으니 "법률상 근거가 있는 것을 인정해달라"고 말한 이후 일본 측은 실제로 한국 측이 주장한 징용 피해 3억 6,000만 달러 등 총액 12억 달러 상당의 청구권 요구에 대해

---

1) 이 시민단체는 활동의 기본 방침을 다음과 같이 밝히고 있다. "1. 일본 정부에 대해 한일회담 관련 문서의 전면 공개를 요구, 한반도에 대한 일본의 식민지 지배 사실과 책임을 인정토록 하여, 아시아·태평양 전쟁에 의한 한국과 조선인 피해자 및 유족에 대한 사죄와 보상을 실현시킨다. 2. 외무성이 비공개하거나 일부 공개한 자료에 대해 계속해서 전면 공개를 요구하는 소송을 제기한다. 전면 공개를 요구하는 모임의 목적을 달성하기 위해 변호단과 밀접하게 연계하여 행동한다." http://www.f8.wx301.smilestart.ne.jp/index.html.

면밀히 조사했다. 하지만 박정희가 말한 '법률상 근거'란 과거 일본제국의 법체계하에서 이뤄진 것으로 이해됐고, 이를 토대로 도출된 일본 측의 실사 결과는 당연히 한국 측이 기대한 '숫자'를 크게 밑돌았다. 1961년 1월 일본 대장성과 외무성이 내놓은 한국의 대일 청구권 평가액은 각각 1,600만 달러와 7,077만 달러에 불과했다.

여기서 오늘날 특히 문제가 되는 것은 개인청구권에 대한 일본 측의 실사 내용이 거의 먹칠이 되어 공개되지 않았다는 점이다. 가령 당시 한국이 개인 피해자 103만 2,684명에 대한 보상을 요구하자 일본 외무성은 징용노무자 36만 5,000명, 군인·군속 19만 2,000명, 군속 사망자 1만 5,500명 등 구체적인 숫자를 제시하면서 약 101억 엔의 보상금을 예상했다. 산정 금액의 많고 적음은 차치하더라도, 이 같은 시산 결과를 내놓은 것은 일본 정부가 한국인 개인청구권에 대해 상당히 구체적인 근거 자료를 갖고 있었음을 강하게 시사한다. 하지만 이런 개인청구권 관련 공문서의 대부분은 아예 공개되지 않았거나 먹칠 상태로 모습을 드러냈다. 일본 정부가 핵심 자료를 움켜쥐고 있고 이에 대해 한국 정부가 사실상 방관하는 가운데 한국인 개인 피해자는 속수무책으로 당할 수밖에 없는 적반하장의 상황이 연출되고 있다. 지금도 일본 유초郵貯은행에는 한국인 징용 피해자의 우편저금통장 수만 책이 보관되어 있다지만 그 실체는 물론 반환 여부도 여전히 베일 속에 있다.

일본 정부가 먹칠한 공문서는 한국의 대일 청구권에 관한 것만이 아니다. 일본 측은 한일회담 관련 외교문서 가운데 특히 북한과의 청구권 교섭에 영향을 줄 여지가 있는 내용 또한 삭제한 후 내놨다. 1965

년의 한일 청구권 협정은 어디까지나 한국 정부의 시정권이 미치는 한반도의 남쪽 지역에 한정됐고, 일본의 표현을 빌리면 북한지역은 완전히 '백지' 상태로 남았다. 가령 일본 외무성은 우편저금 등 개인청구권을 산정할 때 인구 비례 등을 고려해 남북한 몫을 구분해 인정했다.

일본 정부는 북일회담 또한 한일회담과 같이 경제의 논리로써 청구권 문제를 봉인하길 원하는 듯하다. 실제 북일 청구권 협상의 기초가 되는 2002년 9월 17일 '평양선언'에서 김정일 당시 국방위원장과 고이즈미 준이치로小泉純一郎 총리는 상호 재산 및 청구권을 포기하는[2] 기본 원칙에 합의한 후 이를 사실상 대체하는 일본의 대북 경제 지원을 명시했다. 이런 가운데 일본 정부는 한일 청구권 협상 때 검토된 내용이 향후 북일 국교정상화 교섭에서 북한이 회담 자료로 활용할 가능성을 우려한 것으로 관측된다.

일본인에게도 숨겨야 하는 청구권 문제

청구권 문제에 관한 한 일본 정부는 자국 국민들에게도 그다지 당당하지 못한 듯하다. 일본인 개인이 식민지 조선에 남긴 재산에 관한 공문서의 대부분도 먹칠을 해놨기 때문이다. 주지하듯이 일제강점기 일본인들이 한국 내에 갖고 있던 토지, 가옥, 예금 등 개인 재산은 이른바 '적산'

---

2) 여기서 특히 향후 논란이 될 부분은 당시 북일 양국 정상이 양국 '인민'의 모든 재산 및 청구권까지 상호 포기하기로 합의했다는 점이다. 국가가 개인청구권마저 포기한다고 사실상 명시했다는 점에서 북일 평양선언은 1965년 한일 청구권 협정보다도 후퇴했다는 지적이 제기된다. 평양선언 제2조는 "쌍방은 국교정상화를 실현하는 데 있어서 1945년 8월 15일 이전에 발생한 이유에 기초한 두 나라 및 두 나라 인민의 모든 재산 및 청구권을 상호 포기하는 기본 원칙에 따라 국교정상화회담에서 이에 대해 구체적으로 합의하기로 했다"고 말하고 있다.

敵産으로 간주돼 미군정령 33호에 의해 몰수된 후 1948년 한미협정에 의해 한국 정부에 그 소유권이 이관됐고, 이 사실은 샌프란시스코 대일 강화조약 제4조를 통해 일본 스스로도 확인한 바 있다. 하지만 일본 정부는 오랫동안 재한 일본인 재산에 대한 청구권(이른바 역逆청구권)을 주장했고, 실제 한일회담에서 이를 근거로 한국의 대일 청구권을 상쇄하려 했다. 이승만 대통령이 "일본이 한국 재산의 80퍼센트를 내놓으라 한다"고 분노 섞인 투정을 부리는 가운데 한일회담이 4년여 중단된 것도 이 때문

청구권 문제와 관련된 일본 정부의 방침과 관련된 외교사료의 상당 부분은 지금도 먹칠이 되어 있다. 출처: 「日韓交涉における財産及び請求権処理の範囲」, 일본 외교문서, 문서번호 1907, 1쪽.

이다. 결국 일본 정부가 1958년 공식적으로 한국에 대한 역청구권을 포기한다고 약속함으로써 한일회담은 재개될 수 있었다.

그러나 다른 한편으로 식민지배를 합법적 행위로 간주해온 일본 정부의 입장에서 보면 한국에 재산을 남겨두고 빈손으로 돌아온 일본 국민에게 이와 관련된 재산권이나 청구권을 포기하라고 요구할 명분이나 법적 근거는 없었다. 일본 정부가 주창해온 논리를 적용하더라도 재한 일본인 재산은 어디까지나 자본주의적 경제활동을 보장한 일본 제국의 헌법하에서 '합법적으로' 구축된 사유재산이기 때문이다. 다시 말하면 일본 정부는 결과적으로 한국 정부에 대해 역청구권을 포기한다고 공언했지만, 이는 어디까지나 외교보호권만을 포기한 행위였

지 국내적으로는 한국에 대한 일본인 개인의 청구권은 유효하다고 말해야 하는 딜레마에 빠진 것이다. 결국 이 문제는 1957년 이후 귀환자에게 '급부금'給付金을 지급하고 최고재판소가 1968년 이를 '전쟁 희생'이라고 판결함으로써 일단 수습된 듯하지만, 그렇다고 일본 국내정치적으로 완전히 해결되었다고 단언할 수는 없는 상황이다. 요컨대 일본정부가 한국의 대일 청구권을 무력화하기 위해 들이댔던 역청구권의 실상을 공개하지 않은 것은 행여나 일본 국내에서 이것이 다시 정치문제화할 가능성을 우려했기 때문으로 보인다.[3]

"독도에 대한 일본의 입장도 오락가락했다"

먹칠이 단연 돋보이는 또 다른 일본 외교문서는 역시 독도와 관련된 사항이다. 앞서 언급한 바와 같이 독도가 뜬금없이 한일회담의 의제로 부상한 것은 1962년 한국의 군부정권이 청구권 자금 확보에 목을 매면서 회담의 주도권을 사실상 일본 측에 넘겨주면서부터였다. 이 과정에서 일본은 어떻게든 한국의 군사정권을 몰아붙여 독도 문제의 국제사법재판소CJ 상정 등을 명시한 외교 기록을 남겨두려 했다. 김종필 당시 중앙정보부장이 두 차례에 걸쳐 아예 독도를 폭파해버리자고 말하고, 나중에는 이 문제를 제3국 조정에 맡기자고 역제안하는 논란거리를 제공한 것도 일본 측의 집요한 공세를 어떻게든 빗겨 나가기 위한 나름의 자구책으로 볼 수 있겠다.

독도 문제와 관련해 먹칠이 된 일본 외교문서의 상당 부분은 당시

---

3)   吉澤文寿, 『日韓会談: 戦後日韓関係の原点を検証する』, 東京: 高文研, 2015年, 97쪽.

일본이 한국을 회유하는 과정에서 취한 조치 혹은 언급이 현재 일본 정부의 '다케시마'에 대한 입장과는 다소 상이했던 것으로 추정되는 내용이다. 현재 일본 정부는 독도를 타협의 여지가 없는 '고유의' 자국 영토라는 강경한 입장을 취하고 있으나 당시에는 독도의 영유 가치를 낮게 평가함으로써 '분쟁지역'으로 간주되는 수준에서 타협할 수도 있는 듯한 태도를 취했던 것으로 관측된다.

가령, 앞서 언급한 바와 같이 이세키 유지로伊關祐二郎 당시 아시아국장은 독도를 '무가치한 섬'으로 간주하고 "폭파라도 해서 없애버리면 문제가 없을 것"이라고 말한 바 있다. 또 공개된 일본 외교문서 중에는 "강치의 수가 줄어든 현재 경제적으로는 그다지 큰 의의가 없다"[4]든가, 무엇보다 국교정상화를 성공시킨다는 전제하에 독도 문제는 "상호 체면을 세우는 해결"[5]을 모색하자든가 하는 기록도 보인다. 이케다 하야토 총리조차 "세상의 관심이 사라질 때까지 그대로 두는 것이 하나의 안이 될지 모른다"[6]고 언급하기도 했다. 여하간 한일 양국은 "양국 간의 분쟁은 우선 외교상의 경로를 통해 해결하고, 해결할 수 없는 경우에는 양국 정부가 합의하는 절차에 따라 조정을 통해 해결하기로 한다"는 알 듯 모를 듯한 '분쟁 해결에 관한 교환공문'에 합의함으로써 독도 문제의 현상 유지를 도모했다. 이로써 독도의 법적 · 실질적 지위에는 어떠한 변화도 일어나지 않았다는 게 일반론이다.

---

4) 「日韓会談議題の問題点」(1956年 2月 1日付), 일본 외교문서, 문서번호 68, 69쪽.
5) 「谷公使金公使会談」(第2回)(1955年 2月 1日付), 일본 외교문서, 문서번호 1671, 22~23쪽.
6) 「ラスク国務長官 · 金韓国中央情報部長会談内容に関する米側よりの通報」(1962年 11月 17日), 北東アジア課, 일본 외교문서, 문서번호 1823, 21쪽.

독도와 관련해 먹칠이 된 일본 외교문서의 내용이 현재 일본 정부의 '다케시마'에 대한 입장과 구체적으로 어떤 차이가 있는지 단언하기는 어렵다. 다만, 일본 측이 먹칠한 부분이 독도 논란과 관련해 매우 중요한 대목일 가능성은 농후해 보인다. 현재 일본 정부가 독도를 자국 영토라고 주장하며 내세우는 가장 강력한 국제법적 근거는 샌프란시스코 강화조약 제2조에서 일본이 포기할 지역으로 열거된 "제주도, 거문도 및 울릉도를 포함한 조선"에 독도가 없다는 것이다. 이로써 일본 정부는 "다케시마는 일본의 영토라는 것이 확인됐다"고 설명하고 있다.[7] 하지만 일본 정부가 공개한 한일회담 관련 외교문서 중에서 강화조약 제2조와 관련된 내용은는 상당 부분 먹칠이 되어 있다.[8]

가령, 1950년 10월 1일자 전신電信에서 일본 측은 미 국무성이 강화조약 제2조에 대해 다음과 같이 해석했다고 전하고 있다.

"국무성의 법률 전문가 가운데 일부는 평화조약에서 독도의 지위에 관해 명기되지 않았으므로 1910년 병합 당시의 상태로 귀속을 결정해야 한다는 의견을 갖고 있다. 그러나 조약을 기초한 대부분의 관계자는 평화조약은 카이로선언의 원칙에 따라 작성되어 일본에서 분리해야 할 도서島嶼를 명기한 것으로, 조약 해석론의 입장에서 볼 때 이 섬은 일본에 귀속해야 한다는 의견을 갖고 있다."[9]

---

7) 外務省,『竹島: 法と対話による解決を目指して』, 2014年, 2쪽.
8) 吉澤文寿,『日韓会談: 戦後日韓関係の原点を検証する』, 東京: 高文研, 2015年, 205쪽.
9) 「竹島の領有権に関する平和条約第二条の解釈に関する件」(1954年 10月 1日, 井口大使送信), 일본 외교문서, 문서번호 1675, 105~106쪽.

하지만 이처럼 일본에 다소 유리한 듯한 내용에 이어진 거의 한 쪽에 달하는 외교문서는 먹칠이 된 채 공개되지 않았다. 먹칠된 부분은 도대체 어떤 내용일까. 아무래도 강화조약 제2조에 대한 일본 측 주장과는 상반되는 미국의 입장이 전개되고 있지는 않을까.

"천황 폐하, 판잣집의 밤은 로맨틱하답니다"

문화재에 관해서도 일본 정부는 숨기고 싶은 것이 많은 듯하다. 궁내청 서릉부書陵部 및 도쿄국립박물관에 소장된 한국문화재의 일람표, 데라우치寺內문고 관련 기록 등 일제가 한반도에서 반출한 문화재의 목록 및 유출 경위, 취득 가격 등에 관한 문서 또한 먹칠이 되어 있다. 일본 측이 이들 외교문서를 공개하지 않은 것은 물론 공개될 경우 '약탈' 논란이 일어 한국 혹은 북한으로부터 일본 소재 한국 문화재에 대한 실태 조사 및 반환 요구가 제기될 것을 우려했기 때문으로 보인다. 특히 유출 경위가 공개되면 상당한 파장이 예상된다. 문화재의 경우 한일 국교정상화 당시 부속 협정 중 하나로 체결된 '문화재 및 문화협력에 관한 협정'을 통해 한국 측이 반환 요구한 품목의 32퍼센트 정도인 1,431점만 반환됐을 뿐이다.

마지막으로 눈길이 가는 대목은 일본 정부가 천황과 관련된 것은 이미 알

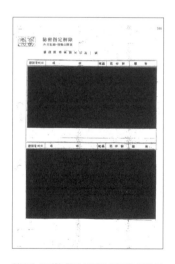

일본에 소재한 한국 문화재 목록은 전면 비공개되어 정보 공개의 의미가 무색해졌다.
출처: 「韓国関係文化財一覧」, 일본 외교문서, 문서번호 589, 1쪽.

려진 사실조차 '국가 기밀'이라는 이유로 먹칠을 해놓았다는 것이다. 가령 이동원 외무부장관과 히로히토裕仁 천황의 대화록(1965년 3월 26일)은 상당 부분이 먹칠 상태다. 하지만 이 내용은 이동원이 1997년 일본에서 발간한 저서에 자세히 적어놨다. 그 책에 따르면 둘은 일본어로 과거 서울 남산에 난립했던 판잣집(일명 하코방)에 관해 이야기를 나눴다고 한다. 판잣집이 도시빈민의 급조된 허름한 오두막집이라는 설명을 듣자 히로히토가 슬픈 표정을 지었다. 이에 이동원은 "폐하, 판잣집은 낮에는 보기 안쓰럽지만 달밤에는 로맨틱합니다. …… 판잣집의 벽은 이웃과 바짝 붙어 있어 옆집에서 음란하게 소곤대는 소리까지 잘 들립니다"라고 말해 히로히토를 기쁘게 했다고 한다.[10] 한편, 천황을 '배알'했다는 사실을 일본 독자들에게 자랑이라도 하듯이 자세하게 소개했던 이동원은 이에 앞서 한국에서 발간된 저본底本에서는 이런 내용을 전혀 언급하지 않았다.[11]

---

[10] 李東元著·崔雲祥訳, 『韓日条約締結秘話 : ある二人の外交官の運命的出会い』, 東京: PHP研究所, 1997年, 122~123쪽.

[11] 이동원, 『대통령을 그리며』, 서울: 고려원, 1992년 참조.

27

'전후'를 딛고 '해방'으로 가는 길

'해방' 70주년을 맞은 2015년 광복절의 주인공은 엉뚱하게도 아베 신조安倍晉三 일본 총리의 입이었다. 2015년 8월 14일 저녁 아베는 일본의 '전후' 70주년을 기념해 발표한 담화에서 "러일전쟁이 식민지 지배하에 있던 많은 아시아, 아프리카 사람들에게 용기를 북돋웠다"고 말했다.[1] 일본이 황인종의 보호자로서 서구의 침략을 막아내고 아시아의 독립을 이루기 위해 전쟁을 일으킬 수밖에 없었다는 이른바 '대동아사관'大東亞史觀을 떠올리지 않을 수 없다. 이 논리에 따르면 일본의 한반도 침략과 식민지배는 한국을 지켜주기 위한 정당한 것이 되고 만다. 어느덧 역사수정주의로 돌아선 일본의 민낯을 확인할 수 있었다.

대다수 한국인이 받은 모욕감은 필설로 옮기기 어려울 정도였다. 일

---

1) 「內閣總理大臣談話」(2015年 8月 14日), http://www.kantei.go.jp/jp/97_abe/discource/20150814danwa.html.

아베 신조 일본 총리가 2013년 10월 27일 일본 자위대의 날을 맞아 도쿄 북부 아사카(韓霞) 기지에서 자위대 사열 중 과거 일본 제국주의의 상징이었던 욱일승천기에 경례하고 있다. 출처: 한국일보.

본의 침략과 억압으로부터 '해방'됐다고 믿어온 한국인은 과거형 사죄를 통한 '물타기'와 '유체이탈' 화법, 궤변으로 얼룩진 아베 담화에 분개하지 않을 수 없었다. 아베 담화는 교묘한 언설로 한국의 국가적·민족적 자존과 명예를 송두리째 능멸하는 것이었다. 아베 담화에 대한 국제사회의 평가도 거의 냉소에 가까웠다.

다만, 예외가 있었다.

"일본은 전후 70년 동안 평화와 민주주의, 법치에 대한 변함없는 약속을 보여줬으며 이런 기록은 모든 국가의 모델이 되고 있다."

퇴행적인 아베 담화에 대해 미국 정부만큼은 칭찬을 아끼지 않았다. 더욱 놀라운 일은 당초 단호한 듯했던 한국 정부 또한 미국의 눈치라도 살피는 듯 끝내 어정쩡하게 물러섰다. 이런 모욕을 당하고도 "아쉽다", "좀 더 지켜 보겠다"는 '대인배적' 아량을 보일 정도로 한국 정부는 당당한 것일까. 왜 한국 정부는 면죄부나 다름없는 외교적 수사만을 남발해야만 했을까.

아베 담화에 대해 한국 정부가 보인 태도야말로 한일관계가 아직도 일본이 추구해온 '전후' 프레임에서 벗어나지 못하고 있음을 말해준다. 우리의 '해방' 70년은 일본의 '전후' 70년 프레임에 의해 또다시 압도되어버린 것이다.

지고도 졌다고 말하지 않는 일본

일본은 제2차 세계대전에서 패했지만 패전이라고 부르지 않았다. 패전이라는 말 자체가 일본에서는 오랫동안 금기어에 가까웠다. 대신 일본은 '종전'이라고 애매하게 말해왔다. 무조건 항복을 요구한 포츠담선언을 받아들이고 강화조약에 서명했으면서도 패전을 부인하는 후안무치는 어떻게 가능했을까.

일본의 젊은 사회학자 시라이 사토시白井聡에 따르면 패전을 종전으로 바꿔치기 하는 자기 기만극이 벌어진 것은 뻔히 질 줄 알고도 전쟁으로 몰아간 군국주의 세력이 패전의 책임을 지지 않은 채 전후에도 군림하는 것을 정당화하기 위한 술책이었다.[2] 패전 직후 일시적으로 대두됐던 천황의 전쟁 책임을 군부의 책임으로 떠넘겼다가 이것이 "천황 폐하에 정말 죄송하다"는 '일억총참회론'一億總懺悔論으로 자가발전하더니, 결국 아무도 책임지지 않는 기만극으로 귀결된 것이다. 여기에 미군의 무차별적인 폭격과 인류 역사상 처음으로 원폭을 당했다는 피

---

2) 白井聡, 『永続敗戦論: 戦後日本の核心』, 東京: 太田出版, 2013年.

해의식이 가미되면서 일본은 어느덧 가해자가 아니라 피해자로 거듭 났고, 평화주의라는 허상이 이를 정당화했다.

패하지 않았다고 믿게 되었으므로 일본의 전쟁 책임자들은 전후에 도 일본의 정재계를 지배할 수 있었다. 이런 부조리한 현실은 미일 합 작에 의해 만들어졌다. 냉전이 고개를 들자 미국은 소련, 중국에 대항 할 하위 파트너로 일본을 선택했고, 일본의 군국주의자들에게 면죄부 를 줬다. 한국과 대만이라는 전초기지가 공산주의에 맞서 일본을 지켜 주는 가운데 일본은 냉전에 편승하며 경제 성장을 구가했다.

어느새 '연합국이자 전승국'인 소련과 중국보다 경제적으로 우위에 선 '전후' 일본은 전전戰前 체제를 답습하고 있는 스스로의 일그러진 모 습조차 망각하기에 이르렀다. 일본으로선 '종주국' 미국에만 확실히 패전을 인정하면 될 일이었다. 그 대가로 한국을 포함한 아시아에 대

서울 시민들이 2013년 8월 15일 광복절을 맞아 서울 보신각 앞에서 광복절 기념 UCC 촬영을 위해 일제강점기 복장을 하고 태극기를 흔들고 있다. 출처: 한국일보.

해선 냉전의 논리에 기생하면서 축적한 자본으로 과거사를 봉인하고 패전을 부인할 수 있었다. 그 대표적인 것이 바로 한일 국교정상화의 결과 성립된 이른바 '1965년 체제'였다.

이런 맥락에서 보면 아베가 표방한 '전후 체제로부터의 탈각脫却'은 일종의 이중적인 자기기만에 해당한다. '전후' 체제에서 완전히 벗어나려면 미국에도 패전을 부인하는 '뻔뻔함'을 보이면서 대미 종속에서 독립해야 한다. 하지만 아베가 선택한 것은 미국과 선을 긋기는커녕 오히려 미국을 등에 업고 아시아와 맞서는 것이다. 이는 '전후' 체제의 탈각은커녕 노골적으로 '전후' 체제를 강화하려는 것이나 다름 아니다. 아시아에 대한 패전을 부인하기 위해선 대미 종속을 계속할 수밖에 없고 대미 종속이 지속되는 한 패전의 늪에 점점 빠질 수밖에 없는 '전후' 일본을 시라이는 '영속 패전'永續敗戰이라고 비꼬았다.

'영속 식민'의 늪에서 벗어나지 못한 한국

그러나 안타깝게도 일본의 어긋난 '전후'는 우리의 자화상이기도 하다. 해방 후 한일관계는 미국과 일본이 설정한 '전후' 체계의 하부체제로서 기능했다고 해도 과언이 아니다. 한국은 해방의 전제조건인 식민사관의 극복에 실패했을 뿐 아니라 일본의 군국주의 세력이 '전후'에 그랬던 것처럼 식민지배에 부역한 친일파가 해방 후에도 부와 권력을 유지했다.

사실 부일 협력세력들에게 1945년 8월 15일의 해방은 사망 선고였다. 하지만 그들은 냉전과 남북 분단 과정을 거쳐 기사회생하더니 어느덧 애국자로 둔갑해 나갔다. 이런 의미에서 대한민국 정부가 수립된

1948년 8월 15일이 이들에게만큼은 그야말로 다시 찾아온 '광복'이었다. 이후 친일 부역이라는 수치심은 반공주의를 만나 공격적인 애국심으로 표출됐다. 이들과 그 후손들이 1945년 8월 15일의 해방과 광복은 애써 부인하는 반면, 남한 단독 정부 수립일인 1948년 8월 15일은 유달리 강조하면서 '건국절'이라고 주장하는 이유이기도 하다.[3]

앞에서 여러 차례 구체적으로 언급했듯이 대한민국은 1948년 탄생 이래 단 한 차례도 일본에 식민지배에 대한 피해 보상을 요구하지도, 그 불법성을 확인하려고도 하지 않았다. '해방'은 어디까지나 국내용 구호에 불과했다. 오히려 한국 정부는 오랫동안 실질적으로 '해방'의 논리를 부인함으로써 미일이 주도하는 '전후' 체제에 편승해왔다. 시라이의 '영속 패전' 개념을 원용한다면 한국은 해방은커녕 '영속 식민' 永續植民의 모순 구조 속에 스스로를 가둬왔다.

이런 가운데 한국과 일본의 전전戰前 세력, 즉 일본의 군국주의 세력과 한국의 친일파 세력은 반공이라는 슬로건하에 손을 맞잡았다. 불편했던 과거사는 북한과 중국, 소련이라는 공통의 적에 대항한다는 냉전의 논리와, 산업화라는 명목하에 모든 것을 삼켜버린 경제와 자본의 논리에 의해 철저하게 파묻혔다. 과거사에 관한 한 한일 정권은 '공범' 관계였고, 이를 '전후' 체제의 막후 설계자 미국이 안전 보장과 미래 지향이라는 명분으로 적극적으로 조장해왔다.

하지만 일본이 주도해온 '전후' 체제는 1980년대 후반 냉전의 붕괴

---

3) 급기야 해방(광복) 70주년을 맞은 2015년 8월 15일 서울 한복판에 '광복 67주년'이라는 플래카드가 너무나도 당당하다는 듯이 내걸리기에 이르렀다.

와 한국의 민주화 이후 타격을 받고 있다. '전후' 체제는 국제적 냉전 구조와 아시아에서의 일본 경제력의 돌출성에 의해 가능했는데, 냉전은 무너졌고 일본 경제는 '잃어버린 20년'을 거치면서 쇠퇴해왔다. 이와 더불어 민주화한 한국의 민중들이 한일 양국 정부가 봉쇄해온 기억의 '판도라의 상자'를 열어젖히고 과거사에 대해 목소리를 내기 시작했다. '전후' 체제하에서는 일본에 의존할 수밖에 없었던 한국은 경제적으로도 일본과 대등한 관계를 만들어 나갔다. '전후' 체제의 하청업자 신세를 면치 못했던 한국의 위상이 그만큼 높아진 것이다. 여기에 중국이 부상하고 미국의 안보 우산마저 힘을 잃으면서 동아시아의 지정학적 판도가 흔들리기 시작했다. 일본은 한일관계가 어긋난 이유가 한국이 "골대를 움직였기 때문"이라고 말하지만, 보다 근본적인 이유는 한국이 일본의 군사적·경제적 위협인 중국과 친하게 지내기 때문이다.

이런 가운데 나온 아베 담화는 일본이 구가해온 왜곡된 '전후'를 어떻게든 존속시켜보겠다는 발버둥에 가깝다. 그 배경에는 물론 중국과 북한이라는 위협 국가와 맞서야 한다면서 동맹국들에게 선택을 강요한 미국의 전략적 의도가 내재해 있다.

우리 안의 식민사관과 냉전사관부터 걷어내야

해방을 짓눌러온 일본의 '전후' 체제와 이에 기초한 한일관계의 앞날은 아슬아슬하다. 왜냐하면 어떻게든 '전후'에 남고 싶어 하는 일본의 인식이 시대착오적일 뿐 아니라, 특히 한국에는 거의 안하무인일 정도로 오만하기 때문이다. 아베 담화에서도 드러났듯이 일본의 '전후' 세력은 한반도 식민지배에 대해 기존의 '합법부당론' 보다도 후퇴한 '합법정당론'을 노골적으로 표방하기 시작했다. 아베가 한국인 징용자와 '위안부' 피해자에 대해 '강제성'을 부인하는 것도 식민지배가 합법적이었을 뿐 아니라 정당했다는 왜곡된 역사관을 드러낸 것이다. 이 같은 일본 '전후' 세력의 인식은 어쨌든 끊임없이 해방을 지향해온 한국의 민족주의와의 충돌이 불가피하다.

"서둘러 군비를 정비해 (중략) 캄차카와 오키나와를 빼앗고 (중략) 조선을 압박해 인질과 공물을 바치도록 하고, 북으로는 만주를 할양 받고, 남으로는 대만, 루손 제도(필리핀)를 취해야 한다."

아베가 정신적 지주라고 공언해온 요시다 쇼인吉田松陰은 대표 저서 『유수록幽囚錄』을 통해,[4] 그리고 사설 학원이던 쇼카손주쿠松下村塾에서 이렇게 선동했다. 이토 히로부미伊藤博文, 야마가타 아리토모山縣有朋 등 그의 제자들은 테러 행위도 불사하며 권력을 잡고 이를 하나하나 실행에 옮겨 나갔다. 최근 아베가 메이지明治유신 산업화의 상징이라면서 은근슬쩍 세계문화유산 목록에 끼워 넣는데 성공한 쇼카손주쿠는 제국帝國 일본의 침략주의의 본산이자 한반도 침략의 지휘소였다. 이들에게 한반도 병합은 침략은커녕 '구토舊土 수복'이었다.

스스로 조슈인長州人의 적통이라고 자부해온 아베가 담화에서 드러낸 '한국 무시'는 결코 외교적 실수가 아니었다. 한국에 대한 근거 없는 차별의식과 국수주의國粹主義는 아베 정치의 유전자이자 '혼네'本音(진심)

4)   松陰二十一回猛士(吉田松陰), 『幽囚錄』 第二卷, 土州御蔵版, 1868年, 54~55쪽.

인 것이다. 침략주의라는 본모습을 가린 채 '봉건제 국가를 하룻밤에 합리적인 근대국가로 만든 메이지유신'을 높게 평가하는 이른바 '시바 료타로司馬遼太郎 사관'5)에 푹 빠져 온 현대 일본은 이런 역사수정주의적 오류를 사실상 묵인하기에 이르렀다.

지극히 자기중심적이고 모순으로 점철된 일본의 '전후' 사관은 끊임 없이 적을 만들어야 유지될 수 있는 냉전의 부산물이었다. 평화주의에 포장되어 정체를 숨겨온 이 부산물은 이제 침략으로 얼룩진 과거사를 송두리째 부인하고 새롭게 독선적인 역사를 쓰겠다고 나섰다.

결국 우리의 해방은 왜곡된 일본의 '전후' 사관마저 각성시키고 치유해 안고 가야 하는 힘든 싸움일 수밖에 없게 됐다. 그 실마리는 물론 우리 안의 식민사관과 냉전사관을 걷어내어 스스로를 '해방'시키는 일부터 시작돼야 할 것이다. 해방 70년을 버텨온 우리는 해방의 참뜻을 구현하기 위해선 갈 길이 참으로 멀다는 것을 새삼 알게 되었다.

---

5) 일본에서 '국민작가'로 통하는 역사소설가 시바 료타로가 대표작 『언덕 위의 구름(坂の上の雲)』 등을 통해 전개한 이른바 '메이지 영광론'. 시바는 조선을 동정하는 듯하면서도 정체와 타율이 라는 식민사관에 입각한 조선의 무능과 당할 수밖에 없는 지정학적 위치, 제국주의 시대라는 숙 명론 등을 내세워 일본의 한반도 병탄과 침략을 사실상 정당화하고 있다. 오늘날 일본 국민들이 1868년 메이지유신 이래 일본이 한반도에 대해 자행한 범죄 행각에 대한 인식이 부족한 데에는 '시바 사관'이 한몫한 것으로 이해된다. 나카쓰카 아키라, 박현옥 옮김, 『시바 료타로의 역사관: 그의 조선관과 메이지 영광론을 묻다』, 서울: 모시는 사람들, 2014년.